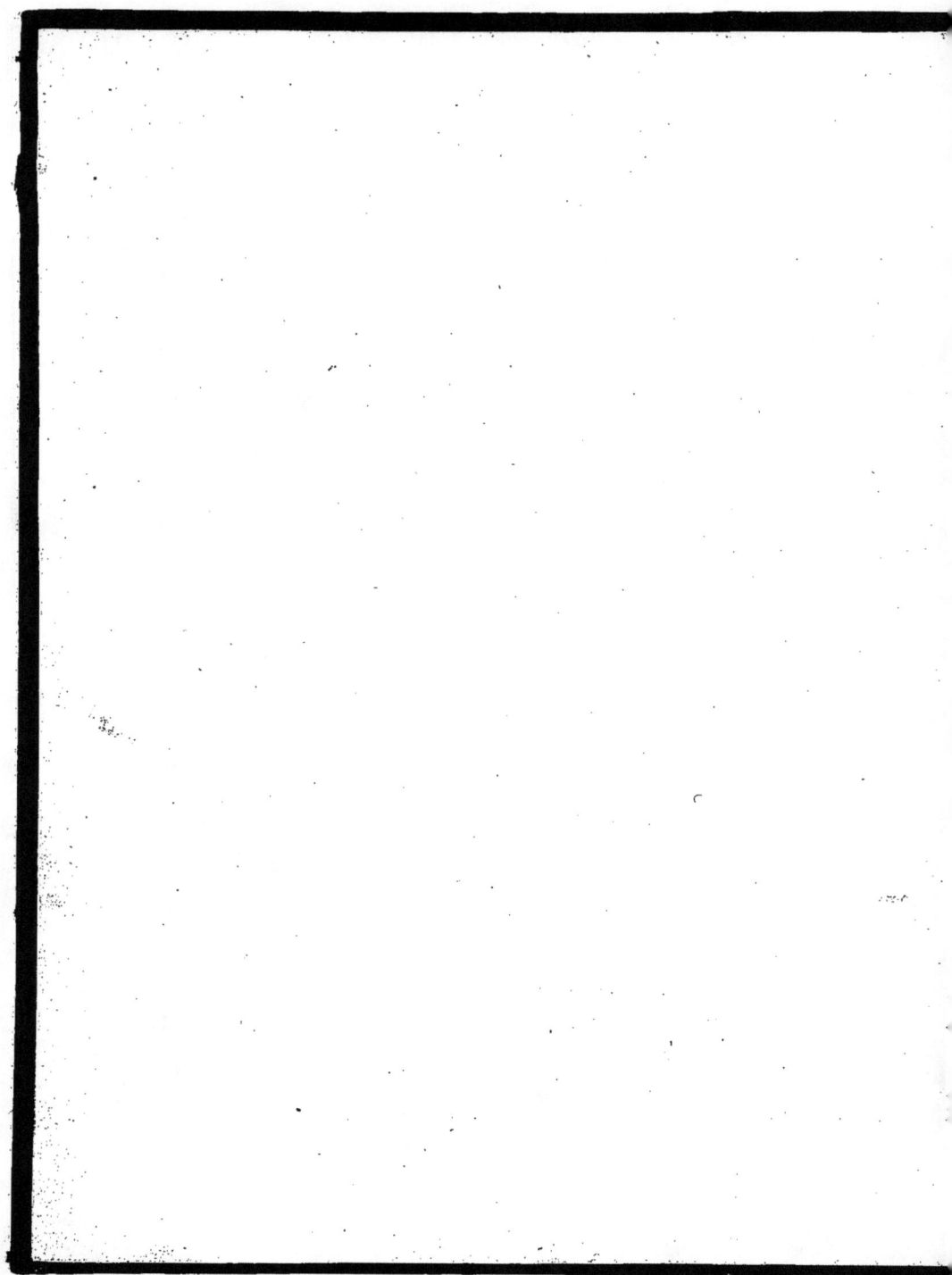

COMPAGNIE FRANCO-BELGE

DES

CHEMINS DE FER COLOMBIENS

———

RAPPORT DE MISSION

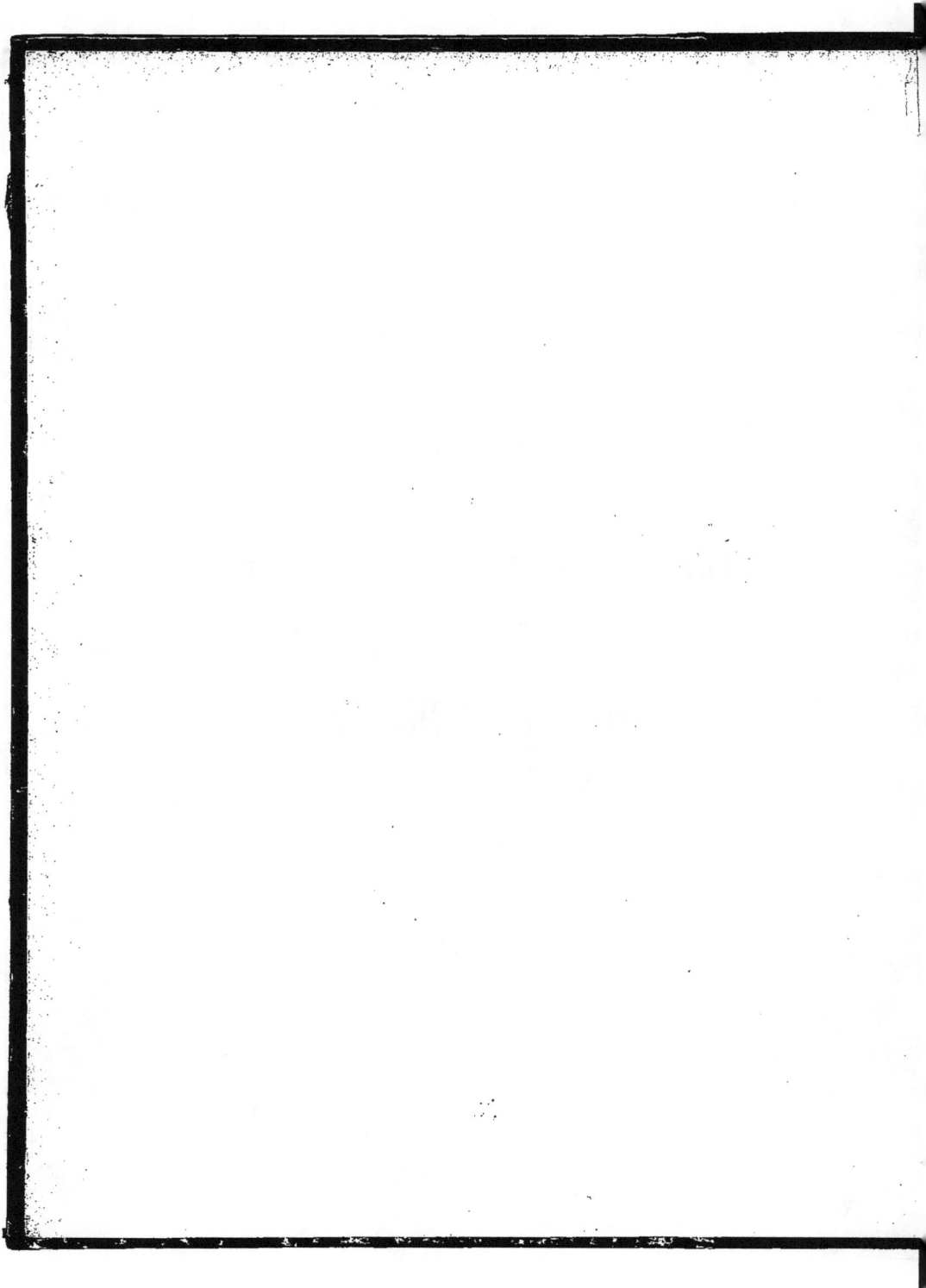

COMPAGNIE FRANCO-BELGE

DES

CHEMINS DE FER COLOMBIENS

RAPPORT DE MISSION

PAR

M. R. LE BRUN

Ingénieur

PARIS

IMPRIMERIE ET LIBRAIRIE CENTRALES DES CHEMINS DE FER

IMPRIMERIE CHAIX

SOCIÉTÉ ANONYME AU CAPITAL DE SIX MILLIONS

Rue Bergère, 20

1890

COMPAGNIE FRANCO-BELGE

DES

CHEMINS DE FER COLOMBIENS

RAPPORT DE MISSION

PREMIÈRE PARTIE

L'objet de la mission qui nous a été confiée comportait principalement l'étude des chemins de fer concédés à M. Gaulmin en 1886, ainsi que les extensions possibles ayant pour objet de mettre les centres de population et de production les plus importants en communication avec la mer des Antilles d'un côté et le Pacifique de l'autre.

Le programme des études comportait donc :

I. — Etude et détermination des points de la côte les plus favorables pour le commerce d'importation et d'exportation, soit sur le Pacifique, soit sur l'océan Atlantique.

II. — Etude des voies de communication à établir de ces côtes aux centres de production.

Ces voies comprennent trois grandes lignes :

    a Celle du Cauca au Pacifique ;
    b Celle de Bogota à l'Atlantique ;
    c Celle de Médellin à l'Atlantique.

III. — Autant que possible, étude de ces voies en vue, soit de les raccorder dans l'avenir les unes avec les autres, soit de les prolonger pour desservir les centres de population moins importants.

La création de toutes pièces de ce réseau exigeant des dépenses de beaucoup supérieures aux ressources du pays ; il rentrait évidemment dans le programme de ces études de déterminer quelles étaient les sections qui devaient être construites en premier lieu, soit suivant l'ordre d'urgence, soit d'après les ressources disponibles.

Les circonstances ne nous ayant pas permis de terminer sur place l'étude complète de ce programme, notre rapport présentera forcément des lacunes. Sur certaines questions, nous ne pouvons nous en tenir qu'à des généralités. Les renseignements que nous avons pu recueillir permettront cependant de se rendre compte de ce qu'il faudrait faire pour mettre en valeur ce pays qui n'attend que des voies de communication, sûres, rapides et économiques pour prendre un essor égal, sinon supérieur, à celui des autres républiques espagnoles comprises entre le Mexique et le détroit de Magellan.

Nous ferons précéder ces études de quelques considérations générales sur l'état actuel du pays : sa population, son commerce, son climat.

CHAPITRE PREMIER.

POPULATION

Voici les chiffres que nous avons pu nous procurer sur la population de la Colombie, depuis la colonisation jusqu'à ces dernières années.

Les recensements ne donneraient qu'un chiffre très inférieur au chiffre réel, à cause des préventions des habitants contre cette opération qu'ils considèrent comme devant leur amener une aggravation d'impôts, ou de charges militaires.

Nous n'avons pas besoin de dire qu'en dehors des recensements, les chiffres ne sont que des hypothèses,

D'après d'Acosta, la population indigène avant la conquête pouvait être estimée à 8.000.000

D'après le recensement de 1797, la population de la Nouvelle-Grenade était de 1.250.000

En 1810, on l'estimait à 1.000.000

La diminution provenait de la guerre d'indépendance.

Le recensement de 1825 donne le chiffre de 1.223.598

—   1835   — 1.687.109

—   1843   — 1.932.279

—   1851   — 2.136.976

—   1870   — 2.931.984

Voici le tableau comparatif des derniers recensements par provinces :

PROVINCES	1843	1851	1870	1881	ÉTENDUES kilom. carrés	HABITANTS par kilom. carré
Antioquia	189.534	225.081	365.974	470.000	59.025	8
Bolivar	191.708	167.067	241.704	320.000	70.000	4.57
Boyaca	331.887	375.930	498.541	666.000	86.300	7.76
Cauca	268.607	304.698	435.078	614.000	603.800	1.01
Cundinamarca	279.032	318.266	413.658	563.000	206.400	2.71
Magdalena	62.411	85.542	88.928	150.000	69.800	2.07
Panama	119.097	128.897	224.032	285.000	82.600	3.51
Santander	306.255	374.228	433.178	546.000	42.200	13.03
Tolima	183.148	187.267	230.891	306.000	47.700	6.39
Territoires	»	»	»	80.000	63.200	»
TOTAUX	1.932.279	2.136.976	2.931.984	4.000.000	1.331.025	5.47

M. S. Pereira, secrétaire de la légation, estimait la population en 1881 à 4,000,000 d'habitants ; c'est d'après lui que nous donnons les trois dernières colonnes du tableau ci-dessus.

Il conclut des chiffres précédents que la population double en quarante ans en moyenne.

D'après ces bases, en 1889, la population serait d'environ 4,500,000 habitants ; c'est en effet le chiffre qui est indiqué dans les appréciations des documents officiels.

On estime le nombre des Indiens sauvages répartis sur divers territoires à 200,000 environ.

Il est probable que le mouvement s'accélérerait rapidement si le gouvernement acquiérait plus de stabilité, et surtout si des voies de transport permettaient à la population d'échanger les produits du sol.

Les terres tempérées et les terres froides convenant aux Européens, l'émigration pourrait se porter dans ce pays et accroître la population ; mais on ne peut guère y compter tant que les émigrants seront exposés aux confiscations de leurs biens pendant les guerres civiles ou tant que le manque de communication les empêchera de tirer parti de leur travail.

CHAPITRE II

COMMERCE EXTÉRIEUR

Le rendement des douanes peut servir de mesure exacte du commerce extérieur, aussi reproduisons-nous les tableaux résumant les opérations faites dans les dernières années.

Tableau nº 2. RÉSULTATS COMPARATIFS

	1882-1883			1884-1885			1885-1886			1887			1888		
	PRODUIT BRUT des DOUANES	TONNAGE	VALEUR des Marchandises	PRODUIT BRUT des DOUANES	TONNAGE	VALEUR des Marchandises	PRODUIT BRUT des DOUANES	TONNAGE	VALEUR des Marchandises	PRODUIT BRUT des DOUANES	TONNAGE	VALEUR des Marchandises	PRODUIT BRUT des DOUANES	TONNAGE	VALEUR des Marchandises
Barranquilla .	»	22.543	19.770.582	889.420	Les renseignements n'ont pas été fournis par la Douane.		3.038.024	20.743,38	43.368.656	3.098.913	24.680,60	42.981.800	4.169.217	»	»
Buenaventura.	»	1.631	1.523.800	180.321	3.300,70	673.063	361.161	3.279,43	800.531	263.874	2.037,13	490.564	317.088	»	»
Cartagena. . .	»	17.810	2.499.864	411.783	13.320,90	2.098.730	685.800	18.042,22	3.331.820	909.308	23,369,72	4.227.263	1.090.730	»	»
Cucuta	»	9.203	2.148.843	172.643	8.635,16	1.683.905	259.636	12.704,84	2.485.835	327.076	12.704,58	3.770.818	452.745	»	»
Ipiales	»	»		41.013	112,69	136.690	4.831	338,78	229.756	4.676	311,73	134.605	4.920	»	»
Orocue	»	»	»	»	»	»	»	»	»	24.531	»	»	9.704	»	»
Rio-Hacha . .	»	5.776	522.641	60.185	6.094,70	348.602	65.287	3.473,08	251.820	50.991	1.489,06	213.390	61.918	»	»
Santa-Marta. .	»	744	335.795	26.660	1.438,32	85.479	51.309	594,42	99.018	44.172	1.031,53	99.678	27.916	»	»
Tumaco. . . .	»	4.440	589.586	38.314	2.261,50	365.447	66.024	2.636,02	410.137	74.723	2.629,82	474.294	60.564	»	»
	»	38.617	27.364.296	1.782.298	34.927,06	5.402.554	4.532.081	61.893,70	21.050.773	4.795.264	69.144,75	24.392.305	6.822.842	»	»

Observations. — Les résultats complets pour l'exercice 1888 n'étaient pas publiés à la date de mon départ. — Nous n'avons pu nous procurer les données pour l'année économique 1883-1884.

Tableau n° 3.

COMPARAISON DES QUATRE DERNIÈRES ANNÉES

PRODUIT BRUT DES DOUANES

DOUANES	PRODUIT EN				COMPARAISON DES DEUX DERNIERS EXERCICES	
	1884-85	1885-86	1887	1888	DIMINUTION	AUGMENTATION
	$	$	$	$	$	$
Barranquilla.	88).420	3.038.024	3.098.913	4.169.237	1.070.324	»
Buenaventura	180.321	361.161	263.874	347.088	83.214	»
Cartagena	411.732	685.809	906.308	1.690.750	784.442	»
Cucuta.	172.643	259.035	327.076	452.748	125.669	»
Ipiales.	11.013	4.831	4.676	4.920	244	»
Orocue	»		24.531	9.70	»	14.827
Rio-Hacha.	60.185	65.287	50.991	61.918	10.927	»
Santa-Marta	27.669	51.309	44.172	25.916	»	18.236
Tumaco	38.314	66.023	74.723	60.564	»	14.159
TOTAUX . .	1.782.797	4.532.081	4.795.264	6.822.842	2.074.820	47.242
DIFFÉRENCES			2.027.578		2.027.578	

TARIFS GÉNÉRAUX

Les ports de Panama étant déclarés ports francs, ne sont pas compris dans ces tableaux.

Les autres ports de la Colombie sont fermés au commerce extérieur et ne peuvent être fréquentés que par les *navires nationaux du cabotage*. — Le commerce entre les ports francs et les ports en exercice *(habilitados)* est considéré comme commerce extérieur.

Les droits de tonnage de 1 piastre par tonne métrique mise à terre sont dus pour les marchandises, à l'exception du charbon, du sel, de la glace, des briques et tuiles.

Les vapeurs amenant le courrier sont exempts de ce droit.

Les marchandises nationales ne paient pas de droits à l'exportation.

Les tarifs à l'importation sont les suivants :

1re classe. — Articles libres de tous droits;
2e — Droits de 0 $ 02 c. par kilogramme;
3e — — 0 $ 10 c. —
4e — — 0 $ 24 c. —
5e — — 0 $ 36 c. —

Les passagers entrant en Colombie ont droit à introduction en franchise de 100 kilogrammes de bagages. Le supplément paie 1 piastre par kilogramme.

Ces droits sont chargés de 25 0/0 en plus, au profit des départements.

Ces tarifs représentent en moyenne 55.24 0/0 de la valeur des marchandises importées (1888). Ils ont été modifiés à plusieurs reprises du jour au lendemain, suivant les nécessités du moment, et sont montés, au grand détriment du commerce, jusqu'à 112.89 0/0.

Actuellement, la Constitution défend les changements de tarifs sans certaines formalités assurant à l'industrie une fixité relative qui lui manquait auparavant.

Nous reproduisons quelques documents qui peuvent renseigner sur la progression du produit des douanes.

En 1831, le produit était de . . . . $ 808.240

En 1832,   —   — 874.830

Les années suivantes, les produits ont baissé de moitié, pour se relever ensuite en 1843.

En 1843 leur produit était de . . . . $ 917.027

Après 1843, on constate une baisse de 25 0/0, puis un relèvement ; pour la première fois, en 1853, les produits atteignent. . . . . $ 1.000.000

De 1853 à 1869, il y a une hausse continue, malgré quelques oscillations, et en cette dernière année, les produits ont atteint . . . . $ 2.000.000

En 1880, les produits arrivent à 4.000.000

En 1887,   — 4.534.743

En 1888,   — 6.822.841

A chacune des guerres civiles, si fréquentes avant 1885, succédait un accroissement extraordinaire du commerce d'importation qui durait environ une année, pour combler les vides produits par la suppression de l'importation pendant la guerre. Aussi, les années 1843, 1853, 1865, 1878 ont-elles été des années d'une très grande production de la Douane, tandis que pendant l'année qui suivait immédiatement, l'importation fléchissait.

A la suite de la dernière guerre, 1887 a également présenté un accroissement sur les années antérieures, mais d'après l'observation précédente, le produit de 1888 aurait dû être plus faible, tandis qu'au contraire, l'augmentation a été de plus de 2,000,000 de piastres.

Les rapports officiels attribuent ce phénomène, qui se présente pour la première fois, au nouvel état politique qui a donné une plus grande stabilité au pays et a très certainement augmenté la sécurité publique ;

En *second lieu*, au développement du bien-être dans les classes pauvres, d'où une augmentation sensible dans la consommation.

Troisièmement, plus de sécurité pour les affaires parce que le Congrès, au lieu d'être presque en permanence, n'est réuni qu'un petit nombre de mois chaque deux ans.

Quatrièmement, parce que les tarifs de Douanes sont plus modérés, et ne sont plus sujets à de brusques variations qui déroutaient les combinaisons commerciales à longue échéance.

Cinquièmement, meilleur choix dans le personnel de la Douane.

Sixièmement, parce que le trafic extérieur se fait presque exclusivement par vapeurs plus faciles à surveiller, ce qui a diminué de beaucoup la contrebande.

Enfin, ajoute le Rapport, le pays commence à être mieux connu à l'extérieur. Les communications sont plus rapides et plus sûres, l'usage des machines agricoles et industrielles commence à se généraliser, et surtout le pays commence à prendre un grand développement, comme le prouvent la construction des édifices, l'ouverture de nouvelles routes, de nouveaux chemins de fer, l'exploitation de nouvelles mines, le mouvement de toutes les affaires.

Nous n'avons qu'à constater la vérité de ces observations, tout en faisant remarquer que ces améliorations ne sont que relatives.

Nous aurions beaucoup à ajouter, bien des critiques à faire sur la politique économique du pays, considérée au point de vue de l'industrie et des voies de communication, seul objectif de la mission qui nous était confiée. Nous aurons à en parler dans l'étude générale des voies de communication. Pour le moment, nous nous bornerons à constater que le pays offre de grandes richesses naturelles indiquées par les chiffres qui précèdent; que le moment paraît venu où il pourrait entrer dans la voie d'un très sérieux développement, et qu'il lui suffirait d'un effort qui n'est pas au-dessus de ses forces.

Il nous sera permis de l'indiquer au courant de ce rapport.

CHAPITRE III

RENSEIGNEMENTS DIVERS

MESURES COLOMBIENNES

Les mesures légales actuelles sont celles du système métrique, il est bon cependant de connaître les anciennes mesures dont on se sert encore fréquemment.

Mesures de longueur.

Vara granadina de 1836	$0^m,800$
Cuadra = 100 varas	$80^m,000$
Lieue = 62 1/2 cuadras	$5000^m,000$

Mesures de surface

Vara carrée	$0^{mq},64$
Fanegada = 10,000 varas carrées	$6,400^{mq},00$
Lieue carrée = 3,906 1/4 fanegadas	2,500 hectares.

Mesures de poids.

Livre	$0^k,500$
Arroba = 25 livres.	$12^k,500$
Quintal = 4 arrobas.	$50^k,000$

Charge (carga), varie de 120 à 150 kilogrammes.
Les valeurs les plus usuelles sont 125 et 140 kilog.

Dans les travaux de mines, on se sert encore souvent des anciennes mesures espagnoles :

Livre espagnole	$0^k,460$
Marco (moitié de la livre).	$0^k,230$
Once (1/16 de la livre)	$0^k,02875$
Castillan (1/100 de la livre)	$0^k,00460$

Mesures pour le bois de chauffage.
(Chauffage des bateaux et des machines.)

La corde vaut 4 burros et demi ou 128 pieds cubes anglais, soit environ.	$3^{m3},64$
Le burro vaut 30 pieds cubes ou	$0^{m3},85$

Monnaies.

La piastre forte ou *peso fuerte* or vaut exactement. **Fr.**   5   »

Le réal vaut $ 0.10 . . . .   0.50

Le centavo vaut $ 0.01 . . . .   0.05

Il existe dans le commerce une autre monnaie de compte, le *peso sencillo*, qui vaut 0.80 du peso fuerte, mais il est entendu que dans les factures et toutes transactions écrites, il s'agit toujours du peso fuerte ou piastre forte. (Nous ne parlons pas de la monnaie d'argent dont le titre a baissé successivement jusqu'à 0.500 et dont la valeur oscille suivant le cours du change.)

MÉTÉOROLOGIE

Saisons.

Les saisons dans les régions équatoriales se divisent comme suit :

1° Pluvieuse. . { Mars. / Avril. / Mai.

2° Sèche . . . { Juin. / Juillet. / Août.

3° Pluvieuse. . { Septembre. / Octobre. / Novembre.

4° Sèche . . . { Décembre. / Janvier. / Février.

La hauteur d'eau annuelle tombée à Bogota a varié entre les limites suivantes :

Minimum observé 1839. . . . . $0^m,914$

Maximum observé 1838. . . . . $1^m,300$

Moyenne de toutes les observations . . . . . $1^m,107$

Le degré d'humidité mesuré à l'hygromètre de Saussure est de 64°5.

Dans toute la Colombie, on ne connaît pas les cyclones, qui commencent seulement à se faire sentir vers le 16° parallèle.

Sur les côtes, la température moyenne est de 27°, sauf à Sainte-Marthe où elle monte à 29°. Les brises de mer rafraîchissent un peu la température qui est plus élevée dans 'intérieur.

D'après les observations que j'ai faites pour les corrections de la formule barométrique de Laplace, la température de l'intérieur réduite au niveau de la mer serait de 31°, là où elle n'est pas influencée par le voisinage de la mer.

Pour trouver la température moyenne à une altitude connue, on peut employer la relation :

$$T' = T + 0,078 \,(760 - H'_o).$$

T = 31° température réduite au niveau de la mer.
H'_o hauteur barométrique du lieu considéré, T' sa température moyenne.

Climats divers.

On considère comme *climat torride* toute la zone comprise entre le niveau de la mer et 700 mètres d'altitude. On désigne ces régions sous le nom de *terres chaude*, La température moyenne varie entre 31° et 25°.

Le *climat tempéré* correspond à une altitude comprise entre 700 et 2,000 mètres. La température est comprise entre 24° et 18°. Cette zone est généralement saine.

Les *terres froides* sont comprises entre les altitudes de 2,000 et 3,800 mètres, au-dessus commence la zone glaciale.

Méridien de Bogota.

Valeur de la longitude de Bogota par rapport :

		Différences d'heures.
Au méridien de Paris	74° 13′ 50″ O.	5ʰ 6′ 17″
— de Greenwich. . . .	74° 14′ 15″ O.	4ʰ 56′ 55″
— de Washington . . .	2° 46′ 28″ E.	0ʰ 11′ 6″
— de Cadix	67° 56′ 36″ O.	4ʰ 31′ 37″

Latitude de Bogota.

Latitude d'après Codazzi et Humbolt.	4° 35′ 48″ N.
— d'après Caldas et Pedro Agar, adoptée pour la carte de Colombie	4° 36′ 6″

Altitude de Bogota.

D'après la moyenne de nos propres observations, répétées à plusieurs reprises, l'altitude de l'Altosano, perron de la cathédrale de Bogota, serait de 2,641 mètres au-dessus de la mer. C'est à peu près la moyenne des observations déjà faites.

MM. Reiss et Stubel, cependant, n'ont trouvé que 2,611 mètres.

Climat de Bogota.

La température moyenne de l'année est de 15°.
Le maximum est de 24°, le minimum de 6°.
Les moyennes des quatre saisons précédentes sont :

1ʳᵉ Pluvieuse	15°3		3ᵉ Pluvieuse	14°5
2ᵉ Sèche	15°3		4ᵉ Sèche	15°5

DEUXIÈME PARTIE

ÉTUDE DES COTES DE LA COLOMBIE

Nous allons dans cette étude examiner dans leur ensemble les côtes de Colombie puis ensuite chacun des ports, les voies d'accès qui y aboutissent, ainsi que celles qu'il conviendrait d'améliorer ou de créer.

Nous indiquerons comme conclusion quel est le point qui, à notre avis, devrait être choisi pour le grand port destiné à concentrer tout le trafic des provinces situées dans le bassin de la Madeleine, et sur lequel devrait se porter tout l'effort soit du pays, soit des concessionnaires.

CHAPITRE IV

MER DES ANTILLES

Le grand courant équatorial venant de l'Atlantique pénètre dans la mer des Antilles entre la Côte Ferme et la Guadeloupe, court parallèlement aux côtes du Venezuela, puis aux côtes de Colombie, jusqu'à l'embouchure de la Madeleine, passe au large du golfe de Panama, vient frapper les côtes du Nicaragua et du Honduras, pour contourner le golfe du Mexique et en sortir sous le nom de Gulf-Stream.

Le golfe de Panama détermine un tourbillon désigné sous le nom de contre-courant du Darien qui suit la côte à l'inverse du grand courant, c'est-à-dire, de l'ouest à l'est, et remonte jusqu'à Carthagène où il vient rejoindre le courant principal.

Les vents généraux dans la région et jusqu'à Santa-Marta se maintiennent toute l'année entre l'est et l'est-nord-est; ce n'est que dans le golfe de Panama, dans le Darien, que les vents se retournent du 15 mai au 15 novembre, et soufflent du sud-ouest à l'ouest-sud-ouest.

La marée varie de 0,35 à 0,50, suivant que l'on est en vives eaux ou en mortes eaux.

Le régime marin a, conjointement avec les alluvions charriées par les torrents ou les grands fleuves, modelé la côte; nous allons étudier plus spécialement la partie

3

comprise entre le cap de la Aguja, un peu au nord de Sainte-Marthe, et le débouché du canal du Dique, au sud de Carthagène, seule portion du rivage qui ait de l'intérêt au point de vue qui nous occupe. Ce n'est, en effet, que dans cette zone que l'on peut chercher, d'ici à bien longtemps, un débouché maritime au commerce du bassin de la Madeleine, comme nous le verrons plus en détail.

Le cap de la Aguja est au sommet de l'angle droit formé par la côte. Il est à l'extrémité rocheuse de l'un des contreforts de la montagne de Sainte-Marthe, aussi, cette partie du rivage balayée par les vents et les courants n'offre pas de plage sablonneuse. La côte fort découpée forme des ports plus ou moins ouverts, dont le meilleur est Sainte-Marthe. Au sud, les apports des torrents se déposent le long des parties de la côte abritées par des pointes rocheuses, et forment des plages où les galets se réduisent en parties ténues qui, sous l'action des vents et des courants, courent vers le sud jusqu'à San Juan de la Cienaga.

A partir de ce point, les alluvions marines se sont rencontrées avec les alluvions fluviales de la Madeleine; le fleuve forme un immense delta dont le bras oriental se détache entre le Peñon et le Cerro San Antonio, un peu en aval de Calamar, à près de 140 kilomètres de la mer. Sous cette double influence, il s'est formé un cordon littoral analogue à celui que l'on remarque le long des étangs du littoral méditerranéen, gagnant toujours dans l'ouest, et rejetant progressivement l'embouchure dans cette direction.

A l'époque de la conquête, l'embouchure principale du fleuve était dans la Ciénaga de Cuatro Bocas, où l'on ne trouve plus maintenant 1m 50 c. d'eau, qui ne communique plus avec le fleuve que par une série de marais ou de canaux obstrués par la végétation.

Actuellement, les deux véritables embouchures sont : la Boca de Rio Viejo et celle de Ceniza, formant un delta secondaire appelé l'île de *Los Gomez*. La passe de Rio-Viejo est à peu près impraticable, même pour les navires d'un faible tirant d'eau. Sous l'influence des courants et des vents dominants, la Boca Ceniza s'était portée dans l'ouest jusqu'en face de Savanilla, comme le montre la carte marine de 1823. Depuis, le fleuve a rompu ce cordon, et son embouchure est à peu près dans la direction générale du bras principal.

Les alluvions apportées par le fleuve continuent cependant à être charriées dans l'ouest, comme le montre la carte détaillée ci-jointe. C'est au cordon littoral formé par elles qu'est due la rade de Savanilla.

Au large, à 5 milles environ dans le Nord de la côte, les dernières reconnaissances marines signalent un haut-fond de sable vaseux qui se forme assez rapidement, à peu près dans la direction de l'embouchure du fleuve, avec une profondeur minimum de 3m00. Nous l'avons figuré sur notre carte d'ensemble.

A partir de ce point, les courants deviennent variables et rendent l'atterrissage difficile pendant la nuit. Cependant leur action générale se fait encore sentir dans le même sens jusqu'à la pointe de Zamba où ils rencontrent le contre-courant de sens contraire, venant du Darien, et leur résultante se dirige vers le large, comme le démontre la forme du grand banc qui prolonge cette pointe. Le banc de Galera Zamba qui émergeait, il y a peu de temps, tend à disparaître et d'après les dernières reconnaissances faites sur la côte est toujours recouvert d'eau.

Au delà, la côte s'incline vers le sud, et à peu de distance on trouve Carthagène, bâtie au nord d'une baie magnifique, entièrement fermée, qui pourrait faire à peu de frais un port splendide.

Cette baie communique par le canal de l'Estero avec la baie de Barbacoa où vient déboucher le canal du Dique, mettant en communication cette partie de la côte avec la Madeleine.

Il semble, à l'inspection de la carte générale, impression confirmée par l'étude des plans de détail, bien que nous n'en ayons pas retrouvé la tradition, qu'à un moment donné, le fleuve avait dû avoir une de ses principales embouchures à Barbacoa. En effet, le parcours de ce cours d'eau se trouve au milieu de marais submergés aux moindres crues, à peine plus élevées que le niveau moyen de l'eau, s'étendant sur une large surface; le débouché à la mer est au nord de la grande lagune de Palotal, présentant de grandes analogies avec la Cienaga Grande de Santa Marta, mais arrivée à un degré de colmatage plus avancé.

Les Espagnols ont, dès le premier temps de la conquête, profité de ces avantages naturels, en fondant Carthagène et en améliorant le Dique, mais ils se seront heurtés aux causes naturelles qui ont amené le comblement progressif de cette embouchure, et malgré tous les efforts continués depuis cette époque, cette voie de communication est restée fort précaire, et paraît empirer chaque année.

Avant le développement de la navigation à vapeur sur la Madeleine, les transports se faisaient au moyen de chalands ou sampans d'un faible tonnage, ayant très peu de tirant d'eau, mettant un temps extrêmement long pour remonter le fleuve, et ne se préoccupant pas de quelques jours de plus ou de moins pour arriver à destination. Les dangers de la barre empêchant les navires de mer de mouiller dans les eaux douces, les deux ports auxquels les sampans devaient arriver étaient : Sainte-Marthe et Carthagène, et ils s'y rendaient directement sans rompre charge.

Dès que la navigation à vapeur fit son apparition, la nécessité d'un entrepôt fluvial ne tarda pas à s'imposer, et le commerce choisit Barranquilla, placé près de l'embouchure, au pied d'une colline, à l'abri des crues du fleuve, sur un bras étroit offrant une grande sécurité aux bateaux fluviaux.

De Barranquilla, les sampans ou des vapeurs de faible tonnage allaient gagner Santa Marta par les lagunes, quelques goélettes prenaient le chemin des embouchures, malgré la difficulté pour les voiliers, au temps de la mousson, de remonter jusqu'à Santa Marta contre les courants et la marée. Les vapeurs étaient obligés de sortir de la *Cienaga*, et malgré des risques très sérieux, par beau temps, se hasardaient à gagner Sainte-Marthe.

Mais les difficultés de ces transports, les prix élevés qui en étaient la conséquence, rendirent cette situation intolérable; les négociants de Barranquilla cherchèrent à s'affranchir de ces pesantes sujétions, en utilisant, malgré ses défauts, la rade de Savanilla, et la reliant à la ville par un chemin de fer.

Il reste donc, sur cette portion de la côte, la seule qui soit en communication facile avec les provinces du bassin de la Madeleine, quatre ports possibles :

Santa Marta, le bras de Ceniza (embouchure de la Madeleine), la rade de Savanilla et Carthagène; nous allons les étudier successivement.

CHAPITRE V

SANTA-MARTA ET SON CHEMIN DE FER

---

§ 1

LE PORT

Sainte-Marthe est la deuxième ville construite par les Espagnols sur la Côte Ferme. Elle a joui longtemps d'une grande splendeur qui l'a fait surnommer la « Perle de l'Amérique ». Le plan ci-joint donne des indications sur le port, la ville et le chemin de fer.

La construction du chemin de fer de Barranquilla a tué la ville qui est en pleine décadence, et que l'on abandonne de plus en plus. En 1870, elle comptait encore de 10,000 à 12,000 habitants; actuellement elle n'en a plus que 3,500. Depuis quelque temps, les grandes lignes de paquebots, à l'exception des vapeurs espagnols, n'y touchent plus régulièrement, ce qui a accéléré sa ruine.

La ville est bien bâtie, dans le style espagnol, elle est, de beaucoup la mieux construite de toutes celles du littoral, mais ses maisons et ses édifices tombent en ruines. Les habitants l'abandonnent et ne cultivent plus les terres voisines. Le climat est chaud et malsain pendant la saison sèche, il paraîtrait facile de l'assainir en faisant écouler les eaux stagnantes.

Port. — La baie de Sainte-Marthe peut être considérée comme formée de deux parties : l'une, la rade, limitée par l'île de Morro-Grande et la pointe de Gaira; la seconde ou le port proprement dit, comprise à l'est de la ligne formée par la pointe de Betin et la Douane.

Le long de la côte, en face de la ville, se trouve un banc qui augmente très sensiblement par les apports du Manzanarès.

Dans le port, on trouve une grande profondeur jusque contre le rivage.

La Compagnie du chemin de fer a construit deux môles ou wharfs que les vapeurs de 6 mètres de tirant d'eau peuvent venir accoster.

Le mouillage est à l'abri des grandes brises du nord-est, les vents dominants de cette région; c'est un des meilleurs de la côte, les fonds son excellents. Le port est toujours calme, excepté par les vents d'ouest et de sud-ouest, peu fréquents dans ces régions; aussi les navires peuvent-ils s'amarrer à quai près de la gare des marchandises du chemin de fer.

La rade est éclairée par un feu placé sur le Morro Grande, mais sa portée n'est que de quatre à cinq milles, et encore, n'est-il pas toujours allumé. L'éclairage des phares est concédé à une Compagnie qui n'est pas régulièrement payée; il en résulte que les feux de la côte de Colombie sont souvent mal entretenus, n'ont pas l'intensité réglementaire, et sont quelquefois éteints.

Malgré ses avantages, nous ne pensons pas que le port de Sainte-Marthe soit appelé à se relever au moins pour le trafic général; nous en développons les raisons dans l'étude du chemin de fer.

PORT DE SANTA MARTA

STATISTIQUE DU COMMERCE EXTÉRIEUR

ANNÉES	PRODUIT des DOUANES	TONNAGE		TOTAL	VALEURS		TOTAL
		IMPORTATION	EXPORTATION		IMPORTATION	EXPORTATION	
		Tonnes	Tonnes	Tonnes	Piastres	Piastres	Piastres
1880-1881	»	»	»	»	268.499 »	29.905 »	298.404 »
1881-1882	»	»	»	»	»	»	»
1882-1883	»	2.004	716	2.746	299.734 »	36.061 »	335.795 »
1883-1884	»	»	»	»	»	»	»
1884-1885	27.069 »	1.118	17	1.135	77.682 »	7.797 »	85.479 »
1885-1886	51.309 »	466	129	595	81.044 30	18.874 »	99.918,30
1887.	44.171 75	508	524	1.032	76.854 »	22.825 »	99.679 »
1888.	25.016 »	»	»	»	»	»	»

§ 2

CHEMIN DE FER DE SANTA-MARTA

A. — CONSTRUCTION

La concession a été donnée à MM. Manuel de Mier et Robert Joy.

Le premier contrat du 17 juin 1881 porte les conditions suivantes :

Concession. — Le chemin partant de Sainte-Marthe devait aboutir au Cerro de San Antonio sur la Madeleine; sa longueur était de 160 kilomètres environ.

La durée de la concession, quatre-vingts ans, avec faculté de rachat par le Gouvernement, au bout de cinquante ans.

Subventions. — 60,000 piastres par an, garanties sur les douanes. — Les terrains nécessaires au chemin de fer et à ses dépendances, sur tout son parcours. — Exemption des droits de douanes et des droits locaux. — En compensation le gouvernement se réserve 10 0/0 des recettes nettes.

Conditions techniques. — Voie de 3 pieds anglais (0^m,915) entre les rails; — rails de 30 livres par yard (15 kilogrammes par mètre); — largeur de la plate-forme, remblais 2^m,75, déblais 3^m,35. — Déclivité maximum 0,04 sauf pour les cas exceptionnels où l'on pourra arriver jusqu'à 0,06. — Rayon minimum 200 pieds (40 mètres).

Le 15 mai 1887, les modifications suivantes ont été apportées au contrat :

Les concessionnaires, au lieu de terminer la ligne au Cerro San Antonio, sont autorisés à prendre comme point d'arrivée le Banco sur la Madeleine, à 375 kilomètres de Santa Marta.

Le capital social est porté à 800,000 livres sterling (20,000,000 francs soit 53,000 francs par kilomètre).

Le Gouvernement ne touchera 10 0/0 sur les recettes qu'après le paiement d'un dividende de 5 0/0 aux actions.

Concession de 100,000 hectares du domaine public, en plus des avantages déjà accordés.

Une troisième convention du 23 juillet 1887 est relative à la concession des aménagements du port.

Les concessionnaires ont eu pour but d'éviter les inconvénients du transport des marchandises de Barranquilla à Savanilla, et surtout les sujétions de toute sorte d'un double transbordement dans cette rade ouverte, qui s'envase rapidement, où les navire ne sont pas en sûreté par tous les temps. Le port de Sainte-Marthe étant relativement sûr, très profond, il est facile d'amener les navires à quai, et de faire directement le transbordement du navire dans le wagon.

Ils espèrent donc que le trafic de la Madeleine reprendra la voie de Sainte-Marthe, abandonnée depuis plusieurs années, et M. Joy, l'un des concessionnaires, directeur de la Compagnie Américaine des Bateaux à vapeur de la Madeleine, prétend que ses bateaux ne descendront plus à Barranquilla, une fois le chemin de fer ouvert jusqu'au fleuve.

Les reconnaissances ont été faites; elles ont fait reconnaître que le terrain jusqu'à Banco ne présentait aucune difficulté de construction, que le chemin pouvait rester constamment sur la ligne de séparation des eaux des bassins de la Madeleine et du Rio Cesar, en dehors des marais, ne nécessitait qu'un très petit nombre d'ouvrages d'art de minime importance, mais elles ont démontré en outre que, pendant la saison sèche, il n'y avait pas d'eau sur au moins la moitié du parcours, par conséquent, qu'on ne pouvait songer à coloniser le pays. Aussi les concessionnaires se sont décidés à prendre Peñon sur le fleuve comme tête de ligne, à environ 165 kilomètres de Santa Marta, et des études ont été exécutées, profil en long et profil en travers, dans cette direction.

Il y a lieu de remarquer qu'on n'a pas encore fait approuver régulièrement ce changement.

Lors de la visite que j'ai faite à la fin de novembre 1888, le chemin de fer était construit de Santa Marta à Pueblo Viejo sur le cordon littoral de la Cienaga-Grande, point d'attache des vapeurs de Barranquilla; on avait commencé la construction entre la ville de San Juan de Cienaga et le Rio Frio; mais bien que le tracé n'offrît pas de sérieuses difficultés, le manque de fonds n'a pas permis d'activer les travaux, au commencement de juin 1889, la section était encore bien loin d'être terminée, bien que les concessionnaires fondent de grandes espérances sur le trafic que donnera la section desservie.

La voie de Pueblo Viejo à San Juan de la Cienaga est posée sur le sol ; le cordon littoral est souvent balayé par la mer, aussi, ne pourrait-on mettre la voie en saillie qu'au prix de travaux coûteux. Les terrains sont salés, l'unique végétation, et encore extrêmement rare, se compose de mangles et de palétuviers

A partir de San Juan de la Cienaga, le tracé se dirige vers le nord, au moyen de longs alignements raccordés par des courbes à grand rayon relatif ; les pentes paraissent modérées. On n'a pas cherché à épouser la forme du terrain ; aussi, bien que l'on ne trouve qu'un petit nombre de tranchées, à la traversée des derniers contreforts de la montagne, on a construit des remblais importants qu'il eût été facile d'éviter. Leur largeur à la plate-forme est trop étroite ; les talus sont ravinés par les eaux, aussi, si le matériel était plus lourd et la vitesse plus grande, il m'a semblé que la circulation ne se ferait pas sans péril pendant la saison des pluies.

Le tracé coupe les ravins trop loin de la mer, aussi les ouvrages d'art ont une trop grande hauteur ; plusieurs ponts métalliques ont été établis pour deux voies, ce qui charge beaucoup trop la construction ; cette dépense n'est pas, du reste, justifiée par les prévisions du trafic.

Les maçonneries sont faites avec de la chaux qui m'a paru trop maigre ; elles s'effritent déjà ; les ouvrages sont faits sans beaucoup de soin, sur des types mal conçus et sans études suffisantes ; ainsi, les culées ne se raccordent pas avec les talus. On trouve des ouvrages de tous les systèmes, sans que le choix paraisse bien motivé ; les piles sont, soit en maçonnerie, soit en palées de fonte isolées, soit en palées de charpente. Il serait au moins prudent de relier ces palées deux à deux pour constituer des pylônes à quatre arêtes dont la stabilité offrirait une sécurité qui ne paraît pas actuellement suffisante.

On passe un certain nombre de dépressions et de petits ravins sur des ouvrages en bois *(trestle work american)*.

Les rails sont de 30 livres par yard (15 kilogrammes par mètre). La table de roulement est beaucoup trop étroite et détériore rapidement le boudin des roues.

Les traverses sont en bois, très rapprochées, et de gros équarrissage. Elles sont assez longues pour servir à une voie de un mètre, si on se décide à faire la transformation, comme paraissait le désirer le gouvernement colombien.

On trouve dans le pays des bois très durs qui résistent bien ; quelques-uns sont en service depuis l'origine des travaux, mais au contact du fer, les trous s'ovalisent et les crampons ne tiennent plus.

Ballast. — La voie n'est pas pour ainsi dire ballastée ; on a utilisé les dépôts des tranchées en gore (granit décomposé) ; sous l'influence des pluies et du soleil, il durcit beaucoup ; malgré cet inconvénient, ce ballast donne une bonne assiette à la voie sur le petit nombre de kilomètres terminés.

Les pluies, en l'absence de ballast, produisent un ravinement énergique des talus des remblais, cet inconvénient joint, à une trop petite largeur de la plate-forme, rend en cette saison la circulation dangereuse.

Dans la saison sèche, au contraire, les étincelles provenant soit de la grille, soit de la cheminée, mettent le feu aux traverses. Un voyageur qui a parcouru la voie en wagonet (hand car), peu après le passage de notre train, m'a assuré en avoir compté plus de cinquante en feu.

Alimentation des machines. — Les réservoirs se composent de corps cylindriques fermés, à calotte sphérique, présentant l'aspect d'une chaudière à vapeur, reposant sur un échafaudage en bois. Ils sont alimentés au moyen de pompes à bras, bien qu'on eût pu sur plusieurs points créer des alimentations spontanées, au moyen de courtes canalisations. Le réservoir étant presque au niveau du tender, l'écoulement est lent, et les prises d'eau nécessitent beaucoup de temps.

Combustible. — Les machines brûlent du bois qu'on approvisionne le long de la ligne, aux points où on le trouve en plus grande abondance. Il en résulte que les arrêts, soit pour les prises d'eau, soit pour faire du bois, représentent environ le tiers du temps nécessité par le parcours.

Matériel roulant. — Il y avait en service au moment de ma visite :

Une petite machine à quatre roues couplées, insuffisante comme force pour un trafic sérieux;

Une grande machine à avant-train et quatre roues couplées, système américain, à très long corps cylindrique, pouvant porter un grand poids d'eau et de combustible.

Malgré l'articulation, les bandages des roues du boggie, de même que ceux des autres véhicules, étaient creusés en gorge; cet inconvénient est dû, en partie, à la faible largeur de la table de roulement du rail, ainsi qu'à l'absence absolue de tout outillage de réparation; ne pouvant tourner les roues quand les bandages commencent à s'user, on les laisse aller jusqu'à ce qu'elles ne puissent plus servir.

Voitures et Wagons. — Les véhicules ont une très petite largeur, 1ᵐ,80 environ ; l'attelage à tampon unique est du système suédois.

Les roues sont d'un petit diamètre, très écartées; aussi le matériel passerait difficilement dans des courbes de faible rayon; en compensation, il est assez stable, malgré le mauvais entretien de la voie.

Les voitures sont à couloir central, à seize places, fort lourdes; le rapport du poids mort au poids utile est considérable. Cette disposition, suffisante pour des voyages très courts, deviendrait intolérable, dans ces pays torrides, pour de longs trajets.

Ateliers et Accessoires. — Ils se bornent à un mauvais hangar pour abriter deux locomotives.

B. — GARES ET STATIONS

Station de Pueblo Viejo. — Les installations déjà faites auraient été enlevées par la mer; elles se bornent actuellement à une voie posée sur la plage.

San Juan de la Cienaga. — La gare se compose d'un abri fermé construit en torchis avec un petit hangar annexé. Un seul changement de voie donne accès à une voie de garage en cul-de-sac.

Rio Paparès. — Une voie de garage en cul-de-sac, sans abri.

La Gaira. — Un hangar, une voie de garage en cul-de-sac.

Santa Marta. — Une halte en face de la ville avec un hangar et un abri en torchis. — Au port, un petit hangar pour deux locomotives, avec quelques voies de garage établies sans plan, dont deux conduisent à des appontements que les navires peuvent accoster.

Prix de revient. — Au 31 décembre, d'après les renseignements donnés par M. de Mier, les dépenses auraient été les suivantes :

	DÉPENSES			OBSERVATION
	EN LIVRES STERLING	EN FRANCS		
		TOTALES	Par kilomètre	
1° De Santa Marta à San Juan de la Cienaga.				
(35 kilomètres.)	£	Fr.	Fr.	
Subvention du Gouvernement.	42.000	1.050.000	30.000	
Dépenses faites par les concessionnaires.	65.000	1.625.000	46.400	
	£	Fr.	Fr.	Compris approvisionnements pour le chemin de fer de Rio Frio.
	107.000	2.675.000	76.400	
2° De San Juan de la Cienaga au Rio Frio.				
(15 kil., 300.)				
Dépenses restant à faire		7.000	175.000	11.450	Pour 15k,300.
	£	Fr.	Fr.	
	114.000	2.850.000	55.500	Pour 51k,300.

Il me paraît, au moins bien difficile, de terminer le chemin de fer de Rio Frio pour le prix indiqué, bien que le tracé soit très facile, dans une plaine unie, sans aucun travail d'art important.

Pour faire une exploitation satisfaisante, il y aurait encore de grosses dépenses à exécuter sur la ligne déjà construite : gares, ateliers, prises d'eau rationnelles, élargissement des remblais, ballastage, matériel roulant, etc., etc., faute de quoi, la ligne sera, avant peu, entièrement à reconstruire ; ce qui est fait n'est qu'une ébauche ; les parachèvements s'élèveraient à un prix fort élevé. Tous les parachèvements terminés, il me semble que la ligne ne coûtera pas beaucoup moins de 90 à 100,000 francs le kilomètre.

C. — EXPLOITATION

Exploitation. — L'exploitation n'était que provisoire en décembre 1888. Mais même à ce point de vue, elle était très défectueuse et fort coûteuse. — Elle manque d'organisation ; l'ingénieur anglais qui en était chargé pouvait mieux faire avec le personnel dont il disposait, bien qu'il n'eût pas tout le matériel nécessaire.

4

Les dépenses par mois étaient en novembre de :

DÉSIGNATION	DÉPENSES		
	PAR MOIS	PAR KILOMÈTRE	PAR AN ET PAR KILOMÈTRE EN FRANCS
	$		Fr.
Entretien de la voie	490 »	14 »	525 »
Matériel roulant.	78,70	2,25	84 »
Traction	378 »	10,80	405 »
Prises d'eau	10,80	» 30	11 »
Frais généraux	108,50	3,10	116 »
Salaire mensuel des employés.	800 »	22,85	857 »
Longueur : 35 kilomètres.	1.866 »	53,30	1.998 »

Soit environ 2,000 francs, sans compter le renouvellement du matériel fixe, l'entretien du matériel roulant, et pour un seul train en moyenne par jour, le train allant un jour dans un sens et retournant le lendemain.

			RECETTES	VOYAGEURS	MARCHANDISES	TOTAL
				$	$	$
1887	Juillet	31.	Relevé des Voyageurs et des Marchandises pendant la construction de la ligne, de octobre 1884 au 31 juillet 1887, ...	9.492,31	»	9.492,31
	Août	31.	Produit du mois	946,90	343,65	1.290,55
	Septembre	30.	Id.	887,50	369,90	1.257,40
	Octobre	31.	Id.	1.458 »	562,87	2.020,87
	Novembre	30	Id.	1.200,35	463,39	1.663,74
	Décembre	31.	Id.	1.194,30	545,81	1.740,11
				15.179,36	2.285,62	17.464,98
1888	Janvier	31.	Id.	1.189,20	527,40	1.716,60
	Février	28.	Id.	1.010 »	472,10	1.482,10
	Mars	31.	Id.	1.270 »	597,55	1.867,55
	Avril	30.	Id.	1.389,45	599,45	1.988,90
	Mai	31.	Id.	1.470,27	639,70	2.109,97
	Juin	30.	Id.	1.610,10	684,80	2.294,90
	Juillet	31.	Id.	1.584,20	594,75	2.178,95
	Août	31.	Id.	1.575,60	684,10	2.259,70
	Septembre	30.	Id.	1.495,10	571,55	2.066,65
	Octobre	31.	Id.	1.684,25	697,80	2.382,05
	Novembre	30.	Id.	1.620,15	784,25	2.404,40
				15.898,32	6.853,45	22.751,77
			Décembre supposé égal à novembre. . . .	1.620,15	784,25	2.404,40
			Totaux par an . . . . $	17.518,47	7.637,70	25.156,17
			Soit par an et par kilomètre. . . . $	500	218	718

Au change moyen actuel à 2 fr. 50 c. la piastre papier, la recette kilométrique annuelle serait de 1,790 francs. On peut compter environ 2,000 francs.

Du tableau précédent, il résulte que la recette en 1888 a été de . . $ 25.156
Les dépenses auraient été de 1,866 $\times$ 12 = ... 22.392
c'est-à-dire que les recettes et les dépenses se sont à peu près balancées.

La recette s'élève environ à 2,000 francs par kilomètre et par an, et si on compte au prix actuel du change, elles seraient à peine de 1,850 francs par kilomètre.

Les concessionnaires espèrent que dès que la ligne atteindra Rio Frio, le trafic augmentera dans une grande proportion; en effet, tout ce pays est d'une fertilité extraordinaire, et on peut compter sur une production considérable de bananes, cacao, oranges, et tous les fruits des tropiques dont la consommation augmente chaque année aux États-Unis.

Si on étudie l'avenir de la ligne prolongée jusqu'à Peñon, on peut supposer que les versants de la sierra de Santa Marta, très sains, bien arrosés avec des eaux fraîches et salubres en grande abondance, avec des mines d'or et de charbon à faible distance, pourront se peupler et produire, dans les faibles altitudes, tous les fruits des terres chaudes, et, à partir de 1,000 m., le café; mais combien de temps faudra-t-il pour que ces immenses régions, presque désertes, puissent donner un trafic rémunérateur ? Au delà du 80ᵉ kilomètre, jusqu'au 160ᵉ, c'est-à-dire sur la moitié du parcours, on retombe dans la vallée de la Madeleine; les marais, les forêts vierges recouvrent des terrains mal affermis dont la colonisation est à peu près impossible. L'étude de ce trajet aurait été faite à peu près complètement, mais je n'ai pu me procurer d'autre renseignements que le rapport de M. Hemberow qui n'a pas fait de reconnaissance sur les 80 derniers kilomètres de ce nouveau tracé.

Aussi, ne peut-on guère compter qu'avant de longues années le trafic local puisse payer beaucoup plus que les frais d'exploitation en supposant la ligne terminée jusqu'à Rio Frio.

Si l'on suppose la ligne prolongée au Peñon, il n'est pas probable que les résultats permettent de rémunérer tout le capital, à moins que les affleurements de charbon reconnus dans les vallées de Rio Frio et du Rio Sevilla n'amènent à la découverte de couches puissantes de charbon de qualité marine, auquel cas le port de Sainte-Marthe pourrait reprendre une grande importance. Mais, depuis 1887, les reconnaissances faites ne paraissent pas avoir réalisé, au moins sur ce parcours, les espérances fondées. On ne peut escompter des découvertes possibles.

Il reste les éventualités du trafic de transit.

Les concessionnaires paraissent avoir éprouvé un premier déboire; ils comptaient que, dès l'ouverture du chemin de fer de Pueblo Viejo à Santa Marta, le commerce reprendrait cette voie pour échapper aux inconvénients de la rade de Savanilla, mais il n'en a rien été; le vapeur qui fait un voyage environ toutes les semaines n'arrive qu'à un tonnage bien faible, et les quelques sampans qui continuent les transports dans les caños du delta ne font guère que transporter les produits du pays. M. Cisneros, pour maintenir le trafic sur le chemin de Savanilla, l'a prolongé jusqu'à Cupino qu'il a baptisé, peut-être bien ambitieusement, du nom de Puerto Colombia. Cette amélioration a produit son effet; le commerce n'a pas repris la route de Santa Marta, et la décadence de la ville s'accentue de plus en plus. Le vapeur *Roberto Calisto*, spécialement affecté à cette ligne, ayant eu des avaries de chaudière, le service se trouvait en juin interrompu depuis plus de deux mois sans trop de plaintes, tellement les relations entre Barranquilla et Santa Marta sont devenues peu fréquentes. On se contente de la voie de mer, très irrégulière et très indirecte.

Le chemin de fer prolongé jusqu'à Peñon ramènerait-il le trafic à Sainte-Marthe. Peñon est à environ 100 kilomètres de Barranquilla sur la Madeleine. On épargnerait donc environ huit heures de navigation sur le fleuve, mais on ne peut guère espérer faire une économie proportionnelle sur la dépense, les vapeurs de M. Cisneros baisseraient immédiatement leurs tarifs pour maintenir le trafic de Barranquilla. Il reste à comparer la facilité du transport entre Barranquilla et le navire de mer mouillé en rade de Savanilla d'une part, et de l'autre, entre Peñon et le navire accosté au wharf de Sainte-Marthe.

Comparaison des opérations pour l'expédition par mer d'un chargement de 200 tonnes apporté par un vapeur de la Madeleine.

PAR BARRANQUILLA	DISTANCE	TEMPS	PRIX	PAR SAINTE-MARTHE	DISTANCE	TEMPS	PRIX
	kilomètres	heures			kilomètres	heures	
De Peñon à Barranquilla..	100	8		Transbordement à Peñon sur le wagon.....	»	6	
Transbordement du vapeur sur le wagon du chemin de fer de Bolivar....	»	6		Peñon à Santa Marta, parcours en chemin de fer.........	165	5,30	
Parcours sur le chemin de Bolivar — Barranquilla — Puerto Columbia....	»	1,30		Transbordement du wagon sur le navire accosté au wharf......	»	4	
Transbordement du chaland dans le wagon à Puerto Columbia........	»	6					
Traversée de la rade....	8	1					
Embarquement à bord du navire de mer......	»	4					
TOTAL.....	100	26,30		TOTAL.....	165	15,30	

Nous avons supposé, d'un côté comme de l'autre, que la marchandise en arrivant trouverait tout de suite, soit le wagon, soit le navire à sa disposition, et qu'il n'y aurait pas besoin de la mettre en magasin, ce qui, évidemment, serait la grande exception.

La voie de Santa Marta donnerait donc une économie de 11 heures, comme temps, et problématique comme argent.

D'autres considérations doivent entrer en ligne de compte : le port de Sainte-Marthe, quoique très bon, est à peu près abandonné ; c'est à Barranquilla que se trouve concentré tout le mouvement des affaires, les banques, les ateliers, les magasins, le commerce ; avant de pouvoir déplacer toutes ces habitudes, il faudrait un temps bien long surtout de bien grands avantages, et alors se pose cette autre question, est-ce Sainte-Marthe qui doit être choisie comme le grand port futur de la Colombie ? Comme nous le verrons au point de vue des conditions nautiques : Carthagène est préférable.

Au point de vue du chemin de fer, le coût kilométrique serait le même ;
On aurait, d'un côté, Barranca Nueva à Carthagène.

Soit 80 kilomètres à 120.000 francs = 9.600.000

Peñon à Santa Marta, 165 kilomètres dont 35 déjà construits.

Soit 130 kilomètres à 120.000 francs = 15.600.000

ÉCONOMIE EN FAVEUR DE CARTHAGÈNE (1). Fr. 6.000.000

Somme qui paierait les dépenses à faire pour l'amélioraton du port.

Comme conclusion, nous ne pensons pas que le Gouvernement ait avantage à faire, pour amener le chemin de fer de Santa Marta au Peñon, des sacrifices en somme assez lourds qu'il pourrait employer à Carthagène dans de bien meilleures conditions pour le développement du pays.

Une fois le chemin de Santa Marta arrivé à Rio Frio, il paiera son entretien et pourra ainsi continuer son exploitation à capital perdu. Son rôle se bornera à desservir les intérêts locaux, à mettre en valeur les magnifiques versants de la Sierra, à sauver d'une ruine complète la ville, ce qui suffit pour motiver les sacrifices déjà faits par le Gouvernement, mais il ne pourra guère aspirer à un rôle d'utilité générale, tant que l'on n'aura pas la certitude que les affleurements déjà découverts sont l'indice de couches puissantes de charbon de qualité marine. En ce cas, son importance deviendrait de suite capitale, et le port de Santa Marta prendrait une importance de premier ordre, s'il était appelé à fournir de charbon toute la mer des Antilles.

---

§ 3

MINES DE LA SIERRA DE SANTA MARTA

Il existe un grand nombre de mines extrêmement riches, sur tout le pourtour de la sierra de Santa Marta, plusieurs ont été exploitées, un plus grand nombre reconnues, et il est probable qu'on en trouvera encore davantage, les explorations étant rendues difficiles par l'hostilité des Indiens qui ont à plusieurs reprises forcé les Espagnols et les Colombiens à reculer devant leurs invasions ou leurs révoltes.

Or. — On a reconnu et exploité autrefois un grand nombre de mines d'or soit d'alluvions soit en filons, dans les vallées des rios Frio, Sevilla, Cataca, sur le parcours projeté du chemin de fer, elles ont été abandonnées à la suite des hostilités.

On en trouve également dans la vallée du rio Cesar.

---

(1) Nous supposons que le prix kilométrique des deux lignes sera le même, bien que la dépense du chemin de Sainte-Marthe doive dépasser sensiblement celui de Carthagène, à cause de l'importance plus grande des travaux d'art, ce qui accentuerait la différence.

Charbon. — D'après le dire de M. Isaacs, ingénieur des mines colombien, confirmé par le rapport de M. Jose Mano, chef d'une expédition scientifique organisée en 1882 par le gouvernement, on aurait reconnu du charbon (Cannel Coal) dans la vallée du rio Sevilla.

En 1886, M. Hemberow, ingénieur anglais, chargé de l'étude du tracé de Sainte-Marthe, a trouvé dans la vallée du rio Cataca, à trois milles en amont du passage projeté de la ligne, l'affleurement d'une couche de charbon de 33' (soit 3 pieds) d'épaisseur, traversant le lit de la rivière. Il ajoute que quelques milles plus loin, le charbon affleure à flanc de coteau et qu'on pourrait l'exploiter directement par des galeries de direction débouchant directement sur les rampes de la montagne.

D'après M. Simmonds, on trouve de beaux gisements de charbon dans la vallée du rio Cesar, à Valle Dupar et Espiritu Santo.

Il en existe de magnifiques à Cerrejon, dans la vallée du Rancheria, nous leur consacrons un paragraphe spécial.

Cuivre. — Parmi les gisements de cuivre, le plus célèbre est celui de Camperucho, entre les rivières Ariguani et Cesar, nous résumons ce qu'en dit M. Hemberow.

Elles auraient été autrefois exploitées par les Espagnols, qui en ont tiré des cloches et leurs divers ustensiles. A l'époque moderne, en 1855, elles auraient été reprises par M. Granados, habitant de Sainte-Marthe ; sa mort interrompit l'exploitation jusqu'en 1883, année où un syndicat français commissionna M. Flory pour étudier la région.

Cet ingénieur resta deux ans dans le pays pour faire des études minéralogiques, il conclut dans son rapport que :

1° Le minerai est en grande abondance ;

2° Qu'il est d'une pureté exceptionnelle, sans traces d'arsenic, d'antimoine ou autres substances nuisibles ;

3° Que l'analyse accuse 13 0/0 de cuivre contenant de 1 kilogramme à 1 kilogramme et demi d'argent par tonne de cuivre pur.

M. Flory a reconnu d'autres gisements de cuivre dans le voisinage, à Revesado, Chantre et Diegopata, tous dans la vallée du rio Cesar; ces mines seraient plus riches que celles de Camperucho.

A Diegopata l'analyse lui aurait donné 30 0/0 de cuivre.

---

§ 4

MINES DE CHARBON DE CERREJON

Le charbon existe, en grande quantité et de bonne qualité sur le versant Est de la Sierra de Santa Marta. Il a été fait plusieurs explorations dont la plus importante a été exécutée en 1884 par M. Flory, ingénieur civil des mines, mort de la fièvre jaune pendant son voyage de retour. De ses reconnaissances, il résulterait que le charbon est d'une qualité à peine inférieure au Cardiff, que le bassin houiller occupe une superficie d'environ 150 kilomètres carrés.

Il a trouvé dans le lit du Cerrejon, en pays très sain, mais peu peuplé, cinq couches de charbon séparées par des couches de grès dont la puissance totale est de 21^m,25. Ce bassin est à environ 80 kilomètres, soit de la côte de la mer des Antilles, soit du golfe du Venezuela. Le terrain est très plat, et la construction d'un chemin de fer exceptionnellement facile, mais le port de Rio Hácha est intenable; la côte est sans abri, et il faudrait venir chercher Sainte Marthe, soit par le nord en suivant la côte, au moyen d'un développement de 220 kilomètres, dont 125 en pays assez difficile; soit en contournant au sud le massif de la sierra de Santa Marta, en remontant le Rio Rancheria, passant dans la vallée du Rio Cesar, et rejoignant le tracé de Santa Marta-Peñon. Ce développement serait de 350 kilomètres au moins, en pays relativement facile.

La troisième solution, qui paraît la seule pratique, serait de conduire le chemin de fer, soit à Maracaïbo, soit à un autre point du golfe du Venezuela, mais ces ports exigeraient un détour de 150 milles au moins sur la route des navires; on ne peut y songer, pour les grandes lignes de paquebots; il faudrait donc faire un service spécial pour les transports de ce charbon aux ports d'escale de la mer des Antilles. La difficulté est que le port serait placé sur le territoire du Venezuela à Maracaïbo par exemple, ou sur les territoires contestés, en pays malsain, où tout serait à créer.

On voit donc qu'il paraît bien difficile que Santa Marta puisse profiter de ces charbons.

M. Flory estime à 6,000,000 francs le capital nécessaire pour mettre en valeur les mines et construire le chemin du Cerrejon au golfe du Venezuela. Il estime le chemin de fer à 40,000 francs le kilomètre, et dans ces conditions, il pense qu'avec une exploitation de 150,000 tonnes par an, le bénéfice net serait de 937,000 francs dont moitié pour amortissement et moitié comme dividende.

Nous pensons que le chiffre de 40,000 francs est beaucoup trop faible et qu'il faudrait au moins le doubler, ce qui porterait, toutes les autres dépenses restant les mêmes, le capital à 9,000,000 de francs. La rétribution, au lieu d'être de 16 0/0, tomberait donc à 10 0/0 environ. Elle ne me paraît pas être suffisante pour couvrir les risques d'une opération aussi aléatoire, et c'est probablement l'avis des Anglais qui ont fait une exploration après M. Flory et n'ont pas donné suite à l'affaire.

CHAPITRE VI

L'EMBOUCHURE DE LA MADELEINE ET LA RADE DE SAVANILLA

§ 1

BOCA CENIZA

Les cartes marines indiquent de 12 à 15 mètres d'eau depuis la barre de la Boca Ceniza jusqu'à l'embouchure du Caño de Barranquilla. D'après les renseignements qui nous ont été donnés, les grandes profondeurs s'étendent fort loin en amont, et les grands navires pourraient facilement remonter jusqu'à Calamar, et même au delà.

Dans cette partie du fleuve, la largeur varie entre 800 et 1,200 mètres; les courants, en basses eaux, sont de 2 à 3 nœuds et arrivent à 5 nœuds pendant les grandes crues. Malgré la présence de quelques bancs, le chenal est très sain et fort régulier; ces conditions seraient merveilleuses pour la création d'un grand port intérieur, en rapport direct avec l'unique voie de communication de 1,500 kilomètres de longueur qui concentre tout le trafic de l'intérieur. Malheureusement, comme tous les fleuves débouchant dans les mers sans marée, la Madeleine a une barre dont les conditions, variables à chaque instant, rendent le passage des navires toujours précaire et souvent dangereux.

La carte marine de 1823 montre que le chenal, avant d'arriver à la mer, se retournait à angle droit sous l'influence des courants et des vents dominants; le cordon littoral avait reporté l'embouchure de près de 4 milles dans l'ouest (7^k,5), tandis que sur la carte de 1875 l'embouchure était à peu près dans le prolongement de la direction générale du fleuve, état de choses qui n'est maintenu jusqu'à présent que grâce à un long épi formé sur la côte ouest par des troncs d'arbres autour desquels les sables s'accumulent, et qui empêche les eaux de se reporter de nouveau dans cette direction.

La mer monte de 0^m,60 en vives eaux, mais ne parvient pas à refouler le courant qui produit devant la passe, surtout quand les alizés sont frais, une mer assez grosse pour être gênante pour les navires sortants, même pour les vapeurs.

Dans la saison des pluies, l'influence des courants peut se faire sentir jusqu'à une distance de 15 à 20 milles. A leur rencontre avec le courant de la mer des Antilles qui porte à l'ouest, ils produisent souvent de forts remous qui déroutent les capitaines ne connaissant pas ces parages.

Les sondages de 1875 ont donné 7 mètres sur la barre; en 1888, d'après les rapports du Consul des États-Unis, on ne trouvait guère plus de 4 mètres dans un chenal qui n'avait pas plus de 30 mètres de largeur et qui changeait constamment comme profondeur et comme position.

Il n'y a, ajoute ce Rapport, pas de feu à l'entrée, pas de bouées sur la barre, et dans ces dix dernières années, 25 0/0 des voiliers qui ont visité Barranquilla se sont perdus sur la barre, soit en entrant, soit en sortant.

En avril 1889, pendant mon séjour, un voilier des États-Unis est entré dans la Madeleine et a trouvé 10 mètres d'eau sur la barre. On voit à quelles variations cette barre est soumise.

Les phénomènes qui se passent à l'embouchure de ce fleuve sont la reproduction de ceux que l'on observe à toutes les embouchures des fleuves dans les mers sans marée : le Mississipi, le Rhône, le Nil, le Danube en présentent des exemples frappants.

Les Américains du Nord sont parvenus à améliorer directement les passes du Mississipi au moyen de travaux remarquables qui exigent un entretien constant et qui ont coûté fort cher.

Les travaux de l'embouchure du Danube ont coûté également des sommes considérables.

A l'embouchure du Rhône, les digues de M. Surrell n'ont pu augmenter d'une façon durable la profondeur de la passe, et on a été obligé de creuser le canal Saint-Louis qui a coûté près de 20 millions.

L'amélioration de l'embouchure de la Madeleine coûterait évidemment des sommes au moins aussi élevées. A mon avis, ce qu'il serait possible de faire, serait de consolider les épis en troncs d'arbres qui se sont formés naturellement, pour fixer définitivement l'embouchure du fleuve, et de creuser un canal maritime analogue au canal Saint-Louis pour reporter l'entrée des navires dans l'ouest, peut être jusque dans la rade de Savanilla. Ce dernier travail consisterait surtout à approfondir les anciennes passes de 1823, en partie obstruées. Peut-être eût-il mieux valu adopter cette solution que la construction du chemin de fer de Bolivar.

Cette question nécessiterait des observations suivies sur le régime de la côte, encore bien peu connu, sur les ensablements, sur les végétations aquatiques, etc., etc., et, bien que la solution paraisse certaine, avec les ressources dont dispose aujourd'hui l'art de l'ingénieur, il serait difficile de dire, actuellement, à quel prix on pourrait maintenir l'entrée. Il semble qu'on ne peut guère descendre, comme capital de premier établissement, au-dessous du chiffre de vingt millions de francs, dépenses faites aux embouchures du Rhône, et probablement, l'étude définitive donnerait un chiffre de beaucoup supérieur. Quant aux dépenses d'entretien, elles dépasseraient certainement 100,000 francs par an, soit pour draguer les apports, soit pour débarrasser le canal de la végétation fluviale qui se produirait certainement dans des eaux relativement calmes.

En l'état actuel, nous ne pouvons mieux faire que de reproduire les conclusions des instructions nautiques :

« On ne pourra considérer l'entrée de cette rivière comme acquise à la navigation que lorsqu'elle aura été examinée avec soin, et qu'on y aura organisé un service de pilotes, de signaux et de remorqueurs. En outre, comme de décembre en mars, les alizés sont très forts et battent en côte, et que les courants sont alors trop

5

faibles pour dégager les passes, il serait imprudent d'y entrer à cette époque de l'année, et, en tous temps, on ne doit les aborder qu'avec les plus grandes précautions. »

Ce qui précède explique pourquoi on n'a pu utiliser jusqu'à présent ce magnifique port naturel qui constituerait évidemment la meilleure solution de la communication du pays avec l'extérieur, si les finances de la Colombie pouvaient entreprendre un travail présentant un aussi gros aléa dans le chiffre de la dépense.

§ 2

RADE DE SABANILLA

La côte est formée de collines élevées de 150 à 200 mètres, au pied desquelles se trouvent des terres basses formées par les alluvions du fleuve. En avant se trouvent des îles basses et marécageuses, couvertes de mangliers, entrecoupées de lagunes (cienagas) qui sont, soit les anciens lits du fleuve, soit des espaces fermés par le cordon littoral.

Ce cordon se termine par une saillie au delà de l'île Verte, appelée Puerto Belillo, qui forme la rade de Sabanilla de 5 milles d'ouverture entre Puerto Belillo et la pointe Hermosa, et de 3 milles de profondeur.

Marées en vives eaux, $0^m,50$.

Marées en mortes eaux, $0^m,20$.

La rade est séparée en deux parties par le méridien de la pointe Nispéral ; à l'est, se trouve le port proprement dit de Sabanilla, avec 3 mètres de tirant d'eau, que les petits navires ne peuvent gagner qu'en suivant une passe dangereuse.

Dans ce port, la Compagnie du Chemin de fer de Bolivar avait établi à Salgar sa tête de ligne, avec une jetée en bois où abordaient les remorqueurs et les chalands.

Mais son ensablement continu et les déplacements du banc de las Arenas rendant fort difficiles les opérations des allèges et des remorqueurs, la Compagnie, comme nous le disons à propos du chemin de fer, a essayé de reporter la tête de ligne à Puerto Belillo, où les navires pouvaient venir mouiller par des fonds de 10 à 11 mètres ; les ensablements continus, l'instabilité du cordon littoral sous l'action des vents du large, ont forcé de reporter à Cupino la tête de ligne.

Comme l'indique la carte jointe à ce mémoire, la pointe de Puerto Belillo s'avance rapidement vers l'ouest, comme du reste les bancs de l'intérieur.

La grande rade où viennent mouiller les paquebots, à l'abri des vents dominants N.-N.-E., est comprise entre la pointe Belillo et le banc de la Culebra ; elle est ouverte de l'O. au S.-S.-O. Dans cette direction les vents ne sont heureusement pas très fréquents.

Le feu de Cupino n'est pas suffisamment visible, sa portée ne dépasse pas d'ailleurs 8 milles.

L'atterrissage, soit par suite du mauvais éclairage de la côte, soit par suite des courants du large, est difficile de nuit et mérite une sérieuse attention de la part des capitaines.

Le pilotage coûte 5 piastres pour la rade extérieure à l'entrée et à la sortie, et 8 piastres pour la rade intérieure.

Le service des paquebots par les allèges et les remorqueurs se fait beaucoup plus rapidement depuis la mise en service de la jetée de Cupino, mais, d'après ce qui précède, on ne peut considérer Sabanilla que comme une rade foraine, dans laquelle les opérations maritimes sont coûteuses et deviendraient vite impossibles, si le trafic augmentait. On ne trouve d'ailleurs aucune ressource pour le ravitaillement sur place, il faut tout faire venir de Barranquilla par chemin de fer. On peut encore bien moins songer à y faire les réparations des navires.

Nous pensons donc que la Colombie, si elle veut entrer sérieusement dans la voie du progrès, ne doit pas se contenter de cette installation qu'on ne peut considérer que comme provisoire, et qu'il faut chercher autre part un port que l'on puisse aménager d'après les exigences modernes, pour faire sûrement, rapidement et à bon marché les opérations maritimes.

§ 3

BARRANQUILLA

La ville compte déjà, dit-on, 25 à 30,000 habitants, bien que les derniers recensements n'en accusent que 18,000. Elle est située, non sur le fleuve lui-même, mais sur un caño ou bras, qui lui sert de port.

Le long de ce canal se trouvent les installations des Compagnies de navigation, magasins, ateliers, établissements de radoub pour les vapeurs fluviaux, reliés à la gare au moyen de voies ferrées.

La douane placée contre la gare fait toutes les opérations; les marchandises sont reçues à Cupino et expédiées par wagons plombés à Barranquilla où elles sont reconnues.

Entrepôt de tout le commerce de la Madeleine, on y trouve de grands magasins, des banques, des négociants puissants, des ressources variées.

La ville est en formation, les rues ne sont pas pavées ; le quartier du commerce est bien bâti ; en dehors du centre, les maisons sont en torchis et couvertes en paille.

Les négociants de Santa Marta ont presque tous quitté cette ville pour venir s'établir à Barranquilla, de même qu'une partie de ceux de Carthagène. Cependant, les intérêts acquis ne sont pas tels que l'on ne puisse songer à les déplacer, et, si on ne peut améliorer l'embouchure du fleuve, la Colombie doit chercher autre part son grand établissement maritime. Il est, en effet, impossible d'admettre, avec la rapidité qu'exigent les relations commerciales modernes, que la ville soit à près de trente kilomètres du port qui la dessert.

PORT DE BARRANQUILLA-SABANILLA

STATISTIQUE DU COMMERCE EXTÉRIEUR

ANNÉES	PRODUITS des DOUANES	TONNAGE		TOTAL	VALEURS		TOTAL
		IMPORTATION	EXPORTATION		IMPORTATION	EXPORTATION	
1873-1874. .	»	»	14.199	»	»	»	»
1874-1875. .	»	»	16.235	»	»	»	»
1875-1876. .	»	»	16.738	»	»	»	»
1876-1877. .	»	»	11.170	»	»	»	»
1877-1878. .	»	»	11.229	»	»	»	»
1878-1879. .	»	»	14.399	»	»	»	»
1879-1880. .	»	»	15.288	»	»	»	»
1880-1881. .	»	»	14.223	»	»	»	»
1881-1882. .	»	»	15.863	»	»	»	»
1882-1883. .	»	17.767	15.625	38.392	8.296.957	11.473.625	19.770.582
1883-1884. .	»	»	20.201	»	»	»	»
1884-1885. .	880.420	(°)	La douane n'a pas fourni de renseignements cette année.				
1885-1886. .	3.038.024	8.315	12.429	20.744	4.308.755	9.060.201	13.368.956
1887. . .	3.098.913	10.077	14.612	24.689	5.514.183	7.476.017	12.990.200
1888. . .	4.109.237	»	14.985	»	»	»	»
1889. . .	»	»	18.180 **	»	»	»	»

* Guerre civile.
** Chiffre proportionnel au résultat des six premiers mois.

Les chiffres de ce tableau démontrent avec quelle rapidité se développe le commerce de Colombie, malgré les difficultés contre lesquelles il lutte, soit comme transports intérieurs, soit comme embarquement maritime.

Une autre remarque importante à faire est le faible tonnage du mouvement total à l'importation et à l'exportation comparé à la valeur des marchandises, valeur moyenne de la tonne 520 piastres. La difficulté des transports, en effet, ne permet de déplacer que les marchandises de grand prix.

Nous verrons qu'à Carthagène, qui concentre par le cabotage le trafic de la côte, pour un tonnage de 23,400 tonnes, la valeur n'est que de 4,227,000 piastres ce qui correspond à une valeur moyenne de 180 piastres.

Il est donc certain que dès la mise en exploitation des chemins de fer reliant les provinces intérieures à la Madeleine et la création d'un service de navigation fluviale, le tonnage ne tarderait pas à décupler.

Les minerais seuls arriveraient à un chiffre bien des fois supérieur au tonnage actuel, comme le fera ressortir la suite de cette étude.

§ 4

CHEMIN DE FER DE BOLIVAR

A. — CONSTRUCTION

Concession. — Ce chemin a été construit pour relier Barranquilla et le fleuve de la Madeleine à la rade de Savanilla, point de relâche des paquebots desservant la Colombie.

Nous avons dit autre part que l'absence de balisage et d'un service bien organisé de pilotage, et la mobilité de la barre du fleuve, aussi bien en profondeur qu'en direction empêchaient les navires de venir mouiller à l'intérieur du fleuve, en face de la ville.

Sa longueur est de 21^k 500 jusqu'à Salgar.

— 27^k jusqu'à Puerto Colombia.

La voie est à trois pieds 6 pouces anglais ($1^m,067$).

Les principales conditions de la concession sont les suivantes :

Exemption des droits de douane pendant vingt-cinq ans ;

Concession de 50,000 hectares de terrains domaniaux ;

Exemption de toutes taxes ou impôts pendant vingt-cinq ans ;

Privilège exclusif d'exploitation pendant cinquante ans, avec prolongation pendant vingt-cinq ans.

Historique. — La concession a été donnée en 1867 à MM. Jimeno Collante et Santo Domingo Vila, par l'État de Bolivar, ratifiée, le 23 mai 1868, par le Gouvernement national. Les concessionnaires cédèrent leurs droits à une Compagnie de Brème qui acheva la construction le 6 décembre 1870, et l'exploita jusqu'en 1875.

A cette date, le gouvernement colombien racheta la ligne pour 600,000 piastres.

En 1883, il la donna à bail à une Compagnie nationale.

En 1884, le gouvernement la vendit à Don Francisco Cisnéros à perpétuité pour 684,000 piastres.

L'exemption des droits de douane et des impôts se termine en 1895.

En 1887, la jetée de Salgar devenant de plus en plus difficile d'accès, M. Cisneros construisit un embranchement de 9,250 mètres pour conduire la voie jusqu'à Puerto Belillo, extrémité du cordon littoral, où il construisit une jetée de 190 mètres de longueur, atteignant les fonds de 10 mètres pour permettre le transbordement direct du navire au wagon. Le chemin construit sur le cordon littoral fut emporté par la mer, malgré des travaux de défense en enrochements et fascinages. Les déplacements continuels du rivage rendirent les travaux de la jetée inutiles ; il fallut se résigner à abandonner les travaux faits. M. Cisnéros, avec une énergie tout américaine, reprit de suite les travaux sur l'autre côté de la baie, prolongea le chemin de Salgar le long de la côte au pied des falaises ; passant devant le phare, la ligne est venue aboutir en face du banc de Cupino.

De la plage, une jetée accessible aux petits navires a été construite sur une longueur d'environ 600 mètres, atteignant les fonds de 6 à 7 mètres. Un hôtel, diverses constructions, un matériel de chalands assez mal entretenu, avec un remorqueur, complètent ces installations qui fonctionnent depuis janvier 1889.

Tracé. — La gare de Barranquilla est placée à proximité du port fluvial avec lequel elle est en communication au moyen de voies de service.

De Barranquilla, la ligne suit, à peu de distance, le bras du fleuve servant de port à la ville, sur environ 10 kilomètres, dans la direction N.-N.-O. Arrivée aux anciennes bouches du fleuve, elle prend la direction ouest, et arrive à la station de Manati puis de Savanilla. Dans tout ce parcours, elle suit à peu près le pied des collines, en longeant les lagunes formées par les sables de la Madeleine. Le pays est boisé et les forêts sont exploitées pour fournir le combustible aux locomotives. Il n'y a qu'un petit nombre d'ouvrages d'art importants et les travaux de terrassement sont insignifiants.

De la halte de Savanilla, la ligne prend la direction S.-O. pour arriver à Salgar où se trouvent les anciennes installations qui ont servi de 1870 à 1889, pour l'embarquement et le débarquement des marchandises. Les habitants de ce village l'abandonnent pour aller s'installer à Cupino, où M. Cisneros a reporté la tête de ligne en janvier 1889.

La ligne, à partir de Salgar, épouse autant que possible la forme de la côte, en se tenant au pied des falaises, mais on a été obligé de couper des saillants trop aigus, de remblayer les criques, de faire plusieurs ouvrages d'art et de nombreux travaux de défense qui n'ont pas toujours pu protéger la ligne. Elle a été coupée par le mer à plusieurs reprises, et il est à craindre que cet accident ne se répète souvent, à moins de faire des travaux coûteux.

M. Cisneros a donné à l'installation de Cupino le nom de Puerto Colombia, dans l'espérance que tout le trafic de l'intérieur viendra dorénavant aboutir à ce point.

La distance des stations à l'origine de la ligne est donnée par le tableau suivant :

| | DISTANCE | | |
| | DE L'ORIGINE | | ENTRE LES STATIONS KILOMÈTRES |
	MILLES ANGLAIS	KILOMÈTRES	
Barranquilla	0,00	0,00	17,750
Manati	11,06	17,750	1,250
Savanilla	»	19,000	2,450
Salgar	13,33	21,450	4,900
Puerto Colombia, gare	»	26,350	0,650
Puerto Colmobia, extrémité de la jetée (Banc de Cupino)	16,80	27,000	

La gare de Barranquilla est assez importante, mais mal étudiée ; elle est desservie à chaque train par des voitures publiques et l'on trouve facilement des charrettes pour le transport des bagages et marchandises.

Elle est munie de réservoirs d'eau, d'ateliers, de hangars. Elle communique avec la douane et les principaux établissements de batelage.

Les haltes de **Manati**, de **Savanilla** ne sont que des paillottes, la dernière consiste en un hangar en bois brut et bambous assemblés par des lianes.

La gare de **Salgar** comporte un bâtiment de voyageurs, un certain nombre de voies de garage, un bâtiment pour la réception des bagages, un réservoir d'eau douce. La Compagnie vend de l'eau douce aux navires.

Les bagages ne sont pas visités aux port, ils sont, une fois reconnus par les passagers, expédiés par wagon plombé à Barranquilla où se font la visite et la livraison, généralement vingt-quatre heures après l'arrivée.

Matériel roulant. — Il y a un nombre de wagons suffisant pour le trafic, ce matériel mal étudié est mal entretenu. La dernière livraison des bandages n'avait pas les dimensions transversales suffisantes, il en est résulté de nombreux accidents, mais comme la vitesse est très faible, ils n'ont pas généralement des conséquences graves pour les voyageurs.

Les voitures sont à banquettes longitudinales, assez étroites, ce qui assure leur stabilité aux dépens du confortable. La faible durée du parcours rend cette disposition supportable.

Prix de revient. — Il ne m'a pas été possible de me procurer de renseignements sur le prix de la construction.

L'embranchement de Puerto Belillo n'ayant pu être utilisé, le coût doit être reporté sur les 27 kilomètres de la ligne principale, mais je pense que les 600,000 piastres prévues pour ce travail n'ont pas été intégralement dépensées.

Je n'ai pu avoir de renseignements sur le prix des 5 kilomètres construits entre Salgar et Puerto Colombia ; je les estime à environ 35,000 piastres le kilomètre ; soit pour ce prolongement 175,000 piastres.

Le prix de revient total doit osciller entre 1,100,000 et 1,300,000 piastres, compris les installations maritimes et le matériel flottant, et comme il est probable que le gouvernement a gardé à sa charge les dépenses maritimes de Puerto Belillo, phare, etc., le chiffre de 40,000 piastres me paraît être un prix de revient assez rapproché, comprenant les dépenses perdues.

En 1887, avant l'achèvement des travaux de Puerto Belillo, M. Cisneros cherchait à mettre son entreprise au capital de £ 200,000, soit 1,000,000 de piastres environ en or, au cours du change à cette époque.

B. — EXPLOITATION

Exploitation. — Il y a deux trains réguliers par jour dans chaque sens : le premier à 7 heures 30 minutes du matin, le second à 1 heure après-midi.

Les trains mettent une heure et quart pour effectuer le parcours de Barranquilla à Puerto Columbia ; la vitesse est d'environ 25 kilomètres à l'heure.

Le tableau suivant donne les résultats de l'exploitation de 1872 à 1885.

ANNÉES	RECETTES BRUTES		DÉPENSES		RECETTES NETTES	EXPLOITANTS
	TOTALES	PAR KILOMÈTRE	TOTALES	PAR KILOMÈTRE		
	$	$	$	$	$	
1872 ..	37.207,23	» »	34.414,49	» »	2.792,74	
1873 ..	118.987,60	— 5.408,53	78.979,34	3.585,40	40.008,26	Compagnie alle-
1874 ..	141.891,97	6.890,05	103.046,01	4.683,90	38.845,96	mande.
1875 ..	137.019,54	6.228,18	119.636,04	5.438 »	17.383,50	
1876 ..	151.618,10	— 6.891,57	108.079,10	4.912,68	43.539 »	
1877 ..	92.796,90	4.218,04	74.678,10	3.394,45	18.118,80	
1878 ..	134.923,95	6.432,90	97.626,30	4.437,89	37.297,65	
1879 ..	138.237 »	— 6.283,50	132.231 »	6.010,50	1.006 »	État.
1880 ..	139.051,20	6.411,40	110.883,95	5.040,18	28.167,25	
1881 ..	162.088,15	— 7.376,64	141.535,75	6.433,45	20.552,40	
1882 ..	223.934,10	— 10.178,82	172.065,09	7.821,14	51.869,10	
1883 ..	175.839,25	7.992,68	139.090,07	6.322,27	36.749,25	
1884 ..	180.519 »	— 8.205,41	62.940,08	2.660,94	118.355,52	Cⁱᵉ fermière
1885 ..	100.135,60	4.551,63	36.680,20	1.666,90	63.477,40	colombienne.
	1.933.949,59		1.411.855,45		522.862,83	

De ce tableau on déduit que les dépenses moyennes annuelles ont été de. . . . . $ 102.086 61

Dont il convient de déduire le tiers pour les dépenses du service maritime, remorqueurs, chalands, service de la jetée . . . . $ 34.028 87

Il reste pour les dépenses applicables au chemin de fer seul. . . . $ 68.057 74 { soit par kilomètre $ 2.530

Les résultats moyens peuvent donc se résumer dans le tableau suivant :

	RECETTES	
	TOTALES	PAR KILOMÈTRES
	$	$
Recettes brutes, moyenne annuelle.	139.837,28	5.478
Dépenses totales	102.086,61	3.780
Dépenses afférentes au chemin de fer seul	»	»
RECETTES NETTES.	37.750,67	1.398

Les dépenses ont été extrêmement exagérées, et de nombreux abus se sont produits ; en effet, au change moyen de 20 0/0 à cette époque, les 2,530 piastres de dépense kilométrique représentent 9,120 francs pour deux trains dans chaque sens, sur une voie à très faibles pentes, à courbes de grand rayon, assise sur un terrain très solide ; l'affaire bien menée aurait dû être excellente.

Le tableau suivant donne les résultats de l'exploitation faite par M. Cisneros.

	QUANTITÉS	PRODUITS	
		TOTAUX	PAR KILOMÈTRE
	T	s	s
Marchandises à l'exportation	15.894	51.871	2.357,72
Marchandises à l'importation	9.879	61.650	2.802,68
Voyageurs	9.593	15.088	867,63
Divers	»	13.573	616,95
		146.372	6.644,98

En déduisant les dépenses anormales qui se sont produites pendant cette première année d'exploitation et celles provenant d'un sinistre dans la rade de Savanilla, on arrive encore à une dépense, pour le chemin de fer seul, de $ 66,887,66, soit 2,475 piastres par kilomètre, ce qui est encore exagéré.

Je n'ai pu me procurer les résultats des exercices de 1887 et 1888.

M. Cisneros espérait que, le chemin de fer amenant les marchandises directement au navire, le développement du trafic devait assurer largement une recette de 200,000 piastres, rémunérant à 8.89 0/0 le capital demandé de 200,000 livres sterling.

Bien que l'échec de l'embranchement de Puerto Belillo ait bouleversé toutes les prévisions et ne permette pas, avec les données précédentes, de se rendre un compte exact de la situation de l'entreprise, il nous semble que, dans l'état actuel, elle doit, bien menée, constituer une bonne affaire.

Nous devons, en outre, relever le très petit tonnage actuel de Savanilla qui, à l'importation et à l'exportation réunies, n'a donné, en 1887, que 25,000 tonnes, avec 9,593 voyageurs.

TARIFA GENERAL

DE LA

EMPRESA DEL FERRO-CARRIL DE BOLIVAR

Pasajes.

De Barranquilla á bordo, y vice versa.	1ª clase $	5 »
	2ª clase .	3 »
De Barranquilla á bordo, y vice versa, ida y vuelta.	1ª clase .	6 »
	2ª clase .	4 »
De Salgar á Bordo, y vice versa sin equipaje.	1ª clase .	2 »
— — — No hay	2ª clase .	» »
De Salgar á bordo, y vice versa, ida y vuelta en viajes ordinarios del remolcador . . .	1ª clase .	3 »
— — — — — No hay	2ª clase .	» »
De Barranquilla á Sabanilla ó Salgar, y vice versa	1ª clase .	» 80
	2ª clase .	» 50
De B'quilla á Sabanilla ó Salgar, y vice versa, ida y vuelta	1ª clase .	1 20
	2ª clase .	» 80
Do Sabanilla á Salgar, y vice versa.	1ª clase .	» 20
	2ª clase .	» 10
De Sabanilla á Salgar, y vice versa, ida y vuelta	1ª clase .	» 30
	2ª clase .	» 20
De B'quilla á Sabanilla ó Salgar, y vice versa, ida y vuelta los Domingos	1ª clase .	» 40
	2ª clase .	» 20
De B'quilla á Oasis, y vice versa.	1ª clase .	» 30
	2ª clase . .	» 20
De B'quilla á Oasis, y vice versa, ida y vuelta	1ª clase .	» 50
	2ª clase .	» 30
Tiquetes mensuales á particulares de B'quilla á Sabanilla ó Salgar, ida y vuelta . . .	1ª clase .	8 »
	2ª clase .	5 »
	Vivanderas	3 »
Tiquetes mensuales á consignatarios ó duenos de hoteles, con derecho de ir y volver á bordo en viajes ordinarios	1ª clase .	10 »
	2ª clase .	6 »

Los niños de 2 á 12 años pagaran la mitad de estos precios.

Ninguna persona puede viajar en los trenes ni en las embarcaciones sin estar provista de su respectivo tiquete.

Equipajes.

De Barranquilla á Salgar, y vice versa. Por cada kilogramo . . . . $ » 01

De Barranquilla á Bordo, y vice versa. Por cada kilogramo . . . . » 02

Las personas que viagen con tiquetes de los que cuestan $ 5 segun esta tarifa, tienen derecho á llevar 50 kilogramos libres.

Telegrafo.

De Barranquilla á Salgar, y vice versa, cada palabra . . . . $ » 02 ½

De Barranquilla á Nisperal, y vice versa, cada palabra. . . . . » 05

De Salgar á Nisperal, y vice versa, cada palabra . . . . » 02 ½

De B'quilla ó Salgar á bordo de un buque en bahia, y vice versa. . . . . » 10

Por el aviso á los agentes de buques de vapor ó de vela que entren al puerto . . . . 1 »

NOTA. — No se cobrará nada por la fecha y la firma.

Trenes y Carros.

Por el uso de un carro para equipaje ú otros efectos. . . . . $ 10 »
Por un tren expreso de B'quilla á Salgar, y vice versa, durante el dia en dias de trabajo. . . . . . . 25 »
           — la noche y en dias feriados . . . . . . 40 »
Por el uso de una locomotora de B'quilla à Salgar y vice versa, durante el dia en dias de trabajo. . . 10 »
           — la noche y en dias feriados . . 20 »

NOTA. — En las locomotoras solo tiene derecho de viajar una sola persona.

Por el uso de un carrito de mano : durante el dia en dias de trabajo . . . . 8 »
           — la noche y en dias feriados . . . . 12 »
Por un aviso de personas que ejerzan alguna industria, dueños de hoteles etc. en estaciones, carros ó
remolcadores, por año. . . . . 10 »

NOTAS

1ª La noche se computa desde las 6 de la tarde hasta las 6 de la mañana.
2ª El tren expreso, máquina ó carrito de mano, sera retirado despues de esperar 30 minutos á lo mas,
á la persona que lo haya pedido, y regresará de Salgar despues de haber permanecido alli á lo mas
una hora.
3ª Toda persona que se embarque en tren expreso ó remolcador en viaje extraordinario pagara $ 5 en
cada uno de estos vehiculos.

Remolcadores y Bongos.

Por un viaje del remolcador á bordo de un buque fondeado en la bahia : durante el dia en dias de trabajo $ 20 »
           — la noche y en dias feriados 30 »
Por el remolque del puerto de B'quilla hasta pasar las Bocas de Ceniza, y vice versa, para buques
de 200 ó menos toneladas . . . . 50 »
de mas de 200 toneladas . . . . 60 »
Por el remolque del puerto de B'quilla hasta la bahia de Sabanilla y vice versa, para buques
de 200 ó menos toneladas . . . . 90 »
de mas de 200 toneladas. . . . . 100 »
Por el remolque de un buque con ganado cualquiera que sea su porte, del fondeadero en el rio
hasta pasar las Bocas de Ceniza . . . . 25 »
Por mudar de fondeadero á buques que estan en el rio, pesándolos de un punto á otro del
mismo rio. . . . . 50 »
Por un viaje del remolcador al puerto de Caiman ú otro equidistante, llevando un bongo para ser
cargado y conducido á Salgar ó al costado de un buque fondeado en la bahia, dejando el bongo á
lo mas 2 dias en aquel puerto para que pueda ser cargado . . . . 200 »
Por cada bongo mas con el mismo objeto . . . . 50 »

NOTA. — Una vez que el remolcador haya conducido los pasageros y equipajes á bordo de un buque,
solo podra permanecer al costado de este hasta 15 minutos, pasados los cuales regresara al muelle de
Salgar.
Por el trabajo extra de las tripulaciones durante la noche ó los dias feriados al costado de algun
buque, los agentes de este pagaran : Por cada hora de un trabajador . . . . » 30
               Por cada hora de un patron . . . . » 50
               Por cada viaje del remolcador á bordo . . . . 20 »

Fletes de Importacion.

Clase **A.** — Una de mercancias de 10 pies cubicos ingleses que pese menos de 125 kilogramos . . $ » 70
Clase **B.** — Una carga de mercancias cuyo peso no excede de 125 kilogramos . . . . » 70
Clase **C.** — Cada 100 kilogramos de fierro i plomo en planchas, barrillas etc., anclas, resones,
cadenas, maquinas pequenas de vapor ó parte de ellas que vengan sueltas. Sal en sacos ó barriles
y hielo en cantidades que no bajen de 500 kilogramos . . . . » 35

Clase **D**. — Cada 1,000 kilogramos de cal y cimiento romano en sacos ó barriles, piedras para labranzas y para enlozar, piedras para cimientos, maderas en bruto, carbon de piedra etc. . . 2 50

Clase **E**. — Cada 125 kilogramos de polvora, fosforos, fulminantes, capsulas, acidos ú otros efectos inflamables, cuya medida no sea mayor de 10 pies cubicos ingleses. 1 40

Clase **F**. — Cada carro de calderas ó otras piezas grandes y pesadas para maquinas de vapor ú otros usos; maderas en piezas pesadas que necesiten la longitud de dos carros ó que miden mas de 100 pies cubicos ingleses. . . . . 10 »

Fletes de Exportacion.

Uno bulto tabaco ó quina de 75 kilogramos. . . . . S » 30
Uno saco cafe de 62 kilogr. 1/2. . . . . » 25
Una caja anil 8 de pies cubicos. . . . . » 60
Una bala algodon (balas pequeñas de 65 kilogramos). . . . . » 40
Una bala algodon (balas grandes y pesadas); cada quintal granadino . . . . » 32
Una bala algodon (balas bien prensadas, que no miden mas de 25 pies cubicos y que pesan a lo menos 200 kilogramos); cada quintal granadino . . . . » 25
Uno cuero de res, abierto. . . . . » 07 1/2
Uno cuero de res, doblado. . . . . » 05
Semillas de algodon en sacos; cada 1,000 kilogramos. 2 60
Brasil ó Mora y Vigetas; cada 1,000 kilogramos. 2 60
Taguas en sacos; cada 1,000 kilogramos. 2 80
Dividivi en sacos; cada 1,000 kilogramos 2 80
Sombreros en zurrones ó cajas; cada 6 pies cubicos. . . . . 1 »
Minerales; cada carga de 125 kilogramos . . . . » 50
Maiz en sacos; cada carga de 125 kilogramos . . . . » 45
Almidon; cada carga de 125 kilogramos. . . . . » 60
Azucar; cada carga de 125 kilogramos . . . . » 60
Viveres para Salgar ó Sabanilla; la carga . . . . » 40
Caucho en bultos; cada 100 kilogramos. . . . . » 60
Balsamo en cajas; cada 100 kilogramos . . . . » 60
Cacao en sacos; cada 100 kilogramos . . . . » 60
Cada carga de plantas, cuyo peso no excede de 62 kilogr. 1/2 . . . . » 60
Cada res ó bestia de carga ó silla. . . . . 2 »
Cada carro para provisiones, aves, cerdos etc. que se pide por separado . . . . 3 »
Dinero, joyas, piedras preciosas ú otros efectos, cuyo valor se espresa en la carta de porte 1/8 0/0

NOTAS

1ª El exceso en el peso ó en la medida de los bultos pagara en proporcion á los precios fijados.

2ª Los efectos que se conducen de Salgar á bordo y vice versa pagaran la 1/3 parte, y los que se conducen de B'quilla á Salgar y vice versa las 2/3 partes de los precios fijados.

Carga y Descarga.

De los buques que entran por las Bocas de Ceniza.

Por efectos de importacion se cobraran los siguientes derechos : Clase **A**. — La carga . . . . . S » 40
                          Clase **B**. — La carga . . . . . . » 40
                          Clase **C**. — 100 kilogramos . . » 25
                          Clase **D**. — 1,000 kilogramos . . 2 »
                          Clase **E**. — 125 kilogramos . . 1 »
                          Clase **F**. — Convencional.

Por efectos de esportacion se cobrarán los siguientes derechos : Tabaco y Quina; cada 75 kilogramos. » 15
Cafe; cada 62 kilogr. 1/2 . . . . » 12 1/2
Añil; cada 8 pies. . . . . » 30
Algodon (balas pequeñas); 65 kilogramos . . . . » 20
Algodon balas grandes y pesadas; cada 100 kilogramos . . . . » 20
Algodon balas bien prensadas; cada 100 kilogramos. . . . . » 18
Cueros de res, cada 1 kilogramo . . . . » 04

Semillas de algodon, cada 1,000 kilogramos 1 50
Brasil, Mora etc., cada 1,000 kilogramos. 1 50
Taguas en sacos, cada 1,000 kilogramos. . . . . 2 »
Dividivi en sacos, cada 1,000 kilogramos . . . . 2 »
Sombreros en zurrones ó cajas, cada 6 pies. . . . . » 60
Mineral, cada 250 kilogramos . . . . » 30
Maiz, cada 150 kilogramos . . . . » 35
Almidon, cada 100 kilogramos . . . . » 30
Caucho, cada 100 kilogramos. . . . . » 40
Cacao, cada 125 kilogramos . . . . » 35
Reses ó bestias, cada 1 kilogramo. . . . . 2 »
Cerdos, chivos, Carneros etc., 1 kilogramo . . . . » 20
Provisiones, aves, etc., convencional

NOTA. — Los efectos de importacion que se desembarquen en el muelle de la estacion Montoya pagarán el derecho de 10 centavos por cada 100 kilogramos, siendo de cuenta de la Empresa los gastos de acarreo á la Aduana y arrume, si esto fuere necesario.

Almacenaje.

Los efectos de esportacion que se depositen en los almacenes de la empresa por mas de 10 dias, pagarán por cada seman pora cada carga 10 centavos, y solo son admisibles cuando haya espacio suficiente ademas del que se necesita para el trafico ordinario.

Recibida que sea la carga por la Empresa y arrumada en los almacenes, no podrá sacarse de alli sino para su despacho al destino que se le habia fijado ; pero si el dueño deseare variar el destino, podra sacar la carga pagando á la Empresa los gastos que por tal acto se originen, á juicio del Administrador.

Efectos excluidos del Trafico.

Bultos voluminosos que no caben en dos carros.
Bultos ó piedras que pesan mas de 120 quintales.
El Nitroglicerina y Dinamita.

CHAPITRE VII

CARTHAGÈNE, SON PORT, LE CANAL ET LE CHEMIN DE FER

§ 1

CARTHAGÈNE

Carthagène, capitale de l'État de Bolívar, est la troisième ville fondée par les Espagnols en Colombie.

Sa population actuelle est évaluée à 10,000 ou 12,000 âmes; celle du district à environ 19,000. Carthagène, autrefois la ville la plus importante de cette région de la mer des Antilles, en monopolisait tout le commerce. Elle a compté plus de 30,000 habitants. La difficulté de communications avec la Madeleine a amené sa décadence, et sa population était descendue vers 1860 à 3,000 habitants.

Depuis cette époque, les efforts tentés pour l'amélioration de la navigation du canal du Dique, et surtout l'impulsion énergique donnée par le président Nuñez ont arrêté cette décadence, et, dans ces dernières années, le commerce s'est sensiblement relevé, malgré les chômages fréquents et prolongés du canal, unique voie qui mette la ville en communication avec l'intérieur du pays.

Elle est, avec Santa Marta, un exemple frappant de la rapidité avec laquelle, dans ces pays neufs, les populations suivent les courants commerciaux qui eux-mêmes se déplacent avec la plus grande facilité dès qu'on leur offre des avantages sérieux, réduisant soit le haut prix, soit l'incertitude actuelle des transports.

La ville est construite sur le cordon littéral isolant la rade de la pleine mer. C'est une étroite bande de sable élevée en moyenne de trois mètres au-dessus du niveau de la mer; elle est entourée de fortifications autrefois très importantes, qui sont actuellement fort dégradées par les guerres civiles et le manque d'entretien.

Aujourd'hui, Carthagène n'a ni la population ni les éléments de Barranquilla, mais ses constructions et monuments permettraient un accroissement rapide de sa population, l'établissement de banques, de magasins, d'outillage industriel.

Pour le ravitaillement des navires, elle offre, dès à présent, des ressources bien supérieures à celles de Savanilla, aussi les capitaines préféreront cette escale, dès que la ville assurera ses communications avec le fleuve d'une façon régulière.

Le Port. — La rade de Carthagène est une des plus belles de la mer des Antilles. Elle est formée par une succession de quatre bassins, dont le premier, *Bahia de las Animas,* baigne les murs de la ville, malheureusement, sa profondeur ne dépasse pas 4 mètres; il communique avec le reste de la rade par la passe du Pastellillo, obstruée à plusieurs reprises soit au moyen d'estacades, soit au moyen d'embarcations coulées à dessein pour la défense de la ville. On ne trouve guère que 1^m,80 d'eau dans le chenal, aussi, actuellement ce bassin ne peut être utilisé que par les chalands ou par les vapeurs à très faible tirant d'eau faisant la navigation du Dique.

Les trois autres bassins sont formés par les renflements des côtes est et ouest; on les désigne sous le nom de Port intérieur; bassin du Nord ou intérieur et bassin du Sud ou extérieur.

La côte E. est basse, marécageuse et couverte de palétuviers.

Celle de l'ouest est formée d'abord par le prolongement du cordon littoral, puis par les îles de Tierra Bomba et de Baru.

La longueur de la rade est d'environ 8 milles du nord au sud, avec des largeurs très variables.

Sa profondeur varie de 15 à 30 mètres, avec un fond de vase molle présentant quelques pointes de corail. Les navires peuvent trouver 11 mètres d'eau à moins d'une encâblure du fort Pastelillo.

Malheureusement cette rade est obstruée par un grand nombre de bancs qui ont été balisés dans ces derniers temps.

La rade est parfaitement abritée; on peut même y abattre en carène, sans danger, les plus grands navires.

Elle communique avec le large par deux passes situées au nord et au sud de l'île Tierra Bomba.

La passe du nord, appelée *Boca Grande* a été fermée par les Espagnols au moyen d'une digue de 1,800 mètres de long, composée de gros blocs de calcaire de 5 à 600 kilogrammes chacun. Cet ouvrage aurait été exécuté uniquement dans un but stratégique, pour empêcher les ennemis de pénétrer dans la baie. Il a été question dans ces derniers temps de rétablir le passage.

La passe du sud, ou *Boca Chica*, est entre la pointe sud de Tierra Bomba et la pointe nord de l'île Baru, plages sablonneuses très peu élevées au-dessus de l'eau, et défendues par deux forts en mauvais état. La passe n'a que trois encâblures de largeur (environ 600 mètres), et seulement une encâblure de largeur utile à l'entrée (200 mètres). Le chenal est profond, 15 à 20 mètres, mais très tortueux.

Les bancs obstruent le passage entre les bassins, ils s'exhaussent graduellement. Le banc de Santa Cruz, par exemple, sur lequel il y avait autrefois $2^m,70$ d'eau, découvre actuellement de $0^m,15$, mais des passes larges et profondes de 18 à 30 mètres font communiquer ces bassins entre eux.

Courants. — En étudiant le régime général des côtes de la Colombie, nous avons dit qu'on trouve généralement au large le courant dérivé, faisant le tour du golfe du Darien, portant au N.-N.-E, et venant se fondre dans le grand courant de l'ouest près de Galera Zamba; mais ce courant, se trouvant près de son extrémité, perd de sa fixité; aussi, sous l'influence des vents, des contre-courants peuvent s'établir sur la côte.

Les courants et les lames attaquent le cordon littoral à l'est de Carthagène, aussi a-t-on été obligé d'exécuter d'importants travaux de défense au Cabrero, sous la direction d'ingénieurs hollandais.

Marées. — La mer monte de $0^m,45$ aux syzygies et de $0^m,15$ aux mortes eaux. Le courant entre par la Boca Chica avec une vitesse de un nœud, et passe sur la digue basse de Boca Grande avec un demi-nœud de vitesse. Dans l'intérieur de la rade il est à peine sensible.

Les navires fréquentant le port sont obligés d'entrer par la Boca Chica, et mouillent dans le port intérieur près du fort de Pastelillo où les chalands viennent faire les opérations de débarquement et d'embarquement. Cette manœuvre est fort longue, aussi les paquebots n'entrent-ils pas toujours en rade ; ils restent à l'extérieur où un petit vapeur vient faire les transbordements dans une mer souvent agitée. On conçoit combien ces opérations sont longues, coûteuses et incertaines, et l'avantage qu'il y aurait à améliorer cet état de choses.

La position centrale de Carthagène où tout le trafic de la Colombie se concentrerait avantageusement, la beauté du port, capable de contenir les plus grandes flottes, la sécurité absolue de ses eaux motiveraient une étude complète des travaux à exécuter. A son défaut et en l'absence de documents suffisants, nous devons nous borner à indiquer ce que nous pensons pouvoir être fait.

La première chose serait d'ouvrir la passe de Boca Grande sur une largeur suffisante pour permettre l'entrée facile de jour et de nuit. Cette ouverture augmenterait sûrement l'intensité des courants de marée qui auraient une vitesse suffisante pour l'entretien du chenal.

L'ouverture de ce chenal ne constituerait pas une bien lourde dépense, car on trouve, à petite distance au large, des fonds de 18 mètres, et à l'intérieur, la digue est presque accore, elle faciliterait déjà l'entrée des navires, en leur épargnant les dangers de l'entrée de Boca Chica et du banc de Santa-Cruz.

Ce travail devrait être complété par la construction d'une jetée près du fort Pastelillo, permettant l'accostage des grands navires qui pourraient ainsi faire leurs opérations bord à quai et échanger directement les marchandises, soit avec les wagons, soit avec les vapeurs fluviaux, et par la création, à proximité, de hangars fermés.

Là, devraient pour le moment se borner les travaux d'amélioration qui suffiraient à rendre à ce port toute son ancienne importance. Plus tard, lorsque le trafic serait devenu suffisant, il y aurait lieu d'examiner s'il ne conviendrait pas de creuser une partie de la baie de *Las Animas*, en comblant l'autre partie avec les produits du dragage, et de créer ainsi des terrains industriels près de la ville elle-même; mais cette éventualité est encore trop éloignée pour qu'on s'y arrête.

Nous devons cependant indiquer que cette solution eût pu être immédiatement avantageuse, s'il avait été possible de créer la nouvelle entrée du port près de la ville ; mais comme la plage est peu inclinée du côté du large, il eût fallu aller chercher très loin, c'est-à-dire avec de grands frais, les profondeurs suffisantes, tandis que la solution que nous proposons est relativement peu coûteuse.

On peut l'évaluer ainsi qu'il suit :

Creusement d'un chenal de 150 mètres de largeur et de 700 mètres de longueur : soit 500.000 m³ à 2 fr. 50 c. . . . . Fr. 1.250.000

1.000 mètres de digues en enrochements à 2,000 francs le mètre. 2.000.000

250 mètres d'estacade avec pièces en fer et voie ferrée à 3,000 fr. 750.000

Éclairage et balisage de la nouvelle entrée. 200.000

Remorqueurs et matériel naval 500.000

Imprévu, somme à valoir 300.000

Total des dépenses rigoureusement indispensables . . . . . . Fr. 5.000.000

Soit, au change actuel, en chiffres ronds : $ 2,000,000.

Les hangars et magasins destinés à entreposer les marchandises sont compris dans le devis du chemin de fer.

Ces travaux seraient complétés au fur et à mesure des besoins, par des appareils de radoub, machines à mâter, etc., etc., et recevraient les extensions les plus illimitées que permet la magnifique ampleur de la rade.

On ne peut espérer que l'État puisse prendre à sa charge de faire actuellement ce travail par lui-même. La Compagnie devrait donc en demander la concession.

Le tonnage est, comme nous le verrons, d'environ 28,000 tonnes; ces marchandises paient actuellement :

Embarquement, avec transport et mise en magasin à terre, par tonne 1 piastre.

Débarquement, avec transport et sortie du magasin à terre, par tonne § 2,40.

En admettant que la Compagnie manipule la moitié du tonnage actuel, soit 14,000 tonnes, au prix moyen de $1,50, la recette serait de $21,000, ce qui suffirait seulement pour payer l'entretien des ouvrages et les frais d'exploitation. Il serait donc nécessaire que l'État abandonnât une partie des droits de douane, pour rémunérer le capital employé.

A 7 0/0, l'intérêt annuel serait $140,000, ce qui chargerait chaque tonne manipulée actuellement de $4,82, on ne peut le demander directement au commerce. Mais en remarquant que le tonnage ne tarderait pas à s'accroître, que le montant des droits de douane croîtrait notablement, le gouvernement central, et surtout la ville de Carthagène et le département de Bolivar, auraient le plus grand intérêt à faire ce sacrifice, quitte à augmenter légèrement les droits perçus actuellement.

Ces dépenses bien modestes ne représentent évidemment que les installations rigoureusement indispensables. Il nous semble cependant qu'elles permettraient à la ville de recevoir les grands navires, dans les conditions exigées par le trafic moderne, et de devenir l'entrepôt, non seulement des marchandises venant de l'intérieur par le fleuve, mais encore de toute la côte, depuis l'Atrato jusqu'à l'extrémité de la presqu'île de Goajïra. Il suffirait, en effet, de régulariser le service actuel du cabotage pour concentrer tout le commerce à Carthagène, devenue l'unique escale des grands paquebots, qui ont une tendance de plus en plus marquée à concentrer leurs opérations dans un petit nombre de ports, pour réduire le temps de leurs traversées.

Les exigences du commerce ne tarderont probablement pas à s'accentuer, mais les ressources mêmes que son développement procurera au pays permettront de compléter l'outillage et les aménagements dès que les besoins s'en feront sentir.

La magnifique situation de la ville par rapport au territoire de la République, la beauté de son port, lui assurent l'avantage sur Barranquilla, comme le démontre le tableau comparatif, soit des dépenses, soit du temps nécessaire pour le transbordement entre le navire de mer et le navire fluvial.

7

CARTHAGÈNE

(STATISTIQUE DU COMMERCE EXTÉRIEUR)

I. — Tonnage effectif.

ANNÉES	PRODUIT des DOUANES	TONNAGE			VALEURS		
		IMPORTATION	EXPORTATION	TOTAUX	IMPORTATION	EXPORTATION	TOTALES
1873-1874..	»	»	»	»	»	»	»
1874-1875..	»	»	»	»	»	»	»
1875-1876..	»	»	»	»	»	»	»
1876-1877..	157.643	»	»	»	»	»	»
1877-1878..	»	»	»	»	»	»	»
1878-1879..	»	»	»	»	»	»	»
1879-1880..	»	»	»	»	»	»	»
1880-1881..	»	»	»	»	»	»	»
1881-1882..	108.000	»	»	»	»	»	»
1882-1883..	290.773	4.255	17.111	21.366	818.997 »	1.650.884 »	2.469.881 »
1883-1884..	499.952	»	»	»	»	»	»
1884-1885..	411.731	5.934	7.393	13.327	1.069.822 »	1.028.937 »	2.098.759 »
1885-1886..	685.809	3.846	1.712	5.280	502.367,38	397.173,14	899.541 »
1887...	906.308	5.805	17.558	23.364	1.402.914 »	2.824.351 »	4.227.265 »
1888...	1.690.749	8.858	19.426	27.984	2.204.972 »	3.052.783 »	5.257.755 »

II. — Tonnage brut.

Le tonnage brut peut être évalué à 250 ou 300,000 tonnes. Voici la liste des lignes de paquebots relâchant régulièrement à Cartagena.

1 vapeur de la ligne West India. . . . . environ 2.000 tonnes.
1 — de la ligne Harrison (chaque mois). . . . . 2.000 —
1 — espagnol de New-York . . . . 2.000 —
1 — — d'Europe . . . . 2.000 —
1 — américain de la Nouvelle-Orléans . . . . 1.500 —
2 — anglais de l'Atlas, (line of New York) . . . . 1.800 —
1 — Royal Mail . . . . 1.800 —
1 — allemand de Hambourg . . . . 1.500 —
1 — français (de la Compagnie Générale Transatlantique). 3.000 —
En plus les navires à voiles et le cabotage.

Tarifs de pilotage. — Le pilotage est gratuit, mais on donne toujours aux pilotes une gratification qui est fixée à 4 piastres pour les petits navires et à 5 piastres pour les paquebots ou autres grands navires. Cette gratification se donne à l'entrée et à la sortie. Si le navire prend le pilote en dehors de Boca Chica, la gratification est double.

Droits de phares. — Les droits sont de 5 c. par tonneau et pour les premiers cent tonneaux, et de 2 1/2 c. pour le reste ; si les navires viennent de Savanilla, ils paient un supplément de 1 1/2 c. pour droits du phare de Galera Zamba.

Droits de tonnage. — Les droits de tonnage sont dus seulement pour les navires à voiles ; les navires à vapeur n'en payent pas, étant considérés comme navires postaux. Ces droits se paient à raison de 1 piastre par tonneau de marchandises livrées. Le charbon, le sel, la glace, les briques, tuiles et pavés en sont exempts.

Droits de chargement et de déchargement. — Ces droits se paient pour le chargement à raison de 1 piastre par tonneau, et pour le déchargement à 1/4 c. par kilogramme, soit $ 2,50 par tonne. Les bois en planches, etc. paient seulement 1 piastre par 1,000 kilogrammes, ou par 1,000 pieds carrés.

Conduite des marchandises à terre. — La conduite des marchandises à terre se fait au moyen de chalands et d'un remorqueur ; le prix est compris dans les frais de déchargement.

Droits de consulat, etc. — Les droits de consulat sont ceux perçus ordinairement dans chaque consulat pour visa de papiers du bord et patentes de santé, incombant au navire qui paie les droits de phares, de tonnage, pilotage, timbre, à raison de 1 piastre par timbre, selon le nombre de documents qu'à l'entrée on remet au capitaine du port.

Les marchandises paient seulement les frais de chargement et de déchargement dont il est fait mention ailleurs, sans compter les droits de douane, bien entendu.

Usages du port. — Il y a un règlement que le capitaine du port donne aux navires au moment de la visite d'entrée. Ce règlement qui n'est pas publié prohibe l'entrée et la sortie des bâtiments à Boca Chica avant 6 heures du matin et après 6 heures du soir, de jeter du lest ou des cendres (escarbilles) dans la baie ; il oblige les navires à demander l'autorisation pour changer de mouillage, à se servir alors d'un pilote auquel on doit donner une gratification de 2 piastres, pour chaque changement, etc., etc.

Il n'y a pas d'instructions autres que celles données pour le port, déjà notées plus haut.

---

§ 2

CANAL DU DIQUE

La longueur de cette voie de communication entre Carthagène et Calamar, sur la Madeleine, est de 135 kilomètres. Nous allons en faire rapidement la description en partant de Carthagène.

Les bateaux parcourent d'abord la rade dans toute sa longueur ; à son extrémité sud, près du village de Pasa Caballos (1,000 habitants) le *Caño de l'Estero*, de 7 kilomètres de long, fait communiquer la baie de Carthagène avec la baie de Barbacoas. On y trouve une profondeur de 2 mètres, mais il est très tortueux, et des courbes trop raides en rendent la navigation difficile.

On traverse ensuite la baie de Barbacoas, au fond de laquelle se trouve l'entrée du canal du Dique ou *Boca Campana*.

La baie de Barbacoas, bien protégée, est presque toujours calme, et permet à peu près en tous temps aux embarcations fluviales de s'y engager; cependant par les vents d'ouest, elle est suffisamment agitée pour leur créer de sérieux dangers, et l'on cite plusieurs exemples de naufrages de vapeurs fluviaux.

De la Boca Campana, le chenal suit des lagunes ou Cienagas, reliées par des coupures, *Caños*, suffisamment profondes, mais très tortueuses. La plus grande est la Cienaga Palotal, où commence l'eau douce et avec elle la végétation aquatique qui constitue un des plus grands obstacles à la navigation, suffisant à elle seule, pour empêcher le passage des embarcations. Cette végétation présente deux caractères bien distincts. Elle est constituée, soit par des herbes prenant naissance au fond de l'eau, soit par des herbes formant des îles flottantes, couvertes d'arbustes, même de petits arbres, se déplaçant à la surface des lagunes sous l'influence des vents et des courants.

Au delà de la Cienaga de la Cruz, le canal est tracé dans des terrains bas, autrefois peuplés de hameaux florissants maintenant abandonnés et presque toujours couverts d'eau. Il laisse sur la droite le village de Mahates (2,600 habitants), et arrive à San Estanislao (1,412 habitants). C'est là que pendant les trop longues périodes de chômage les voyageurs changent leur mode de transport. Ils viennent en un jour à cheval de Carthagène, et s'embarquent ensuite sur des canots qui les conduisent par le canal jusqu'à Calamar, en 6 à 7 heures

A partir de la Cienaga de Sanaguares, le terrain se relève un peu et atteint jusqu'à 6 mètres au-dessus du niveau de l'eau. C'est la partie la meilleure du canal, et il est, dans cette section, navigable pour les pirogues en toute saison.

Le canal vient déboucher dans la Madeleine en aval de Calamar, dans le prolongement du courant. Il en est résulté un trop grand appel des eaux du fleuve qui a causé l'inondation des terrains bas et la ruine de plusieurs villages.

Le niveau moyen de la Madeleine à Calamar en étiage est de 3^m,20 au-dessus de la mer, et, en temps de crue, il s'élève jusqu'à 5^m,70, ce qui occasionne un courant fort gênant pour la navigation en hautes eaux.

En basses eaux, au contraire, les eaux fort troubles du fleuve produisent des atterrissements favorisés par les coudes trop nombreux et trop raides du canal, en même temps que par la végétation, et pendant des mois entiers, on ne trouve sur certains seuils que 0^m,20 de tirant d'eau.

Aussi la navigation est-elle extrêmement précaire. Pendant les sept mois de mon séjour en Colombie, la navigation par vapeurs a été interrompue plus de trois mois consécutifs, les négociants qui s'étaient fait adresser leurs marchandises par ce port ont été obligés de les faire réexpédier, via Barranquilla.

Le gouvernement a fait les plus grands efforts pour remédier à cet état de choses; on a dépensé des sommes extrêmement élevées pour l'entretien du Dique; on a fait des études nombreuses; plusieurs ingénieurs ont présenté des projets; entre autres, M. Albers, ingénieur hollandais, mort au cours des études, et M. J. Brandsma, également hollandais. Leur projet consiste à construire un barrage éclusé à Calamar, pour maintenir le plan d'eau du canal à un niveau constant et rectifier les courbes les plus raides.

On espère que la marée, n'étant plus gênée par les courants, se propagera beaucoup plus loin, que l'eau salée tuera la végétation aquatique, qu'en introduisant en moindre quantité les eaux troubles de la Madeleine, les atterrissements se réduiront à un cube insignifiant, enfin, que le plan d'eau étant sensiblement plus bas que le niveau actuel, on pourrra dessécher une grande partie des terrains inondés et les rendre à la culture.

Il est, en effet, probable que la marée se fera sentir plus loin, mais l'eau salée ne remontera pas beaucoup plus haut; on sait que le flot refoule les eaux douces qui se gonflent en amont. On ne peut donc espérer que la végétation aquatique soit détruite plus loin en amont, si ce n'est sur un petit nombre de kilomètres, il faudra donc entretenir le canal avec soin pour la faire disparaître; on devra aussi continuer les dragages, quoique dans une moindre proportion, mais il est à craindre que les travaux d'entretien ne soient pas toujours faits en temps utile, et le canal restera une voie de communication longue et précaire.

Le devis de M. Brandsma s'élève à 1,700,000 francs ou $ 340,000. Nous pensons que ce chiffre est de tous points insuffisant. Pour n'en citer qu'un exemple, il estime le cube des dragages à 1,129,600 mètres cubes, dont 680,000 à exécuter en deux ans, au prix de 140,000 francs, soit à 0 fr. 124 le mètre cube. Les prix atteints au canal de Panama démontrent qu'on ne peut espérer les exécuter au-dessous de 2 francs dans ces climats meurtriers, loin de toutes ressources.

Il est peu probable que les dépenses puissent descendre au-dessous de quatre à cinq millions de francs, même en réduisant les travaux à leur plus strict minimum.

L'incertitude des résultats, la lenteur des transports par eau ne me paraissent pas motiver une pareille dépense ; aussi je crois que l'on doit se borner à des travaux d'assèchement du pays, s'ils sont possibles, et consacrer toutes les ressources disponibles à la création d'un chemin de fer reliant Calamar à la Madeleine, pour assurer en tout temps, par une voie sûre, rapide, économique à l'abri des chômages, le transport des marchandises et des voyageurs.

Voici quelques chiffres sur l'exploitation du canal du Dique :

La longueur du canal est de . . . . 135 kilomètres.
La profondeur dans les eaux moyennes est de . . . . . . 1 mètre.
    D°   dans les crues, elle atteint . . . . 5 mètres.
    D°   en basses eaux, elle descend en certains
points à. . . . . 0m,20.
La durée du chômage a varié par an entre. . . . . 4 et 6 mois.
La durée du trajet en bonnes eaux, pour les vapeurs tirant
0m,90 est de. . . . . 12 à 14 heures.

Tarifs. — a. — Voyageurs, par personne . . . . $ 8,75
       b. — Marchandises $ 0,60 par charge de 125 kilo
         grammes, soit par tonne . . . . $ 4,80
Les matières explosibles paient le double.

Transports. — Pendant l'année 1888 (1er janvier au 31 décembre) :

 a — Voyageurs 2.909
 b — Marchandises, charges 51,356, soit . . . . . 6.400 tonnes.

NOTA. — Comme nous l'avons dit, à cause des longs chômages du canal, beaucoup de marchandises débarquées à Carthagène ont dû être réexpédiées via Savanilla-Barranquilla, en avril et mai derniers.

Niveau de la Madeleine à Calamar, au-dessus du niveau de basse mer :

Basses eaux 3m,20
Hautes eaux ordinaires 5m,70
Plus grande crue connue 9m,80

Résultats obtenus par les travaux exécutés... *à peu près insignifiants.*

Sur les quinze premiers kilomètres, le canal est ensablé à chaque crue de la Madeleine, et sur le reste du parcours, il est obstrué par les apports des nombreux arroyos qui s'y déversent, amenant de la vase, des sables, des arbres et des détritus de toute sorte.

---

§ 3

CHEMIN DE FER

Je n'ai pas pu réunir de données assez précises pour arrêter définitivement le tracé du chemin de fer ; cette zone n'est connue que sur le parcours du Dique, relevé par les ingénieurs hollandais.

Cependant, il est possible d'indiquer les tracés praticables entre lesquels les reconnaissances ultérieures permettront de choisir.

Ce que nous avons dit du port de Carthagène nous montre d'abord que le point de départ, au moins pour la gare de marchandises, doit être le Pastelillo. C'est là que devront être établis les entrepôts, les installations maritimes, à proximité de la jetée.

De là, la ligne devrait venir, en suivant à peu près le littoral, jusqu'à l'entrée du pont, où serait utilement placée la station des voyageurs. Il nous semble qu'il serait difficile, sans des frais trop considérables que l'importance actuelle de la ville ne justifie pas, de rapprocher davantage la gare du centre de la population. Le passage de la baie, le manque de terrains disponibles exigeraient des travaux fort coûteux qui ne seraient pas rémunérés.

De l'extrémité du pont le tracé peut suivre deux directions bien distinctes : ou s'élever au nord du massif de collines qui se trouvent à l'est de la ville, en passant par ou près de Ternera, Santa-Rosa, Villanueva, traverser le Dique entre San Estanislao et Sopla Viento, pour aboutir à Calamar.

Dans la première partie du parcours, le terrain est assez accidenté ; le sommet des collines atteint 3 à 400 mètres, mais la ligne pourrait ne pas dépasser l'altitude de 200 mètres. Les pentes sont assez douces pour qu'on puisse établir la ligne sans trop grands frais.

Le passage du Dique à Sopla Viento serait facile, c'est la partie la plus étroite du canal. Mais au delà, on tombe dans les terrains marécageux, sur une longueur assez grande pour rendre les travaux difficiles ; on regagnerait ensuite, au delà de la Cienaga Sanaguarez, les terrains solides pour arriver à Calamar.

Le second tracé contournerait au sud le massif montagneux, passerait près d'Arjona et franchirait le Dique entre ce point et Mahates.

Dans ce trajet, jusqu'à Arjona, il est possible de s'établir sur un terrain solide, à pentes transversales très douces, dans des conditions satisfaisantes. La traversée du Dique exigerait un parcours d'environ 2 kilomètres dans des terrains marécageux ; au delà, on regagnerait les terrains solides de l'ancienne route construite par les Espagnols, de Mahatés à Barranca Nueva, qui était, paraît-il, en terrain solide, à l'abri des crues et en partie empierrée.

Ce tracé est le plus court et c'est celui que les habitants de Carthagène préconisent ; sa longueur serait d'environ 80 kilomètres.

Il y aurait encore lieu d'étudier d'autres variantes, mais ce n'est qu'à la suite d'études plus complètes qu'il sera possible de se décider.

Le port de la Madeleine peut être Calamar, qui offre l'avantage de présenter déjà un commencement d'organisation et quelques ressources ; la profondeur d'eau contre la rive étant suffisante, le port fluvial serait facile à organiser.

Mais Barranca Nueva placée dans une anse concave, sur un terrain plus sain, paraîtrait mieux convenir. Ce point a perdu de son importance depuis l'ouverture du canal, mais étant donnée la facilité avec laquelle les habitants se déplacent, le peu de valeur des cases en torchis ou en paillottes, qui leur servent d'habitation, il nous semble qu'il n'y a pas lieu de tenir compte, comme on le fait en Europe, des installations existantes ; il faut rechercher avant tout les meilleures conditions des établissements futurs en agissant comme si on opérait sur table rase.

Historique. — Le 21 septembre 1865, l'État souverain de Bolivar concéda à M. Williams Francis Kelly, ingénieur américain, un chemin de fer estimé à 2,500,000, partant d'un point de la baie de Carthagène pour aboutir à la Madeleine.

Le gouvernement accordait sur ce capital une garantie de 7 0/0 pour lesquels il affectait 15 0/0 du montant des droits de douane pendant la construction, et 10 0/0 seulement, une fois la ligne mise en exploitation.

Exemption des droits de douane pour le matériel.

L'ingénieur auquel le gouvernement avait donné cette concession, mort peu après, n'a laissé aucun plan, aucune étude ; il ne reste d'autre trace de cette affaire que le contrat inséré au *Bulletin officiel*.

La construction du chemin de fer de Barranquilla fit, pendant plusieurs années, abandonner l'idée de relier Carthagène au fleuve par une voie ferrée, et l'on reporta tous les efforts à l'amélioration du canal du Dique. Ce ne fut qu'au commencement de 1889 que l'insuccès de ces travaux et le long chômage de cette voie la fit reprendre.

L'étude des conditions économiques du pays me suggéra l'idée d'en demander la concession. En même temps, un ingénieur français, faisait des propositions qui ne furent pas jugées sérieuses. (Il offrait de construire à 45,000 francs le kilomètre.)

M. Houlton, ingénieur du port de la Guaïra (Venezuela) vint à cette époque faire des propositions au nom d'une puissante maison anglaise.

L'abandon des négociations entamées au nom de la Compagnie Franco-Belge a laissé le champ libre à la Compagnie Anglaise, qui, d'après ce qui m'a été écrit, aurait dernièrement obtenu la concession à des conditions que je n'ai pu connaître.

Le coût du chemin de fer peut s'établir comme suit :

DÉSIGNATION	DÉPENSES	
	en francs	Piastres, à raison de 2 fr. 50 la piastre
	Fr. c.	$
85 kilomètres à 80,000 francs le kilomètre, gare maritime à Pastelillo, et gare fluviale sur la Madeleine.	6.800.000 »	
Hangars fermés, magasins 3,000ᵐᵗ à 50 francs . . . . . Fr. 150.000 »		
Ateliers permettant de travailler pour la marine, outillage du port, grues, etc . . . . 300.000 »	450.000 »	
	7.250.000 »	
Imprévu, somme à valoir.	250.000 »	
TOTAL.	7.500.000 »	3.000.000
Si on ajoute les dépenses du port comme ci-dessus	5.000.000 »	2.000.000
On arrive au total pour Carthagène.	12.500.000 »	5.000.000

Résumé. — Les chiffres qui précèdent montrent, si on se reporte à la partie du rapport relative au chemin de fer de Bolivar, que le tonnage de Carthagène qui est de . . . . 27.984 tonnes est déjà supérieur à celui de Savanilla . . . . 25.774 —

Il nous paraît évident que la construction du chemin de fer projeté aurait pour effet d'enlever à Savanilla la plus grande partie de son trafic, marchandises et voyageurs, et par suite, que ses recettes seraient au moins égales à celles du chemin de fer de Bolivar, c'est-à-dire supérieures par kilomètre à . . . . $ 5.000

L'exploitation avec deux trains par jour dans chaque sens, au maximum, ne devrait pas coûter, par kilomètre, plus de 2.000

Il resterait comme recette nette . . . . $ 3.000

Comme nous le pensons, le chemin de fer construit économiquement ne reviendrait pas à plus de 80,000 francs or (1), soit au change actuel 33,000 piastres, auxquels il faudrait ajouter le bénéfice de la construction. Le chiffre des recettes nettes pourrait rémunérer à 7 0/0 un capital de 43,000 piastres, soit environ 120,000 francs, ce qui donnerait un écart kilométrique de 40,000 francs, laissant une très grande marge pour le bénéfice et les autres frais de l'entreprise.

---

(1) Ce prix représente le prix de revient, matières et main-d'œuvre, il faut y ajouter les frais généraux, les frais de banque, le bénéfice des entrepreneurs, les intérêts intercalaires, etc., variables avec les conditions de l'entreprise. Nous avons toujours au cours de cette étude parlé du prix de revient ainsi défini dans nos devis, non du prix définitif.

Mais comme ce résultat demanderait plusieurs années, puisqu'il faudrait déplacer un courant établi, il serait nécessaire de demander la garantie d'intérêt qui permettrait de ne pas grever le capital des intérêts intercalaires et autres frais que nous n'avons pas comptés dans le prix de revient, et permettrait à la Compagnie de passer la période de transition pendant laquelle les recettes ne paieraient pas le loyer des capitaux engagés.

Nous supposons que les tarifs de magasinage et de manutention des marchandises paieraient largement les dépenses des installations maritimes et fluviales, évaluées à 500,000 francs.

CHAPITRE VIII

CONCLUSIONS

De cette étude des côtes de la Colombie, il nous paraît que l'on peut tirer les conclusions suivantes :

Le port de Sainte-Marthe, malgré ses avantages naturels, est voué à une ruine certaine, soit par suite de sa situation à l'est de la côte productive, soit parce qu'il se trouve trop loin de la Madeleine. Il ne pourra être sauvé que par l'exploitation des Mines de la Sierra Nevada, et restera alors port local.

La rade de Savanilla, à 40 kilomètres, n'offre aucun des avantages naturels qui puissent y retenir le commerce, et n'est fréquentée que faute de mieux.

Le choix pour le port futur de la Colombie se trouve donc limité à Carthagène et à la Madeleine.

La meilleure solution serait évidemment de pouvoir réunir, dans le magnifique bassin qui se trouve devant Barranquilla, le port fluvial et le port maritime, mais l'amélioration de l'embouchure, soit directe, soit par un canal maritime, est une œuvre de longue haleine, probablement fort coûteuse, que le gouvernement seul pourrait entreprendre à cause des aléas qu'elle comporte. L'état des finances du pays ne me paraît pas pouvoir permettre de songer avant bien des années à une telle entreprise.

Cette solution cependant est tellement tentante qu'il conviendrait de l'étudier d'un peu près, il faudrait alors des crédits suffisants pour exécuter les sondages, et étudier le régime de l'embouchure pendant une période suffisante.

Reste Carthagène, dont le port magnifique, placé au centre de la côte colombienne, peut se prêter, moyennant une dépense modérée, à une utilisation immédiate, à condition de le relier de suite au fleuve, au moyen d'un chemin de fer peu coûteux qu'on peut construire en moins de deux ans.

Nous croyons donc que les efforts doivent se porter de ce côté, et que les travaux que nous proposons seront, à brève échéance, fructueux pour la Compagnie qui les entreprendra, et permettront au pays de prendre l'essor que ses richesses naturelles lui promettent.

TROISIÈME PARTIE

LA MADELEINE, SES AFFLUENTS
ET LE CHEMIN DE FER DE LA DORADA

Dans cette partie, nous étudierons la Madeleine, la grande voie de communication de la Colombie, qui conservera bien longtemps encore toute son importance. Nous y comprendrons le chemin de fer de la Dorada, construit uniquement pour relier la haute et la basse Madeleine séparées par les rapides de Honda.

Nous y ajouterons l'étude des prix de revient de transport sur le fleuve, question qui intéresse à un si haut degré les Compagnies qui auront à exécuter les travaux publics dans cette région.

CHAPITRE IX

LA MADELEINE

§ 1

ÉTUDE DU FLEUVE

Le fleuve prend sa source au sud de la Colombie, au nœud central d'où partent les trois chaînes des Andes, et après un parcours de plus de 2,000 kilomètres, du 2° au 11° parallèle nord, vient se jeter dans la mer des Antilles par plusieurs bouches formant un delta que nous avons étudié en détail.

Au point de vue de la navigation, on établit deux grandes divisions, la haute et la basse Madeleine, séparées par des rapides dangereux entre Honda et Yeguas.

La navigation du haut fleuve peut à la rigueur, et en bonnes eaux commencer en face de Neiva, mais bien que l'énergique M. Wedbecker ait fait pour la première fois remonter ses vapeurs jusqu'à ce point au prix des plus grands efforts, on ne peut guère compter que de Neiva à Purificacion le fleuve soit pratiquement navigable autrement que par pirogues et sampans, et exceptionnellement par vapeurs tirant 0^m,40 à 0^m,50, tant qu'on n'aura pas canalisé le fleuve par barrages éclusés.

De Purificacion à Arranca Plumas on a établi un service à peu près régulier de vapeurs, on a fait sauter les écueils les plus dangereux, on a rendu, au moyen d'assez grands efforts, la navigation moins difficile, mais en basses eaux elle se trouve forcément interrompue, et la durée du chômage ne s'abaisse guère au-dessous de trois mois par an, répartis entre les deux saisons sèches.

Le port d'Arranca Plumas, à quelques kilomètres de Honda, est situé à peu de distance en amont des premiers rapides qui rendent la navigation si difficile au-dessus de Yeguas. Les vapeurs qui font le service du haut fleuve les remontent lèges en choisissant les moments les plus favorables, en se halant au moyen d'amarres attachées aux arbres, et les redescendent seulement pour aller se faire réparer à Barranquilla.

La haute et la basse Madeleine sont mises en rapport par le chemin de fer de la Dorada, que nous avons étudié.

Yeguas est actuellement le port extrême de la navigation d'amont du bas fleuve; dans l'étude du chemin de la Dorada, nous indiquons la convenance qu'il y aurait de reporter ce point à Conejo, à 22 kilomètres en aval; on éviterait des courbes trop raides, des hauts-fonds et des écueils dangereux en basses eaux, qui interrompent souvent la navigation plusieurs jours de suite, même des semaines entières. On diminuerait ainsi de près de moitié la durée des chômages de la basse Madeleine.

De Conejo au Sogamoso, la navigation devient déjà plus facile, bien que le lit soit encore encombré par les hauts-fonds et quelques écueils, sans compter un grand nombre d'arbres échoués dans la vase qui constituent autant de dangers. Aussi la navigation ne peut se faire que de jour, et ne parvient-on pas à empêcher de fréquents échouages; les chômages sont moins fréquents dans cette section.

En aval de Puerto Wilches la navigation devient facile, elle n'est plus interrompue même par les plus basses eaux, et, sauf dans des cas exceptionnels, on pourrait marcher jour et nuit.

Il existe, il est vrai, quelques écueils en rocher près de Banco, et non loin de Calamar, mais il serait facile et relativement peu coûteux de les faire sauter, on pourrait draguer quelques hauts-fonds permanents qui limitent le tirant d'eau, empêcher les remous près de l'embouchure du Rio César près de Banco, qui obligent à des manœuvres dangereuses, en guidant le courant au moyen d'épis en pieux; enfin, il faudrait faire disparaître les troncs d'arbre amenés par les crues.

Il existe bien un matériel pour exécuter ces travaux et une taxe spéciale pour en payer les frais, mais taxes et matériel ont été employés presque exclusivement, depuis de nombreuses années, pour l'amélioration du canal du Dique, de Calamar à Carthagène, au détriment du fleuve.

Des capitaines m'ont affirmé qu'au moyen de travaux peu coûteux, des vapeurs de mer, de 4 à 5 mètres de tirant d'eau, pourraient remonter jusqu'en amont de Magangue. Je n'ai pu me procurer les sondages du fleuve pour vérifier leur assertion. Cela en vaudrait la peine au point de vue de la construction du chemin de fer.

Sans songer à amener la navigation maritime aussi haut, on peut conclure des renseignements fournis, que l'on pourrait, avec de faibles dépenses, améliorer très sensiblement la navigation de Puerto Wilches à Barranquilla, augmenter le tonnage des vapeurs, leur vitesse, porter leur tirant d'eau à 2 mètres, peut-être 2^m50, faire la navigation de jour et de nuit, et réduire, par suite, dans une large mesure, le temps employé aussi bien que le prix du fret.

Cependant si on peut augmenter en eaux moyennes le tirant d'eau des vapeurs, on ne pourrait leur donner une très grande longueur parce qu'ils sont obligés de changer brusquement de direction dans les chenaux sinueux.

En amont de Puerto Wilches le résultat des améliorations serait moins stable, les dépenses plus coûteuses, on a donc avantage à abandonner en ce point la voie fluviale pour la voie ferrée.

TABLEAU DES PENTES DU FLEUVE

HAUTE MADELEINE

1re SECTION	Différence de niveau entre Neiva (519 mètres) et Purificacion (311 mètres)	208 mètres.
	Distance 100 milles ou	161 kilomètres.
	Pente moyenne par kilomètre.	1^m,29
2e SECTION	Différence de niveau entre Purificacion (311 mètres) et Arranca Plumas (215 mètres)	96 mètres.
	Distance 98 milles ou	157 kilomètres.
	Pente moyenne par kilomètre.	0^m,61
RAPIDES	Différence de niveau entre Arranca Plumas (215 mètres) et Conejo (185 mètres).	30 mètres.
	Distance	35 kilomètres.
	Pente moyenne par kilomètre.	0^m,86

BASSE MADELEINE

1re SECTION	Différence de niveau entre Yeguas (200 mètres) et Puerto Wilches (95 mètres)	105 mètres.
	Distance	350 kilomètres.
	Pente moyenne par kilomètre.	0^m,30
2e SECTION	Différence de niveau entre Puerto Wilches (95 mètres) et Barranquilla (2 mètres)	93 mètres.
	Distance	633 kilomètres.
	Pente moyenne par kilomètre.	0^m,15

---

§ 2

NAVIGATION DE LA MADELEINE

Nous croyons utile de relever, dans un des rapports de M. Cisneros, quelques chiffres qui donnent une idée des frais de transport sur le fleuve ; en les complétant par d'autres renseignements que nous avons pu nous procurer, ainsi que par les faits que nous avons nous-même observés, il sera possible de déterminer leur prix de revient, au moins approximativement.

Les bateaux de service sont du type monoroue, qui paraît parfaitement approprié au climat et à la navigation fort difficile de ce fleuve. On n'est pas encore bien d'accord sur le tonnage qui doit être adopté pour ces navires ; les grands bateaux permettent, il est vrai, de réduire de beaucoup les dépenses de transport, mais en basses eaux, ils s'échouent souvent, courent beaucoup plus de risques et font moins de voyages. Ils peuvent porter environ 250 à 300 tonnes, et calent, en pleine charge, 1 mètre à 1^m,50.

Les bateaux de faible tonnage, 80 à 100 tonnes, sont moins exposés à échouer ; ce sont les seuls qui aient des chances de faire les voyages toute l'année, bien que souvent, en janvier et février, ils soient arrêtés. Comme l'équipage est à peu près le même que celui des grands bateaux, leurs frais sont presque aussi considérables, mais en compensation, ils font plus de voyages. Ils calent environ 0^m,80 à 0^m,90.

Ils se composent d'une coque en acier d'environ 1^m,50 à 2 mètres de creux ; l'intérieur sert de cale pour les marchandises. Sur le pont, sont les chaudières à l'avant, la machine à l'arrière ; la provision de bois est en abord sur toute la longueur du bateau. C'est là que se tiennent les passagers de 3e classe avec l'équipage.

Au-dessus du pont se trouvent trois étages, le premier, presque entièrement ouvert est destiné aux voyageurs de 1re et de 2e classe. Il n'y a qu'un petit nombre de cabines ; les voyageurs couchent sur des lits de sangle qu'on installe sur le pont pendant la nuit ; on ne fournit pas de literie ; pendant la nuit, on clôture cet étage au moyen de toiles à voiles.

Le second étage comprend quelques cabines pour l'état-major, et au troisième, dans une cabine vitrée, à 10 ou 11 mètres au-dessus de l'eau, se trouve la roue du gouvernail. Le pilote qui dirige le bateau au travers des chenaux sinueux du fleuve, se guide uniquement sur la différence du miroitement du courant au-dessus des parties profondes, ou sur les bancs. Les chenaux, à travers ces bancs mobiles, peuvent pendant une même crue se déplacer plusieurs fois, suivant qu'un arbre, un obstacle quelconque, un éboulement des berges, font varier le courant.

Il serait pratiquement impossible, sur les 1,000 kilomètres de Barranquilla à Honda, dont près de 800 en pleine forêt vierge, d'entretenir un personnel suffisant pour baliser un chenal aussi mobile dans un fleuve dont la largeur dépasse un kilomètre en certains points.

La navigation se fait de jour et de nuit de Barranquilla au Banco, sur environ 435 kilomètres. A partir de ce point, les difficultés deviennent plus grandes, et le bateau s'arrête la nuit, en s'amarrant généralement à l'une des stations du fleuve, où l'on peut renouveler la provision de bois.

Le bois se vend à la corde qui vaut 4 1/2 burros ; La corde vaut 128 pieds cubes, environ 3^{m3},64 ; le burro vaut donc 30 pieds cubes ou 0^{m3},85 ; sa valeur varie autour de 1 piastre. La consommation dans les grands vapeurs est de 4 burros à l'heure, soit entre 3 et 4 stères de bois.

En bonnes eaux, le voyage dure, en moyenne, huit jours à la remonte, et moitié à la descente, mais aux basses eaux, il n'est pas rare de voir les bateaux rester ensablés huit à dix jours de suite en plein fleuve. Lorsque la distance à Yeguas n'est pas trop grande, les voyageurs et le courrier remontent le fleuve en canot, sinon, ils attendent une hausse des eaux. Avec les jours de planche, la durée du voyage complet, aller et retour, est d'environ de quinze à dix-huit jours dans des conditions favorables, mais on ne compte guère que douze voyages par an, quinze au plus, avec les échouages, les réparations, etc.

Le voyage n'est pas sans offrir, en basses eaux, de grands dangers pour le bateau; le lit du fleuve est parsemé de troncs d'arbres échoués dans la vase, sur lesquels la coque se crève. On abandonne généralement l'épave, en enlevant ce qu'on peut sauver. En janvier et février de cette année, cinq navires, dont deux des plus grands, se sont perdus entièrement. La flotte se composait de vingt-cinq navires en service. La valeur de ces bateaux varie, suivant leurs dimensions, entre 10,000 et 16,000 livres sterling, soit de 250,000 à 400,000 francs. La perte des bateaux, sans compter les marchandises qui étaient à bord, représente donc environ 1,500,000 francs. On comprend combien l'aléa de la navigation doit charger les assurances et augmenter le prix du transport.

Nous allons reproduire, en les coordonnant, les résultats donnés dans un rapport de M. Cisnéros, sur sept voyages du « Stephenson Clarke » pouvant porter 100 tonnes et environ cinquante passagers de 1re et de 2e classe. Le prix du bateau est de 50,000 piastres or.

Le rapport est déjà ancien (1881), mais nous n'avons pu nous procurer de détails plus récents, les Compagnies ne voulant pas divulguer les résultats de leur gestion.

Composition de l'Équipage :

Capitaine,	appointements mensuels . . . . S	250	»
Chef mécanicien,	id.	150	»
2e mécanicien,	id.	60	»
1 aide,	id.	20	»
Commissaire,	id.	60	»
Pilote,	id.	100	»
Timonier,	id.	40	»
Maître d'équipage,	id.	40	»
Quartier-maître,	id.	16	»
2 chauffeurs à 16,	id.	32	»
Cuisinier,	id.	16	»
Aide,	id.	9	60
8 matelots à 9,60,	id.	76	80
1 maître d'hôtel (économe), id.	16	»
1 boulanger,	id.	16	»
8 garçons à 6,40	id.	51	20
	SALAIRES PAR MOIS . . . . S	953	60

On peut, pour un navire de ce tonnage, compter au minimum sur douze voyages par an, entre Yeguas et Barranquilla.

Les frais de chaque voyage peuvent s'évaluer comme suit, en arrondissant les chiffres.

Solde de l'équipage, comme ci-dessus . . . .   950 »

Bois, voyage aller et retour . . . .   500 »

Vivres. . . . .   380 , »

Entretien et divers . . . .   300 »

Soit . . . . $ 2.130 »

Avec l'imprévu, il faut compter 2,500 dollars par voyage.

Le résultat des sept premiers voyages a été comme suit :

	RECETTES BRUTES	DÉPENSES	GAIN	PERTE
	$	$	$	$
1er voyage	1.948,88	2.322,35	»	373,47
2e —	3.993,69	2.874,65	1.119,04	»
3e —	4.242,13	3.606,85	635,28	»
4e —	4.417,15	3.199,39	1.217,76	»
5e —	2.992,15	2.817,05	175,10	»
6e —	4.561,50	2.579,15	1.982,35	»
7e —	4.697.86	2.609,40	2.088,46	»
	26.853,36	20.008,84	7.217,99	373,47
			373,47	
NET			6.844,52	
A ajouter les transports pour le chemin de fer.	3.323 »		3.323 »	
TOTAL	30.176,36		10.167,52	
Soit moyenne par voyage	4.310,90	2.858,40	1.452,50	

La différence entre le prix des dépenses effectives, 2,858 piastres, et celui des dépenses prévues, 2,500 piastres, peut s'expliquer par ce fait que l'entreprise étant à ses débuts, il y a eu beaucoup de faux frais et des retards, ainsi que des modifications au navire qui ont fait monter les dépenses au delà du chiffre normal.

En calculant proportionnellement les résultats pour un an, on arriverait aux chiffres suivants :

Recettes brutes : 12 voyages à $ 4,310 90 . . . . $ 51.730,80

Dépenses : 12 voyages à $ 2,500 . . . . $ 30.000

Amortissement en dix ans à 7 0/0, d'un capital de $ 50,000 . . . . $ 3.620

Assurances sur $ 30,000, la Compagnie en assurant 20.000 . . . . $ 3.000 36.620 »

RECETTES NETTES 15.110,80

e qui donnerait 30 0/0 du capital.

En réalité, les résultats sont loin d'être aussi rémunérateurs, bien que l'on considère que ces entreprises constituent en général de bonnes affaires. Les chômages de la saison sèche et les risques dévorent une grande partie du bénéfice.

M. Cisneros arrivait, en partant, il est vrai, d'hypothèses un peu différentes, à établir que le prix de revient du transport d'une tonne de rails, de Barranquilla à Puerto Berrio pouvait se réduire à $ 7,54 pour 800 kilomètres, soit $ 0,00942 par tonne kilométrique, ou environ 0 fr. 05.

---

§ 3

ÉTABLISSEMENT DES PRIX DE REVIENT DES TRANSPORTS SUR LA MADELEINE

POUR LA COMPAGNIE DU CHEMIN DE FER

Le prix des transports d'après les tarifs de 1887, pour la compagnie du chemin de fer, devrait s'établir comme suit, en tenant compte du rabais de 50 °/₀ que les entreprises de navigation m'avaient offert lorsque je leur ai demandé leurs tarifs.

PRIX DE TRANSPORT DEPUIS BARRANQUILLA JUSQU'A	YEGUAS	PUERTO WILCHES
	$	$
Par charge de 140 kilogrammes	3,40	2 »
Plus-value pour dépréciation du papier-monnaie : 25 0/0.	0,85	0,50
Total.	4,25	2,50
TARIF GÉNÉRAL.		
Les directeurs des Compagnies de navigation m'avaient offert une réduction de tarif de 50 0/0 pour les chemins de fer concédés à la Compagnie Franco-Belge.	2,13	1,25
Tarif applicable aux chemins de fer	2,12	1,25
Soit par tonne, à raison de $ 7,15 charges par tonne	15,15	8,92
Distance de Barranquilla.	985 kil.	635 kil.
Ce qui donne comme tarif par tonne et par kilomètre	$ 0,0154	$ 0,0141

Soit, en moyenne, 50 0/0 en plus du prix de revient de $ 0.01 trouvé par M. Cisneros.

Le prix de revient de $ 0.01 ne me paraît pas exagéré avec des vapeurs comme le *Stephenson-Clark*, de 100 tonnes, en tenant compte des risques de navigation et des chômages de la dernière section du fleuve, de Sogamoso à Yeguas ; mais il est trop élevé pour le fret de Barranquilla à Puerto Wilches ; en effet, cette partie est navigable toute l'année pour des vapeurs de 300 tonnes, sans risques sérieux. On peut, à la rigueur, voyager de jour et de nuit, et arriver à Puerto Wilches en trois jours, et redescendre en deux. Avec les jours de planche, la durée du voyage, aller et retour, se réduit donc à 10 ou 12 jours au plus, et on peut arriver à faire 24 voyages par an, avec un plein chargement assuré à chaque voyage de remonte.

9

Dans cette hypothèse, le prix de revient de la tonne peut s'établir comme suit:

Le capital serait, pour un bateau de 300 tonnes, de 400,000 francs ou 80,000 piastres or.

Solde de l'équipage. . . . . $ 475

Bois (voyage aller et retour, dépense proportionnelle au parcours effectué   322

Vivres (moitié de la dépense d'un voyage de Yeguas).   190

Entretien et divers (moitié de la dépense d'un voyage de Yeguas). .   150

DÉPENSE POUR UN VOYAGE. . . . . $ 1.137

Pour une année :

Dépenses : 24 voyages à $ 1,137. . . . . $ 27.288

Amortissement en 12 ans. (Les risques étant moindres) . .   4.000

Assurances. 4.000

TOTAL DES DÉPENSES. . . . . $ 35.288   35.288

Il faut déduire les recettes possibles ; le bateau, en effet, pourrait prendre à la descente tout le fret disponible aux escales. Évaluant ces recettes au cinquième des recettes du *Stephenson-Clarke* . . . . $ 10.000

RESTENT DÉPENSES RÉELLES. . . . . $ 25.288

Pendant la construction du chemin de fer du Santander, on peut admettre que le bateau aura toujours son plein de marchandises ; il transportera donc :

24 voyages à 300 tonnes = ...   7,200 tonnes.

Ce qui donnera pour le fret d'une tonne, en chiffres ronds, $ 3,50

Soit une dépense par tonne kilométrique. de . . . . . . $ 0,0055

Ou environ 0 fr. 0275, correspondant à une économie par tonne de $ 5,40, et par an, de près de. . . . .   40,000 piastres.

Nous nous sommes longuement étendu sur cette étude parce que la question des transports est des plus importantes pour le chemin de fer, et parce que la compagnie de construction sera sans doute obligée d'acheter un vapeur pour régulariser les prix et obtenir des tarifs raisonnables, comme a été forcé de le faire M. Cisneros.

Une fois l'exploitation commencée jusqu'à Bucaramanga, la Compagnie aura peut-être avantage à organiser un service de vapeurs rapides chauffés au charbon, entre Calamar et Puerto Wilches, marchant jour et nuit, de manière à porter le nombre de voyages annuels à 36, assurée que ses frais seront payés par ses propres transports. Elle pourrait provoquer ainsi le développement rapide du pays, au bénéfice de son trafic.

Il nous a semblé que ces éventualités motivaient les développements précédents.

§ 4.
TRAFIC DU RIO MAGDÁLENA

La charge, unité du poids, est estimée à 140 kilogrammes ou 10 pieds cubes (0m³,283).

	MARCHANDISES				PASSAGERS			MOUVEMENT DES PETITES EMBARCATIONS			
	NOMBRES DE CHARGES.			Tonnes de 1,000 kil.	Descente	Remonte	TOTAL	Descente	Remonte	TOTAL	Tonnes de 1,000 kil.
	Descente	Remonte	TOTAL								
1882 l'année . . .	131.360	120.289	251.649	35.321 (Tonnes)	»	»	5.635	»	»	»	» (Tonnes)
1883 l'année . . .	138.069	103.789	241.858	33.860	»	»	5.631	19.253	963	20.486	2.880 »
1884 Janvier .	9.709	8.494	18.203	2.548	257	246	503	»	28	28	0,4
Février . . .	10.872	4.604	14.976	2.097	407	72	479	»	»	»	»
Mars	9.102	9.406	18.598	2.604	249	217	466	1.676	»	1.676	234,6
Avril	9.355	7.847	17.202	2.408	224	139	363	2.599	»	2.599	263,9
Mai	7.909	7.598	15.507	2.171	224	139	363	2.316	»	2.316	324,2
Juin	10.505	6.745	17.250	2.415	239	180	419	»	310,50	310,50	4,3
Juillet	9.239	10.408	19.647	2.750	194	87	281	»	»	»	»
Août	»	»	»	»	»	»	»	»	»	»	»
Septembre. .	»	»	»	»	»	»	»	»	»	»	»
Octobre. . .	»	»	»	»	»	»	»	»	»	»	»
Novembre. . .	»	»	»	»	»	»	»	»	»	»	»
Décembre. . .	»	»	»	»	»	»	»	»	»	»	»
Pour 7 mois	66.191	55.192	121.383	16.993	1.794	1.080	2.834	»	»	»	»
Moyenne pour 5 mois	47.279	39.432	86.701	12.133	1.278	770	2.023	»	»	»	»
— pour l'année	113.470	94.614	208.084	29.132	3.072	1.850	4.857	»	»	»	»
1885 Janvier . . .	»	»	»	»	»	»	»	»	»	»	»
Février. . . .	»	»	»	»	»	»	»	»	»	»	»
Mars	»	»	»	»	»	»	»	»	»	»	»
Avril	»	»	»	»	»	»	»	»	»	»	»
Mai	»	»	»	»	»	»	»	»	»	»	»
Juin.	»	»	»	»	»	»	»	»	»	»	»
Juillet	»	»	»	»	»	»	»	»	»	»	»
Août	»	»	»	»	»	»	»	»	»	»	»
Septembre . .	1.677	4.947	6.624	927	53	241	294	»	»	»	»
Octobre. . .	6.086	10.969	17.055	2.388	170	200	370	»	»	»	»
Novembre . .	9.157	7.032	16.189	2.666	257	332	590	»	»	»	»
Décembre. . .	»	»	»	»	»	»	»	»	»	»	»
Pour 3 mois	16.920	22.948	39.868	5.581	480	774	1.254	»	»	»	»
Moyenne pour 9 mois	50.760	68.843	120.600	16.745	1.440	2.322	3.762	»	»	»	»
— pour l'année	67.680	91.701	129.468	22.326	1.920	3.096	5.016	»	»	»	»
1886 Janvier	9.215	4.764	13.979	1.957	233	166	399	»	»	»	»
Février	10.540	6.787	17.327	2.426	243	438	681	»	»	»	»
Mars	8.843	5.847	14.690	2.057	353	199	552	»	»	»	»
Avril	»	»	»	»	»	»	»	»	»	»	»
Mai	10.069	4.884	14.953	2.093	416	160	576	»	»	»	»
Juin	9.935	5.861	15.796	2.211	247	140	387	»	»	»	»
Juillet.	9.276	3.969	13.245	1.854	298	103	401	»	»	»	»
Août	9.472	5.131	14.603	2.044	172	177	349	»	»	»	»
Septembre. . .	9.037	5.132	14.169	1.984	71	197	268	»	»	»	»
Octobre. . . .	7.982	2.019	10.001	1.400	173	77	250	»	»	»	»
Novembre. . .	7.420	1.496	8.916	1.248	253	94	347	»	»	»	»
Décembre. . .	7.318	1.532	8.850	1.239	719	90	809	»	»	»	»
Pour 11 mois	99.107	47.423	146.520	20.514	3.178	1.841	5.019	»	»	»	»
Moyenne pour 1 mois	9.009	4.311	13.320	1.865	289	168	457	»	»	»	»
— pour l'année	108.116	51.733	159.849	22.379	3.467	2.009	5.476	»	»	»	»
1887 Janvier	10.190	10.661	20.851	2.919	719	163	882	»	»	»	»
Février	12.933	5.556	18.489	2.588	341	210	551	»	»	»	»
Mars	11.045	8.597	19.642	2.750	280	180	460	»	»	»	»
Avril	13.046	5.910	18.956	2.654	455	161	616	»	»	»	»
Mai	10.265	7.625	17.898	1.505	737	217	954	»	»	»	»
Juin	12.704	6.792	19.496	2.728	257	172	429	»	»	»	»
Juillet. . . .	8.906	6.356	15.262	2.137	454	365	819	»	»	»	»
Août	6.899	6.358	13.257	1.856	303	226	529	»	»	»	»
Septembre . .	»	»	»	»	»	»	»	»	»	»	»
Octobre. . . .	»	»	»	»	»	»	»	»	»	»	»
Novembre. . .	»	»	»	»	»	»	»	»	»	»	»
Décembre. . .	»	»	»	»	»	»	»	»	»	»	»
Pour 8 mois	85.988	57.855	143.843	20.135	3.546	1.694	5.240	»	»	»	»
Moyenne pour 4 mois	42.994	28.928	71.922	10.069	1.773	847	2.620	»	»	»	»
— pour l'année	128.982	86.783	215.765	30.207	5.319	2.541	7.860	»	»	»	»

§ 5.
TARIFS

COMPAGNIE COLOMBIENNE DE TRANSPORTS
En participation avec la UNITED MAGDALENA STEAM NAVIGATION Cᵒ.

TARIF DES VOYAGEURS

BASSE MADELEINE

PORTS	Barranquilla.	Remolino.	Calamar.	Zambrano.	Mompos ó Magangué.	Banco.	Puerto Nacional.	Badillo.	Boca del Dique.	Puerto de Santander.	Boca del Cararo.	Puerto Bertio ó Xare.	Yeguas ó Caracolí.
Barranquilla . . $	»	2	3	6	13	17	20	22	28	32	35	40	50
Remolino	2	»	3	5	11	16	18	20	27	30	33	37	47
Calamar	3	3	»	3	9	14	15	18	25	28	31	36	44
Zambrano . . .	6	5	3	»	6	10	11	15	22	25	28	31	42
Mompos ó Magangué	7	6	4	3	»	5	6	10	16	19	22	29	38
Banco	9	8	6	5	2	»	3	5	11	14	18	26	34
Puerto Nacional .	11	10	8	7	5	3	»	2	8	10	14	22	32
Badillo	13	12	11	10	6	4	2	»	4	7	10	19	30
Boca del Dique .	15	14	13	11	8	6	4	2	»	4	7	18	27
Puerto de Santander	16	15	14	12	9	7	4	4	2	»	4	16	25
Boca del Cararo .	18	17	16	14	11	9	7	6	4	2	»	13	22
Puerto Berrio ó Naro	26	25	24	22	19	17	15	14	12	10	8	»	16
Yeguas ó Caracolí .	32	31	30	28	25	23	22	20	17	14	12	8	»

HAUTE MADELEINE

PORTS	Arrancaplumas.	Ambalema.	Guataquí.	Nariño.	Girardot.	Peñalisa.	Puerto de los Chapetones.	Purificacion.	Natagaima.	San Borja.	Aipe.	Neiva.
Arrancaplumas . . $	»	6 »	10 30	12 »	14 25	14 65	16 95	18 70	21 75	24 30	26 40	30
Ambalema	2 95	»	4 35	6 10	8 35	8 70	11 65	12 75	15 85	19 »	20 50	24 10
Guataqui	5 10	2 20	»	1 75	4 »	4 35	6 70	8 40	11 50	14 65	16 15	19 70
Nariño	5 95	3 »	80	»	2 95	2 65	4 95	6 70	9 75	12 90	14 20	18
Girardot	7 05	4 15	1 95	1 15	»	45	2 70	4 45	7 50	10 65	12 15	16 75
Peñalisa	7 30	4 35	2 20	1 35	25	»	2 35	4 05	7 15	10 30	11 80	15 45
Puerto de los Chapetones	8 50	5 55	3 40	2 55	1 40	1 20	»	1 75	4 80	7 95	9 45	12 05
Purificacion . . .	9 30	6 45	4 20	3 40	2 25	2 05	85	»	3 10	6 25	7 75	11 35
Natagaima . . .	10 90	7 95	5 80	4 95	3 80	3 60	2 40	1 75	»	3 15	4 65	7 75
San Borja	13 45	9 55	7 35	6 15	5 50	5 20	4 »	3 15	1 60	»	1 50	5 10
Aipe	13 20	10 30	8 10	7 30	6 15	5 95	4 75	3 90	2 35	75	»	3 60
Neiva	15 »	12 10	9 90	9 10	7 95	7 75	6 55	5 70	4 15	2 55	1 80	»

‡ Les enfants au-dessous de 2 ans sont transportés gratis.
   — de 2 à 5 ans, quart de tarif.
   — de 5 à 12 ans, avec les domestiques, moitié tarif.

Il n'y a pas de passagers de 2ᵐᵉ classe.
Ceux de 3ᵐᵉ payent moitié des tarifs.

TARIF DES MARCHANDISES

BASSE MADELEINE

MONTÉE

De Barranquilla á Calamar	$ » 60
id. á Mompos ó Magangué	» 80
id. Puerto Nacional, Bodega Gamerra Bodega Central, PuertoLebrija y Patúria	1 »
id. Puerto Wilches, Sogamoso ó Bodega Victoria	2 » 20
id. Barranca bermeja ó Cararc	2 » 30
id. Puerto Berrío	2 » 40
id. Naro ó Yslitas	2 » 80
id. Caracoli, Bodegas de Bogotá, Honda ó Arrancaplumas	3 » 40

Poudres, acides, pétrole, matières inflammables double tarif.
Allumettes, 50 % en plus.

Argent, bijoux, pierres précieuses, jusqu'à Magangué	1/4 % ad valorem id.
id. id. id. Yeguas	1/2 % id.

TARIF DIFFÉRENTIEL

Sur les marchandises spécifiées ci-dessous on consentira les rabais comme suit :

Vaisselle en caisses	10 %
Fil de fer pour télégraphes et clôtures, pompes, machines à éteindre les incendies, machines agricoles, plomb en lingots, fers bruts et tuyaux, matériaux de construction comme briques, tuiles, bois, etc	25 %

Même réduction pour le matériel des chemins de fer, travaux publics, mines.

En expéditions au-dessous de 100 charges	25 1/2 %
En expéditions supérieures à 100 charges	40 %

DESCENTE

De Arrancaplumas, Honda, Caracoli ó Bodega Bogotá á Naro, Islitas ó Puerto Berrío	$ 2 » 40
» Yeguas id.	3 »
» Arrancaplumas, Honda, Caracoli ó Bodega Bogotá á Paturia et points interm.:	4 »
» Yeguas id.	4 » 40
» Arrancaplumas, Honda, Caracoli ó Bodega Bogotá á Barranquilla	3 » 40
» Yeguas id.	4 »
» Naro ó Islitas á Puerto Berrio id.	2 » 80
» Naro ó Islitas á Barranquilla id.	2 » 40
» Puerto Berrío id.	2 »
» Cararo ó Barranca Bermeja id.	2 » 15
» Bodega Victoria, Sogamoso ó Puerto Wilches á id.	1 » 95
» Paturia ó Puerto Lebrija á id.	1 » 85
» Bodega Central, Bodega Gamarra ó Pto Nacional á id.	1 » 40
» Mompos ó Magangué en aval. id.	» 60

Chapeaux 1/4 % de la valeur en plus du fret.
L'argent, bijoux, pierres précieuses, même prix que pour la montée.

TARIF DIFFÉRENTIEL

Minerais bruts de Yeguas, Naro ou Puerto-Berrío á Barranquilla, la tonne	$ 10 »
id. de Sogamoso et en aval id.	6 »

Produits agricoles de Yeguas et au-dessus, rabais 50 %.

HAUTE MADELEINE

PORTS	Arrancaplumas	Ambalema	Guataquí	Nariño	Girardot	Peñalisa	Puerto de los Chapetones	Purificacion	Nalagaima	San Borja	Alpe	Neiva
Arrancaplumas		$ 1 » 60	1 » 05	1 » 20	1 » 40	1 » 45	1 » 70	1 » 85	2 » 15	2 » 45	2 » 60	3 »
Ambalema			» 45	» 80	» 80	» 85	1 » 10	1 » 25	1 » 55	1 » 85	2 »	2 » 35
Guataquí				» 30	» 35	» 40	» 65	» 80	1 » 10	1 » 40	1 » 55	1 » 90
Nariño					» 20	» 25	» 50	» 65	» 95	1 » 25	1 » 40	1 » 75
Girardot						» 05	» 30	» 45	» 75	1 » 05	1 » 20	1 » 55
Peñalisa							» 25	» 40	» 70	1 »	1 » 15	1 » 50
Puerto de los Chapetones								» 15	» 45	» 75	» 90	1 » 25
Purificacion									» 30	» 60	» 75	1 » 10
Nalagaima										» 30	» 45	» 80
San Borja											» 15	» 50
Alpe												» 35
Neiva												

REMARQUES

Les tarifs précédents ont subi une augmentation de 25 0/0 à cause de la prime sur le papier-monnaie.

La charge (carga) est compté pour 125 kilogr., ou 10 pieds cubes anglais, entre Barranquilla et Barranca-Bermeja, de même que sur la haute Madeleine.

Pour les autres ports, la charge est de 140 kilogr., ou 10 pieds cubes anglais.

Les colis indivisibles d'un poids inférieur à 1,000 kilogr., se transporteront à prix débattu.

L'accord entre les Compagnies ayant pris fin en juin 1887, les tarifs précédents ne peuvent plus servir que comme renseignement, ils se traitent maintenant tous de gré à gré.

15 janvier 1887.

CHAPITRE X

AFFLUENTS

§ 1

AFFLUENTS DIVERS

Plusieurs affluents sont navigables, soit par vapeur, soit par sampans, en voici les principaux.

Cauca. — Nous avons étudié la navigation de cette importante rivière dans la partie supérieure de son cours entre Paso de Bolsa et Cartago (p. 154).

Sur toute la traversée de la province d'Antioquia entre Cartago et Caceres, les rapides, les chutes, les barrages en rocher ne permettent pas de l'utiliser.

En aval de Caceres, elle redevient navigable, M. Joy, le directeur de la Compagnie United Magdalena Steam C⁰, a fait, pendant un certain temps, un service régulier avec le vapeur *Roberto-Calixto* de faible tonnage. Les résultats n'ont pas été suffisants pour motiver la continuation de cet essai, qui pourra reprendre dès que le trafic deviendra rémunérateur.

Les voyages continuent à intervalles plus ou moins éloignés, quand le bateau peut payer ses frais.

Lebrija. — Nous avons consacré une étude spéciale à cette rivière.

Sogamoso. — Les marchandises en destination de Bucaramanga empruntent cette voie concurremment avec celle du Lebrija.

Les transports se font à dos de mulet de Bucaramanga à Puerto Santander.

La durée du voyage est de deux à trois jours pour arriver au Puerto ; les embarcations descendent la rivière en cinq à six heures jusqu'à Bodega Sogamoso, le courant est très rapide en hautes eaux, en basses eaux les embarcations échouent souvent. A la remonte, on ne peut guère compter moins de 5 à 6 jours pour faire le voyage de la Madeleine à Bucaramanga, il en dure souvent huit.

Carare. — En 1871 on avait espéré que la navigation pourrait se faire par le Rio Carare et le gouvernement avait chargé Mʳ W. Ridley de faire l'étude d'un chemin de fer, pour relier Puerto Carare, point extrême de la navigation en amont, à Bogota.

La construction de ce chemin aurait rencontré les plus grosses difficultés, nous en parlons ailleurs, mais le principal obstacle est le défaut de navigabilité du Carare, qui ne permet pas la navigation plus de 7 à 8 mois par an, au moyen de vapeurs de faible tonnage. — Les premiers essais de navigation n'ayant pas donné de bons résultats ont été interrompus.

Rio Nare. — Les vapeurs remontent à Nare, à une faible distance en amont, du confluent. Les canoas et sampans remontent plus loin.

Il y a d'autres rivières flottables entre autres le Rio Cesar, sur un plus ou moins long parcours, mais bien que le trafic qu'elles amènent ne soit pas négligeable, leur étude ne rentrant pas dans notre cadre, nous avons cru inutile de nous appesantir plus longuement sur ce sujet.

----

§ 2

NAVIGATION DU LEBRIJA

Nous ne parlerons que de la partie navigable de la rivière, divisée elle-même en deux sections :

La première va depuis *Puerto Botijas* (250 mètres d'altitude), située à 55 kilomètres en aval de Bucaramanga, jusqu'à *Estacion Santander*. La longueur de cette section est de 200 kilomètres.

La pente est assez forte, elle dépasse 0,60 par kilomètre, le volume des eaux est faible.

La navigation de cette partie ne peut se faire que par des pirogues ou des embarcations de faible tirant d'eau, conduisant environ 40 charges, soit 5 tonnes 1/2 à la descente, et environ la moitié à la remonte. L'équipage se compose d'un patron et de cinq mariniers.

A la remonte, la navigation est extrêmement pénible, elle se fait à la perche, et souvent on est obligé de creuser un chenal sur les bancs pour faire passer l'embarcation. Les mariniers sont obligés d'emporter tous les outils nécessaires.

La durée du voyage est en moyenne de trois jours en avalant, de six jours au moins en remontant.

La seconde section de la rivière est comprise entre *Estacion Santander* et *Bodega Central* (70 mètres) en face du confluent. La longueur du trajet est d'environ 100 kilomètres, la pente de la rivière, beaucoup moins forte, permet la navigation d'un très petit vapeur, le *Lebrija* d'un tonnage de 400 charges, soit 55 tonnes.

La raideur des courbes rend les manœuvres très laborieuses, et les hauts-fonds occasionnent fréquemment des échouages.

La durée du voyage est de six à sept heures à la descente, du double à la remonte.

Voici les tarifs de Bucaramanga à Barranquilla :

DÉSIGNATION	DURÉE DU VOYAGE		DISTANCE	PRIX	
	REMONTE	DESCENTE		CHARGE DE 140 KG.	TONNE DE 1,000 KG.
	j^re	j^re	kil.		$
De Bucaramanga à Botijas par mulet	2	2	55	4 »	28,60
Péages sur la route				0,40	2,86
Magasinage à Botijas et droits				0,80	5,72
De Botijas à Estacion Santander	6	3	200	4 »	28,60
Magasinage à Estacion Santander et Bodega Central. .				0,50	3,57
De Estacion Santander à Bodega Central	1	1	100	1 »	7,14
Total jusqu'à la Madeleine			355	10,70	76,49
De Bodega Central à Barranquilla			530	0,80	5,72
TOTAL.	9	5	885	11,50	82,21

De Bucaramanga à Bodega Central, le tarif est descendu en certains moments par charge à $ 8,56 minimum, mais actuellement il est remonté au chiffre indiqué à cause de l'insuffisance des moyens de transport et de l'abondance de la récolte de café. On nous a dit que dans les magasins de ce centre important de production, on trouvait des marchandises accumulées depuis plus d'un an, qu'on ne pouvait faire descendre.

Les banquiers ne veulent pas faire d'avances avant que les marchandises soient rendues à Bodega Central sur la Madeleine, le producteur doit donc souffrir d'abord une perte énorme d'intérêts, le taux dépassant souvent 12 0/0, et, en outre, faire l'avance en numéraire d'une somme montant souvent à 60 0/0 de la valeur de la marchandise; si nous prenons comme exemple le prix du café qui est en moyenne de 16 piastres, le prix du transport jusqu'à la Madeleine est de $ 10,70 par charge de 140 kilogrammes.

Il y a lieu d'ajouter, de plus, que les sinistres, malheureusement trop fréquents dans ce parcours, ont rendu les assurances extrêmement élevées et très difficiles même à obtenir, malgré l'élévation des prix, ce qui laisse tous les risques à la charge du producteur.

L'État de Santander a fait des efforts pour améliorer la navigation du Lebrija dont le cours s'obstrue annuellement par suite du déboisement des montagnes ; cette année, l'ingénieur et les hommes employés à ce travail ont été enlevés par l'épidémie de fièvre jaune qui du Vénezuela a envahi toute la région.

On voit combien les conditions actuelles du commerce sont précaires, et si, malgré ces énormes difficultés, le pays se développe, il est permis d'espérer qu'avec le chemin de fer qui enlèverait les marchandises au fur et à mesure de leur production en réalisant une économie considérable, les résultats deviendraient vite splendides, comme le prouve l'expérience faite à Cucuta.

En effet, le transport de Barranquilla à Puerto Wilches coûte actuellement par charge . . . . $ 1,70 et par tonne $ 12,22 en prenant pour le tarif du chemin de fer le trans-bordement, magasinage, etc, le 1/3 du prix actuel-lement payé par le Lebrija . . . . $ 3,56 — $ 35,50 on aurait un total de . . . . $ 5,26 — $ 37,72

On voit qu'avec ces prix qui donneraient le tarif très rémunérateur de $\dfrac{\$\ 35,50}{115} = \$\ 0,30$, soit 1 fr. 50 par tonne kilométrique, le commerce gagnerait moitié sur les déboursés immédiats, sans compter le gain fait sur les intérêts, les assurances, les emballages, etc.

Au point de vue de la construction même du chemin de fer, cette étude montre qu'on ne peut guère compter sur la navigation du Lebrija pour le transport du matériel, il faudra donc à peu près tout faire venir par la Madeleine. Cependant pour activer dans la limite du possible la construction dans cette partie comprise entre le Lebrija et la Madeleine, il me paraît nécessaire, quand même, de commencer également les travaux de ce côté et d'achever la plate-forme, avec le matériel le plus restreint possible. Comme le transport des vivres et des outils peut se faire depuis Bucaramanga, il sera possible de gagner environ le quart du parcours, au moins quelques kilomètres, ce sera augmenter sérieusement les chances de réussite, diminuer la mortalité dans une large mesure, et peut-être assurer le succès.

De Bucaramanga à Peñas Blancas les travaux de terrassement et les ouvrages d'art peuvent se commencer en même temps que les travaux à Puerto Wilches même.

L'approvisionnement des traverses se ferait simultanément sur toute la ligne.

Quant à la voie elle même et au matériel roulant, il va sans dire qu'ils devraient venir uniquement par Puerto Wilches.

CHAPITRE XI

CHEMIN DE FER DE LA DORADA

§ 1

CONSTRUCTION

Concession. — Le chemin de fer de « La Dorada » a pour objet de mettre en communication le haut et le bas Magdalena, en évitant les dangers qui se trouvent entre Conejo et Honda.

Les concessions accordées à la Compagnie vont de Arranca Plumas, le port d'aval de la navigation du haut fleuve à 1 kil. 750 en amont de Honda, jusqu'à Yeguas, en aval, sur une longueur de 30 milles (46 kilomètres). Une autre ligne, partant de Honda, allant à Guayabal, pour desservir les mines de Tolima a été étudiée.

Il n'y a actuellement de construite que la ligne de Arranca Plumas au port de Yeguas. *(Voir planche   .)*

La longueur des lignes est de :

	LONGUEURS	
	en MILLES ANGLAIS	en KILOMÈTRES
Arranca-Plumas à Yeguas	14	22,5
Yeguas à Conejo	7	11,5
	21	34,00
Honda à Guyabal.	25	40,00
Prolongement de Conejo à La Dorada.	7,5	12,00
Total	53,5	86,00

Il y aurait un grand intérêt à prolonger le chemin de fer jusqu'à Conejo, pour éviter les dangers des courbes trop raides de la Madeleine, connues sous le nom de : Yeguas, Yucalito, Frailes et San Martin, ainsi que les roches de la Sonorada, et aucun à aller plus loin. En effet, il n'y a pas de port possible en aval de Conejo, si ce n'est Buenavista à 30 milles plus bas que La Dorada ; de plus, à partir de Conejo, on ne trouve plus aucun obstacle dans le fleuve pour les navires actuels. Pour permettre à de plus grands vapeurs de faire le service, il faudrait descendre en aval de l'embouchure de Sogamoso, c'est-à-dire, revenir au projet du chemin de fer central de Bogota, Bucaramanga, Puerto Wilches.

La voie entre les rails, est à la largeur, de 3 pieds anglais (0ᵐ,915).

Les rails sont en acier, de 35 livres par yard, ou 17 kil. 4 par mètre.

La durée de la concession est de 80 ans; au bout de ce délai, le Gouvernement devient le propriétaire du chemin et de ses dépendances.

Pendant le temps de la concession, la Compagnie paiera une redevance de $ 333,33 à la municipalité de Honda et $ 0,05 au Gouvernement de Tolima, par charge de 125 kilogrammes.

Le Gouvernement central accorde une subvention de 7,000 piastres par mille construit, l'exemption de droits de douane et de navigation pour le matériel nécessaire à la construction et à l'exploitation.

Historique. — La ligne a été concédée, le 13 juin 1879, à M. F.-B. Modica. Les travaux n'ayant pas été exécutés conformément au contrat, la déchéance a été prononcée, et la concession repassée à M. F.-J. Cisneros le 6 juin 1881.

M. Cisneros mit la ligne en exploitation, le 1ᵉʳ juin 1882, entre la Noria et Caracoli.

Le 8 septembre 1884, l'exploitation a été ouverte entre Arranca-Plumas et Yeguas. Dans le courant de l'année 1887, M. Cisneros céda le chemin de fer à la Compañia del ferrocarril de La Dorada, Limitada (Dorada Railway Company, Limited), dont le siège est à Londres, et dont les plus forts intéressés sont MM. Ribon frères, de Paris.

Tracé. — Le chemin de fer part de Arranca Plumas, point où se termine la navigation du haut fleuve. La gare est à flanc de coteau. Un bac à traille la met en communication avec la rive droite de la Madeleine à Bodeguitas, point d'arrivée du chemin muletier qui conduit à Bogota. Les berges de la rivière sont très escarpées, sans installations suffisantes, aussi la manutention des marchandises, leur embarquement et leur débarquement se font dans des conditions déplorables et mêmes dangereuses.

Le chemin de fer suit le pied des coteaux de la Madeleine, arrive en bas de la ville de Honda, où se trouve une gare spacieuse, avec des ateliers et des aménagements suffisants. En sortant de la gare on traverse la rivière de Guali sur un pont qui offre la bizarrerie de travées en bois et en fer reposant sur des palées en bois.

Du Rio Guali, le chemin suit de très près le fleuve pendant plusieurs milles, coupant les contreforts trop saillants. La plupart des ponts sur les affluents de la Madeleine sont en bois, les dépressions sont traversées au moyen d'estacades (*trestle-works*).

A partir du kilomètre 10, la ligne parcourt une grande plaine couverte de prairies; elle s'éloigne beaucoup du fleuve pour éviter la vuelta de la Madre de Dios, en suivant la direction S.-N. pour gagner Conejo.

Au kilomètre 20, la ligne tourne à l'est, en abandonnant la ligne principale pour aboutir au kilomètre 22,500 au port de Yeguas.

La gare se compose d'une halle à marchandises avec un bureau pour le chef de gare, de quelques voies de garage et d'une cantine. Ce que nous avons dit de Arrancas Plumas s'applique également à Yeguas; la berge de la rivière est escarpée, sans aucune installation; l'embarquement et le débarquement des voyageurs et des marchandises sont dangereux. Une glissière avec un treuil est installée pour le débarquement des gros colis; c'est loin d'être suffisant. Évidemment, l'installation n'est que provisoire, on compte toujours pouvoir la transporter à Conejo; il serait cependant possible de faire à peu de frais une rampe en charpente, accessible quelle que fût la hauteur du fleuve. Les ressources ont manqué pour prolonger le chemin jusqu'à Conejo.

Les pentes et rampes atteignent 0m,03, il eût été facile de les diminuer.

Ouvrages d'art. — La ligne coupe un grand nombre de rivières ou ruisseaux. On compte 19 ponts ou ponceaux, et 37 aqueducs.

Ces ouvrages ont été faits très légèrement en bois, quelques-uns sont en pierre et bois. Nous avons dit que le pont de Guali présente la singulière combinaison de travées en fer et de travées en bois, reposant toutes sur palées en bois, faites sans aucun soin, sans aucune étude.

M. Cisneros lui-même reconnaissait, en 1887, que ces ouvrages n'avaient qu'un caractère provisoire et devaient être promptement remplacés. Leur entretien est une lourde charge pour l'exploitation et une menace permanente avec des locomotives brûlant du bois; ces ouvrages courent grand risque d'incendie; quelques-uns ont brûlé, interrompant l'exploitation pour un temps plus ou moins long.

On retrouve, au reste, le mode de construction de M. Cisneros, sacrifiant tout, comme les Américains, au moment présent, sans se préoccuper de l'exploitation. Cette manière d'agir a contribué pour beaucoup à mettre les Colombiens en garde contre les étrangers.

Stations. — En voici la liste :

	DISTANCE	
	A L'ORIGINE	PARTIELLE
	kil.	kil.
Arranca-Plumas...............	»	
		1 600
Honda....................	1 600	
		3 100
Caracoli	4.700	
		7.800
Guarino.................	12 500	
		10 800
Yeguas..................	22 500	
		22 500

Nous avons dit en quoi consistaient les installations des stations d'Arranca Plumas, Honda et Yeguas.

A Caracoli et à Guarino il n'y a que des cantines et un hangar.

Matériel roulant. — Les wagons sont du type américain, à banquettes transversales, à sièges réversibles, avec couloir central. Il y a deux sièges d'un côté du couloir et un de l'autre. Les voitures sont assez confortables, mais l'attelage est vicieux ; aussi, sur cette voie non suffisamment ballastée, à profil accidenté, le mouvement de lacet est très accentué.

Prix de revient. — M. Cisneros donne pour le prix des 14 1/2 premiers milles les chiffres suivants :

	DÉPENSES	
	TOTALES	PAR KILOMÈTRE
	Piastres.	Piastres.
Direction des travaux.	13.956,02	620,3
Déboisement et essartage.	3.781,11	168,1
Terrassements	97.723,50	4.343,2
Superstructure	1.0.610,41	7.582,6
Aqueducs	1.089,87	48,4
Ponts	47.287,26	2.101,6
Alimentation d'eau	3.770,03	167,6
Stations, bâtiments.	26.167,46	1.163 »
Pose de voie.	4.561,48	202,8
Télégraphe.	11.030,80	490,3
Matériel roulant	73.172,05	3.252,1
Total.	453.149,99	20.140 »
Intérêts du capital (4 ans)	145.100 »	6.460 »
Total.	598.350 »	26.600 »

En admettant ce prix moyen pour le prolongement jusqu'à Conejo, il faudrait, pour terminer la ligne :

$$12 \times \$\ 26{,}600 = \$\ 319{,}200$$

Les frais paraissent exagérés si on considère en quel état se trouve la ligne, malgré les dépenses considérables qu'il a fallu faire pour amener jusqu'à Honda tout le matériel.

------

§ 2

EXPLOITATION

Nous donnons dans les tableaux suivants (n⁰ˢ 1 à 5) les résultats que nous avons pu nous procurer.

L'examen de ces tableaux démontre :

1° Que le trafic des marchandises va en augmentant ; il est passé de 6,500 tonnes, en 1883, à 16,000 tonnes en 1888. L'augmentation est progressive, si on excepte l'année de la guerre 1885 ;

2° Que le nombre des voyageurs a sensiblement diminué ; de 16,684, pendant les sept mois d'exploitation de 1882, il est tombé à 15,073 en 1888.

Les recettes paraissent être en progression.

Les dépenses formidables consacrées à l'entretien des ponts démontrent une fois de plus combien les Compagnies exploitantes ont intérêt à construire solidement. L'exercice de 1886 a laissé un déficit de 985 piastres par kilomètre. L'entretien de la voie seul a coûté 960 piastres par kilomètre pour un seul train par jour dans chaque sens, en terrain solide. On a dû certainement porter au compte d'exploitation d'autres dépenses.

En 1888, sous la direction de M. Gutierrez, l'exploitation a pris une marche plus normale; les recettes ont progressé; les travaux de parachèvement se font plus rationnellement, mais le chiffre de dépenses kilométriques (2,989 piastres) serait beaucoup trop élevé s'il ne comprenait de nombreuses réfections.

J'ai vu construire dans les ateliers des wagons, tandis qu'on pourrait les faire venir d'Europe à bien meilleur marché; l'entretien de la voie est coûteux et difficile. Bien que je n'aie pu me rendre compte de ce que coûterait une exploitation faite dans de bonnes conditions, il semble qu'en Colombie, sur les bords de la Madeleine, on doit pouvoir arriver au chiffre maximum de 2,000 piastres, en tenant compte de l'élévation des tarifs permettant de faire des recettes élevées avec un faible parcours kilométrique, et un poids mort très réduit.

Parachèvement. — Pour terminer le parachèvement, il faudrait :

4 ponts en fer de 50 mètres, soit 160,000 kilogrammes à $ 0,15 . . $ 24.000 »
8 culées en maçonnerie à 5,000 dollars. . . . . 40.000 »
Ballast, bâtiments, etc . . . . 26.000 »
Matériel roulant . . . . 20.000 »

Total des dépenses pour parachèvement . . . . . . $ 110.000 »

Soit un chiffre de 110,000 piastres qui produiraient une économie sur l'exploitation calculée ci-dessus de 22,000 piastres, ce qui serait un excellent placement, soit 20 0/0.

Prolongement. — Quant au prolongement de Conejo, il semble que le chiffre indiqué : 320,000 piastres, soit 26,600 piastres kilométriques, soit largement suffisant, les dépenses d'organisation étant déjà faites, et le personnel pouvant, sans beaucoup d'augmentation, diriger la construction.

Le trafic parcourant la ligne entière, les recettes kilométriques ne diminueraient pas, la Compagnie n'étant pas obligée de conserver l'embranchement de Yeguas.

On aurait donc :

Recettes kilométriques. . . . . $ 4.175
Dépenses   id. 2.000
Net. . . . . $ 2.175

Soit une recette nette de 2,175 piastres, pour une dépense de 26,600 piastres, ce qui donne un rendement de 7.9 0/0, avec des chances certaines de plus-value, en tenant compte du développement du pays.

Nous croyons les chiffres de dépenses et de constructions exagérées; si donc les recettes que M. Gutierrez nous a communiquées pour 1888 se maintiennent, on aurait avantage à terminer la ligne, en faisant toutefois les réserves suivantes :

Dès que la ligne projetée de Puerto-Wilches, Bucaramanga, Girardot, sera terminée, le commerce de Bogota et du haut Tolima abandonnera complètement le chemin de fer de La Dorada, qui en sera réduit aux ressources locales. En admettant que d'ici là les mines du versant oriental des Andes se développent, elles pourront arriver à faire vivre la ligne, mais il sera prudent d'amortir le capital pendant cette période qui durera dix à vingt ans, suivant que l'état financier de la Colombie sera plus ou moins prospère. Il faudrait, pour résoudre le problème de la détermination de la valeur de la ligne réduite au trafic local, des études plus complètes que nous n'avons pu le faire, non sur le chemin de fer lui-même, mais sur la région du pays desservi, et sur sa valeur géologique et agricole.

Je crois pourtant pouvoir affirmer, comme conclusion, que le parachèvement immédiat de la ligne serait une bonne opération financière pour la Compagnie, sans parler de la sécurité qui fait défaut, le chemin étant toujours sous la menace d'un accident. Les conséquences pourraient se traduire par des accidents de personnes, des pertes matérielles considérables et une interruption plus ou moins prolongée de l'exploitation.

Il est intéressant de comparer le tarif du chemin de fer à celui que payait la marchandise avant sa construction.

Frais d'une charge de marchandises.

Débarquement à Arrancaplumas . . . . $	0,05
Transport d'Arrancaplumas à Honda.	0,30
— de Honda à Caracoli	0,30
Arrimage à la bodega de Caracoli	0,05
Droits de magasinage à Caracoli	0,30
Péage du pont sur le rio Guali.	0,20
Commission à Honda	0,40
Fret de Caracoli à Yeguas	0,50
TOTAL . . . . $	2,10
Avec les tarifs de chemins de fer on ne paye que	0,80
Économie par charge pour le commerce . . . . $	1,30

Sans compter les économies sur les assurances, le temps, la sécurité, etc.

N° 1.

CHEMIN DE FER DE LA DORADA

(Longueur 22 kilomètres.)

Résultats de l'Exploitation pendant l'année 1886.

RECETTES

	NOMBRE D'UNITÉS	RECETTES		OBSERVATIONS
		par CHAPITRE	par KILOMÈTRE	
		$	$	
Voyageurs	6.417	3.069,23	138,73	
Marchandises (en charge) . . .	72.635	37.079,16	1.680,33	L'unité de poids est la charge de 123 kil. / 9.961,0 L
Télégraphe	—	374 »	17 »	
Messageries	—	770,81	35,04	
Divers	—	1.233,53	56,07	
TOTAL . . .		42.529,73	7.933,17	

DÉPENSES

	DÉPENSES		OBSERVATIONS
	par CHAPITRE	par KILOMÈTRE	
	$	$	
Frais généraux	16.283,79	740,17	
Entretien de la voie . .	10.261,37	466,43	
Entretien du matériel roulant .	4.490,25	204,40	
Traction	3.047,91	138,54	
Combustibles . . .	2.047,80	93,08	
Entretien des ponts . . .	10.855,35	493,88	
Réservoirs . . .	221,16	10,05	
Frais de magasinage . .	5.080,26	283,65	
Transports . . .	5.705,29	259,33	
Télégraphe . . .	2.163,27	98,33	
Frais divers . . .	588,46	26,75	
Redevances . . .	2.449,43	111,34	
Entretien des bâtiments . .	50,85	2,31	
TOTAL	63.755,39	2.897,97	
RECETTES . . .	42.529,73	1.933,47	
DÉFICIT . . .	21.225,66	964,80	

No 2

CHEMIN DE FER DE LA DORADA

(Longueur 22 kilomètres.)

Résultats de l'Exploitation. — Année 1887.

RECETTES.

	NOMBRE D'ENTRÉES	RECETTES par CHAPITRE	RECETTES par KILOMÈTRE	OBSERVATIONS
		$	$	
Voyageurs..........	2.270	1.150,63	32,30	L'unité de poids est la charge de 125 kilos.
Marchandises (en charges),....	23.570,62	11.519,38	523,62	294 t. 62.
Télégraphe........	—	85,75	3,89	
Messageries......	—	505,03	22,95	
Divers..........	—	1.396,73	63,49	
Totaux........		14.657,36	666,25	Pour 3 mois.
		43.972,68	1.998,75	Pour les 3 derniers trimestres.
Dépenses........		58.630,24	2.665 »	Proportion pour l'année 1887.
		57.918,20	2.632,64	
Bénéfice pour l'exercice 1887........		712,04	32,36	

DÉPENSES.

	DÉPENSES par CHAPITRE	DÉPENSES par KILOMÈTRE	OBSERVATIONS
	$	$	
Frais généraux........	3.742,09	170,10	Ces chiffres ne comprennent que les résultats connus du 1er trimestre 1887.
Entretien de la voie.....	2.091,19	95,03	
Entretien du matériel roulant.	1.183,27	53,78	
Traction...........	975,16	44,33	
Combustible........	500 »	22,73	
Entretien des ponts.....	722,21	32,83	
Réservoirs........	114,69	5,21	
Frais de magasinage....	2.351,77	106,90	
Transports........	1.092,69	49,67	
Télégraphe........	343,27	21,09	
Frais divers........	150,97	6,86	
Redevances........	999,96	45,45	
Entretien des bâtiments....	42,35	0,56	
Totaux pour le 1er trimestre.	14.479,55	638,16	
Dépenses proportionnelles pour les trois autres trimestres..	43.438,65	1.974,48	
Totaux pour 1887.	57.918,20	2.632,64	

N° 3

CHEMIN DE FER DE LA DORADA

(*Longueur 22 kilomètres.*)

Résultats généraux de l'Exploitation pendant l'année 1888.

RECETTES

DÉSIGNATION	NOMBRE D'UNITÉS	par CHAPITRE	par KILOMÈTRE	OBSERVATIONS
		$	$	
Grande vitesse.				
Voyageurs :				L'unité de poids
Montée	7.899	2.599,72	118,17	est la charge
Descente	7.474	2.513,85	114,27	de 125 kilog.
Marchandises :				91.5
Messageries. {Montée.	76	1.669,80	75,90	4, 75
{Descente.	28	401, »	18,23	121, 87
Bagages. . . {Montée.	975	569,82	25,86	163, 87
{Descente.	1.311	704,22	31,87	
Petite vitesse.				
Marchandises :				6.833, 75
Montée	54.594	31.183,02	1.417,41	9.217, 75
Descente	73.742	41.461,42	2.007,60	16.361, 49
Divers.				
Télégraphe	—	619,15	28,14	
Produits divers . . . :	—	911,12	41,42	
Magasinage et Entrepôt.	—	8.025,67	364,80	
TOTAL. .		93.361,19	4.243,67	
DÉPENSES. .		65.775,28	2.989,78	
RECETTES NETTES. .		27.585,91	1.253,89	

DÉPENSES

DÉSIGNATION	par CHAPITRE	par KILOMÈTRE	OBSERVATIONS
	$	$	
Frais généraux	12.149,48	552,25	
Entretien de la voie . .	16.604,70	754,76	
Traction.	6.510,30	295,92	
Entretien du matériel roulant	6.185,07	281,14	
Transports.	18.176,23	826,19	
Service télégraphique . .	2.149,60	97,71	
Redevances	3.999,90	181,81	
Totaux. .	65.775,28	2.989,78	

N° 4

CHEMIN DE FER DE LA DORADA

(Longueur : 22 kilomètres.)

Résultats de l'exploitation pendant l'année 1888.

STATISTIQUE	NOMBRE D'UNITÉS
Nombre de kilomètres parcourus par les trains dans l'année	22.447 ᵏ ,50
Nombre moyen de kilomètres parcourus par les trains en un jour	61 ᵏ ,45
Vitesse moyenne des trains par heure	19 ᵏ ,31
Poids brut remorqué dans l'année, en tonnes.	29.985 ᵗ ,20
Poids utile remorqué dans l'année, en tonnes.	49.532 ᵗ ,20
Nombre de tonnes kilométriques (poids brut).	430.792 ᵗ ,27
Nombre de tonnes kilométriques (poids utile)	273.450 ᵗ ,69
Nombre moyen de tonnes de poids utile par wagon	3 ᵗ ,08
Nombre de voyageurs par kilomètre	273.278 »
Rapport entre le poids utile et le poids mort.	» 07
Dépense par tonne de poids brut par kilomètre	0 $,45
Dépense par tonne de poids utile par kilomètre	0 $,25
Dépense par voyageur par kilomètre.	0 $,02
Dépense pour le transport d'une charge pour 22 kilomètres	0 $,78
Bois consommé { Volume (mètres cubes).	2.227 ᵐ³ ,70
Bois consommé { Prix.	1.995 $,40
Entretien des machines et wagons { Litres d'huile (en litres).	3.155 ˡⁱᵗ »
Entretien des machines et wagons { Consommation de suif (en kilogr.).	249 ᵏ »
Entretien des machines et wagons { Consommation d'étoupes (en kilogr.).	450 ᵏ ,50
Entretien des machines et wagons { Prix	552 $,08
Bois consommé par kilomètre parcouru { Volume (mètre cube)	12 ᵐ³ ,02
Bois consommé par kilomètre parcouru { Prix	1 $,05
Consommation par kilomètre { Litres d'huile.	36 ˡⁱᵗ »
Consommation par kilomètre { Kilogs de suif.	0 ᵏ ,14
Consommation par kilomètre { Kilogs d'étoupes	0 ᵏ ,45
Dépense d'huile, de suif et d'étoupes, par kilomètre.	1 $,36
Kilomètres parcourus par litre d'huile	394 ᵏ »
Nombre de vapeurs arrivés aux ports de { Yeguas	125
Nombre de vapeurs arrivés aux ports de { Caracoli	45
Nombre de vapeurs arrivés aux ports de { Arranca Plumas	56

REMARQUES

Le poids de chaque voyageur est compté à 70 kilogrammes.

Le nombre des voyages simples effectués par les wagons a été de 3,650.

L'usure du matériel roulant a été comprise dans « la traction et le transport ».

N° 5

CHEMIN DE FER DE LA DORADA

TARIF DES VOYAGEURS

STATIONS	KIL.	ARRANCAPLUMAS			HONDA			CARACOLI			GUARINO			YEGUAS		
		1ª	2ª	3ª	1ª	2ª	3ª	1ª	2ª	3ª	1ª	2ª	3ª	1ª	2ª	3ª
		$	$	$	$	$	$	$	$	$	$	$	$	$	$	$
Arrancaplumas. .	0	0	0	0	0,20	0,10	0,05	0,50	0,30	0,15	0,70	0,40	0,25	1 »	0,70	0,35
Honda.	1,6	0,20	0,10	0,05	0,00	0,00	0,00	0,30	0,20	0,10	0,50	0,30	0,20	0,80	0,50	0,30
Caracoli	4,7	0,50	0,30	0,15	0,30	0,20	0,10	0,00	0,00	0,00	0,30	0,20	0,10	0,50	0,30	0,20
Guarino	12,5	0,70	0,40	0,25	0,50	0,20	0,30	0,30	0,20	0,10	0,00	0,00	0,00	0,40	0,20	0,10
Yeguas	22,5	1 »	0,70	0,35	0,80	0,50	0,30	0,50	0,30	0,20	0,40	0,20	0,10	0,00	0,00	0,00

Tarifs kilométriques au plein parcours. . 1ʳᵉ classe $ 0,0445   2ᵘᵉ classe $ 0,031   3ᵐᵉ classe $ 0,0156

Observations. — Les voyageurs n'ont droit qu'au transport gratuit des bagages à main.
Billets d'aller et retour 20 0/0 de rabais.

TARIF DES MARCHANDISES

STATIONS	KIL.	PRIX PAR CHARGE					OBSERVATIONS
		ARRANCAPLUMAS	HONDA	CARACOLI	GUARINO	YEGUAS	
		$	$	$	$	$	
Arrancaplumas. .		0,00	0,15	0,50	0,60	0,80	Le prix de la tonne de
Honda.	1,6	0,15	0,00	0,40	0,50	0,70	Yeguas à Arrancaplumas est
Caracoli . . .	4,7	0,50	0,40	0,00	0,30	0,65	de $ 5,72
Guarino	12,5	0,60	0,50	0,30	0,00	0,20	Tarif par tonne kilomé-
Yeguas	22,5	0,80	0,70	0,65	0,20	0.00	trique $ 0,254.

Observations. — Le poids de la charge se calculera à raison de 125 kilos, mais pour les marchandises venant par connaissement, le poids sera de 140 kilos ou 10 pieds anglais, pour les colis au-dessus de 200 kilos. Les tarifs sont conventionnels.

Le magasinage se paiera 0,05 par charge au delà de 12 jours et jusqu'à un mois.

La poudre, allumettes, et marchandises inflammables, double des prix du tarif.

La panelle (sucre brut), riz, maïs, pommes de terre, sucre, 50 0/0 du tarif.

Minerais bruts 2 piastres or par tonne de 1,000 kilos, quel que soit le parcours.

Bois $ 0,02 par pied cube d'une extrémité de la ligne à l'autre, avec tarifs proportionnels pour les points intermédiaires.

Le chemin de fer fait des réductions proportionnelles aux rabais consentis par les Compagnies de navigation.

§ 3

PONT SUR LA MADELEINE A HONDA

En même temps que la concession du chemin de fer, l'État avait donné dès 1879 la concession d'un pont sur la Madeleine. Ce pont avait été projeté près de la station d'Arranca-Plumas, en un point où le lit du fleuve, resserré entre deux rives rocheuses n'a qu'une largeur, en hautes eaux, de 115 mètres environ.

Un pont de 320 pieds d'ouverture, système *Cantilever* a été commandé en Angleterre, en octobre 1883. M. Cisneros a amené les fers à pied d'œuvre, mais les ressources lui ont manqué pour exécuter les maçonneries et faire le montage. La nouvelle Compagnie a pris ces approvisionnements à sa charge, les dépenses étant estimées à £ 15,000, soit à 375,000 francs.

Le bac à traille a donné, pendant sept mois, les seuls sur lesquels nous ayons des données, les résultats suivants :

RECETTES DE SEPTEMBRE 1886 A MARS 1887		NOMBRE	PRODUIT
Voyageurs. . . .	Piétons	26.090	664,95
	Cavaliers	2.986	239,30
Bêtes de somme.	Isolées.	5.942	232,40
	Chargées.	1.926	158,50
Charges		14.383	1.293,13
Têtes de bétail		1.125	57,70
TOTAL.			2.650,98
SOIT PAR MOIS			378,71
ET PAR AN			4.544,52

Le pont n'augmentera pas le trafic dans une grande proportion. On ne peut guère espérer un chiffre plus élevé que $ 5,000 net, au moins dans les premières années, tant que l'on n'aura pas construit une route carrossable sur la rive droite de la Madeleine.

Si, comme on l'affirme, toutes les pièces sont en place, les culées reposant sur le rocher, il n'y aurait pas de fondations coûteuses, et le montage d'un pont en encorbellement (système Cantilever) pouvant être fait sans échafaudage coûteux, on peut évaluer les dépenses comme suit :

Montage des fers : 300 tonnes à $ 0,10. . . . . S 30.000
Piles, culées et abords 25.000
Échafaudages, outillage, imprévu. 10.000

TOTAL. . . . . S 65.000

La recette de $ 5,000 donnerait un revenu de 7.7 0/0.

Ces chiffres, qui méritent une étude plus approfondie, démontrent cependant qu'à première vue ce travail peut être rémunérateur.

Il vaudrait donc la peine de comparer les recettes exactes du bac depuis son établissement, année par année, au devis détaillé de l'achèvement du pont.

Prolongement de la route jusqu'à Cambao. — Bien qu'il soit difficile, en Colombie, d'amener le gouvernement à exécuter des travaux publics, il ne serait peut-être pas en dehors des forces du pays de rejoindre Arranca-Plumas, port de Honda, à la route de Cambao (36 kilomètres) par une route carrossable sur la rive droite du fleuve. La dépense, pour un chemin de 5 mètres, pourrait être estimée à $ 5,000 le kilomètre, soit $ 180,000. Honda étant reliée à la Savane par une route carrossable, le prix des transports baisserait de suite dans une proportion très sensible, et, le trafic augmentant, non seulement le pont, mais encore le chemin de fer deviendraient des affaires rémunératrices qui pourraient certainement amortir le capital avant que la construction du chemin de fer de Bucaramanga, Bogota, Girardot détourne la route suivie par le commerce.

Ce résultat pourrait être atteint en un an, et un péage établi sur la route rémunérerait le capital. Nous reviendrons sur ce point en étudiant la route de Cambao.

CHAPITRE XII

LIGNES DIVERSES

Nous allons étudier, dans ce chapitre, quelques lignes qui offrent un grand intérêt pour la Compagnie Franco-Belge, soit comme résultats d'exploitation, soit comme renseignements utiles à consulter au point de vue des relations du gouvernement avec les entreprises de travaux publics en Colombie, soit enfin au point de vue de la concession éventuelle accordée par l'article premier de la loi IVᵉ de 1886.

§ 1.

CHEMIN DE FER DE CUCUTA

Le chemin de fer de Cucuta relie San Jose de Cucuta, dans la province de Santander, avec San Buenaventura (Puerto-Villamizar), sur le Rio Zulia tributaire du lac Maracaïbo au Venezuela.

Les résultats économiques qu'il a donnés sont intéressants au point de vue qui nous occupe, ils montrent en effet quel avenir est réservé à la Colombie le jour où ce pays voudra entrer résolument dans la voie du progrès.

Historique. — En 1865, l'État souverain de Santander concéda à M. J. Aranguren la concession d'un chemin muletier et d'une route carrossable de San Jose de Cucuta au port de San Buenaventura sur le Rio Zulia.

Le concessionnaire céda son privilège au Conseil municipal de San Jose qui, avec d'autres actionnaires, forma la Compagnie anonyme du Chemin de San Buenaventura.

En 1875, la route carrossable était achevée ; après ventilation des comptes, le capital social fût arrêté à 450,000 piastres représentés par 4,500 actions dont 1,500 furent attribuées au Conseil municipal (Chapitre), et le reste aux actionnaires.

En 1877, l'Assemblée générale sur le rapport de M. Gonzalez Vazquez, décida de poser une voie sur la route, et de la transformer ainsi en chemin de fer, les travaux commencèrent en 1879, et furent complètement terminés en juin 1888.

Les statuts qui régissent actuellement la Société ont été votés en 1887, la Compagnie prend le nom de Compagnie du Chemin de fer de Cucuta, le capital est fixé à 1,800,000 piastres représentées par 18,000 titres nominatifs dont 6,000 appartiennent au Conseil municipal (Chapitre ou Cabildo).

En 1887, la Compagnie pour payer ses dettes et dégager ses actionnaires fit, à Londres, un emprunt de 600,000 piastres pour vingt-cinq ans.

Le 25 janvier 1889, le Conseil d'administration de la Compagnie ayant réuni l'Assemblée générale, le Conseil municipal, qui ne représentait que la minorité, s'abstint d'y assister, et nécessita une seconde réunion à laquelle il se présenta; le Conseil d'administration posa la question de confiance, qui fut votée à une grande majorité, comme le montre le résultat du vote :

En faveur de l'administration actuelle	9.164
Contre	6.484
Bulletins blancs	1.588
Abstentions	320
TOTAL	17.556

La Compagnie, forte de ce vote, nomma les employés, vota le budget et régla les affaires courantes.

A la suite de cette Assemblée, le ministre d'État communiqua la dépêche suivante au Président du Conseil d'administration :

« Monsieur le Président du Conseil du Chemin de fer de Cucuta,

» Je vous rappelle que, d'après l'article 3ᵉ de la loi 27 de 1888, les nominations faites en Assemblées générales d'actionnaires, ou de direction, ou celles qui agissent en leur nom, doivent être soumises à l'approbation du gouvernement, et qu'ils ne peuvent entrer en fonctions sans autorisation préalable. Serviteur.

» JOSÉ-DOMINGO OSPINA C. »

Le Président s'empressa de faire la communication demandée et reçut la réponse suivante :

RÉPUBLIQUE DE COLOMBIE   Nᵒ 8249.

MINISTÈRE D'ÉTAT   1ʳᵉ Section.

« Bogota, 22 mars 1889.

» MONSIEUR FRÉDÉRIC ANSOATEGUI, SAN JOSE DE CUCUTA,

» En réponse à l'avis que vous avez passé à mon ministère, des nominations d'employés faites par l'Assemblée générale des actionnaires, il a été pris la résolution suivante :

» **Pouvoir exécutif national.** — Bogota, 22 mars 1889. — Le Gouvernement agissant suivant l'autorisation que lui concède l'article 3 de la loi 27 de 1888, dans sa partie finale.

» Résout :

» Ne sont pas approuvées les nominations des employés de la Compagnie du Chemin de fer de Cucuta, faites par l'Assemblée générale d'actionnaires dans sa session ordinaire du 25 février dernier, communiquées par don

Federico Ansoategui dans la communication visée précédemment. La présente résolution sera communiquée à la connaissance des intéressés, pour qu'il soit procédé à de nouvelles élections.

» Carlos Holguin.

« *Le Ministre d'État :*

» Jose-Domingo Ospina C. »

Les statuts datant de 1887 ont été approuvés par le gouvernement, tandis que la loi sur laquelle s'appuie le décret n'est que de 1888. Aussi la Compagnie, prétendant qu'elle ne pouvait avoir d'effet rétroactif, et considérant que cette mesure ferait surgir de graves difficultés avec ses créanciers de Londres, s'est adressée à la Cour Suprême pour la faire annuler (avril 1889).

Je n'ai pu avoir, avant mon départ, de renseignements plus complets. Nous ne connaissons pas assez les pièces du procès, pour nous prononcer sur l'opportunité de la mesure prise par le gouvernement, mais, comme elle est caractéristique de ses tendances de centralisation à outrance, nous avons cru utile de la faire connaître, parce qu'elle est un des grands obstacles au développement industriel du pays. Les Compagnies ne pouvant compter sur leur autonomie n'osent pas se constituer et risquer leurs capitaux.

Construction. — Les renseignements que nous avait promis l'ancien ingénieur-directeur M. Gonzalez Vazquez, ne nous sont pas parvenus; nous n'avons pas pu davantage trouver dans les comptes rendus de la Société les dépenses d'établissement.

Le capital social est de 1,800,000 piastres, mais il ne représente pas le coût total. Dans le bilan de la Société on trouve l'article suivant :

Chemin de fer et ses annexes, $ 2,551,873 39,

qui représente à peu près le capital social augmenté des $ 600,000 de l'emprunt de Londres.

La longueur de la ligne est de 54,560 mètres.

Ce qui donnerait par kilomètre une dépense de 46,750 $.

La voie est de 1 mètre entre rails.

Les rails sont de 30 livres par yard, soit 15 kilogrammes par mètre.

La construction n'a pas dû présenter de grandes difficultés, d'après nos renseignements, on ne s'explique donc pas facilement l'élévation du prix, même en tenant compte des installations faites à San Buenaventura (Villamizar), des raccordements avec la douane, etc., — et des dépenses antérieures faites sur la route, mais on ne peut, en l'absence de documents détaillés, que se borner à cette constatation, sans pouvoir faire aucune critique.

Exploitation. — Nous donnons, dans les tableaux suivants, les résultats de l'exploitation pour 1888, mais nous devons faire remarquer que l'exploitation complète n'ayant commencé qu'en juin, on ne peut guère non plus en tirer des conclusions. Nous reproduisons le résultat des six derniers mois de 1888, qui permettent mieux de se rendre compte de ce que sera l'exploitation normale.

12

**Résultats de l'exploitation
des six derniers mois de l'exercice 1888.**

Recettes brutes :		Totales.	Par an et par kilom.
Voyageurs.	$ 7.788		$ 289
Marchandises.	186.640		6.830
Télégraphe.	281		10
		194.709	7.129

Dépenses :				
Entretien de la voie.	30.930			
Entretien des bâtiments . . .	2.398			
		33.328	1.220	
Entretien du matériel roulant.	14.518			
Traction et mouvement . . .	27.384			
		41.902	1.536	
Télégraphe	1.876	1.876	69	
Frais généraux		8.477	311	
			85.583	3.136
Recettes nettes.			$ 109.126	$ 3.993

Les dépenses d'exploitation sont très élevées, si on les compare au faible tonnage des marchandises, 18,891 tonnes, et au petit nombre des voyageurs payants et avec permis 46,332.

On voit combien les tarifs sont élevés, on a, en effet, pour toute l'année 1888 :
Nombre de voyageurs payants 45.095, produit $ 14.028 soit recette moyenne $ 0.31
Tonnes de marchandises 18.891, — 397.309 — $ 21

Les statistiques ne donnent pas le parcours moyen, mais comme les marchandises parcourent la ligne presque entièrement, on peut le supposer égal à 50 kilomètres, ce qui donnerait comme tarif kilométrique moyen $ 0,42, chiffre bien supérieur à celui que l'on paye pour les transports à dos de mulet entre Houda et Bogota pour une distance de 130 kilomètres.

D'après les chiffres précédents, le chemin de fer rapporterait 8,55 0/0 du capital de premier établissement, mais nous devons le répéter, les renseignements qu'il nous a été possible de nous procurer ne nous permettent pas de donner ce chiffre comme authentique. pas plus que le peu de temps pendant lequel on a fait une exploitation définitive ne permet de tirer des conclusions sur le coût d'exploitation.

Quoi qu'il en soit et tels qu'ils sont, ils démontrent quel avantage le pays pourrait retirer de voies de communication perfectionnées, et en outre que leur exploitation sagement conduite permettrait d'espérer promptement une rémunération sérieuse du capital, et limiterait à peu d'années le jeu de la garantie donnée par le gouvernement.

TABLEAU donnant le mouvement du Chemin de fer avec le produit des voyageurs et des marchandises, pendant l'exercice 1888.

MOIS	IMPORTATION COLIS	IMPORTATION KILOS	EXPORTATION COLIS	EXPORTATION KILOS	BAGAGES, ETC. COLIS	BAGAGES, ETC. KILOS	TOTAUX COLIS	TOTAUX KILOS	VOYAGERS PAYANTS	VOYAGERS GRATIS	ANIMAUX Bétail	ANIMAUX Dollars	PRODUITS DE MARCHANDISES	PRODUITS DE VOYAGEURS	TÉLÉGRAPHES Postes	TÉLÉGRAPHES Offices	TÉLÉGRAPHES TOTAL	TÉLÉGRAPHES VALEUR	TOTAL des RECETTES
Janv. à Juin	49,398	2,271,730	110,028	3,991,888	42,953	1,677,410	202,679	9,948,084	90,905	401	654	530	210.608s,90	6,329s,90	4,410	6,661	8,001	600s,30	217,317s,44
Juillet	4,315	212,882	15,092	808,580	8,408	337,036	27,815	1,388,438	3,921	408	139	58	96,923.57	1,177.10	216	600	825	54.50	27,492.17
Août	4,146	224,056	12,800	672,210	7,903	286,684	24,839	1,179,850	3,862	113	193	99	92,958.02	1,238.30	171	708	879	41.85	24,238.17
Septembre	4,296	223,904	14,109	760,210	8,630	303,984	27,035	1,298,798	3,952	477	131	408	95,883.91	1,280.80	155	785	940	36.80	27,910.55
Octobre	10,931	469,301	19,848	4,072,144	7,850	258,960	38,629	1,890,411	3,487	435	105	50	39,148.95	1,540.97	168	904	1,072	37.50	40,797.42
Novembre	11,656	470,003	16,174	857,785	7,475	226,573	34,965	1,554,081	3,928	417	107	78	34,010.42	1,274	260	858	1,118	63.85	35,387.27
Décembre	6,935	308,270	21,916	1,186,725	7,480	255,433	36,360	1,751,458	5,010	163	105	94	38,377.38	1,938.53	200	853	1,059	49.30	39,695.17
TOTAUX	91,607	4,190,518	210,967	11,354,572	90,458	3,346,400	392,422	18,801,190	45,003	1,237	1,456	1,017	597,309.33	14,087	912,012	11,372	13,084,600	—	412,028.19

TABLEAU donnant le détail des marchandises transportées.

MOIS	IMPORTATION MARCHANDISES COLIS	IMPORTATION MARCHANDISES KILOS	IMPORTATION SEL COLIS	IMPORTATION SEL KILOS	IMPORTATION TOTAUX COLIS	IMPORTATION TOTAUX KILOS	EXPORTATION CAFÉ COLIS	EXPORTATION CAFÉ KILOS	EXPORTATION CUIRS COLIS	EXPORTATION CUIRS KILOS	EXPORTATION SACS VIDES COLIS	EXPORTATION SACS VIDES KILOS	EXPORTATION DIVERS COLIS	EXPORTATION DIVERS KILOS	EXPORTATION TOTAUX COLIS	EXPORTATION TOTAUX KILOS
Janvier à Juin	38,265	1,583,272	11,133	690,524	49,398	2,273,796	99,417	5,783,461	8,810	416,900	1,068	44,015	1,003	32,000	110,398	5,996,888
Juillet	2,845	192,037	4,470	90,785	4,315	212,822	13,464	779,500	1,405	18,905	80	3,520	134	6,095	15,092	808,580
Août	2,890	142,293	1,256	78,787	4,146	221,036	11,061	642,030	1,508	19,715	410	4,523	191	5,920	12,800	672,210
Septembre	3,896	240,485	400	25,070	4,296	235,264	12,334	733,435	1,396	19,275	135	2,000	104	5,410	14,409	760,210
Octobre	9,791	398,312	1,140	70,995	10,931	403,397	17,810	1,038,960	1,833	23,460	54	2,235	151	7,499	19,848	1,072,144
Novembre	10,609	408,595	987	61,407	11,656	470,003	14,101	893,009	1,823	22,370	119	4,703	138	7,910	16,174	807,785
Décembre	5,082	192,003	4,873	116,265	6,935	308,270	19,829	1,152,635	3,433	22,950	84	3,435	149	7,815	21,916	1,186,735
TOTAUX	73,438	3,056,670	18,259	1,133,842	91,697	4,190,518	188,216	10,952,704	18,059	249,931	1,572	65,425	1,800	93,435	210,267	11,354,572

§ 2.

CHEMIN DE FER DE CUCUTA, OCAÑA, PUERTO NACIONAL

Le chemin de fer de Cucuta est le prolongement de la voie de rio Zulia navigable en eaux moyennes jusqu'à San Buenaventura (Puerto Villamizar) et du lac Maracaïbo en territoire du Venezuela.

Comme toutes les rivières du pays, le rio Zulia a des périodes de sécheresse plus
ou moins prolongées qui causent une grande gêne au commerce, aussi pour assurer
la régularité des communications, en toute saison, pour desservir un territoire très
riche, enfin pour assurer le débouché de ces contrées en territoire colombien, on a
fait des reconnaissances pour construire un chemin de fer partant de San Buenaventura, passant par Ocaña, et venant déboucher sur la Madeleine à *Puerto Nacional*.

La ligne traverse des chaînes de montagne assez élevées, je n'ai pu me procurer aucun renseignement sur ce pays, pas plus que sur le coût probable de la ligne.

Cette question a été soulevée à plusieurs reprises dans ces derniers temps, mais
le chemin de fer du Nord s'impose auparavant, c'est ce que paraissait comprendre
l'opinion publique du pays.

---

§ 3.

CHEMIN DE FER D'ANTIOQUIA

Le chemin de fer d'Antioquia a pour but de relier Medellin, la capitale du
département, à la Madeleine.

Historique. — Concession Cisneros. — En 1875, l'État alors souverain d'Antioquia, appela don Francisco Javier Cisneros pour étudier la construction d'un chemin de fer entre Medellia et Puerto Berrio sur la Madeleine, et un contrat fut signé
à cet effet le 14 février 1874.

Le 4 mai 1874, le Congrès de la République vota la loi 18e donnant une subvention à l'entreprise et modifiant le contrat primitif.

Le 5 juillet 1876, l'État d'Antioquia retoucha les conditions financières de l'entreprise.

En 1882, la section de Puerto Berrio à Sabaletas, sur une longueur de 32 kilomètres, fut livrée à l'exploitation.

Le 1er janvier 1885 eut lieu la réception et l'inauguration du chemin de fer
entre Puerto Berrio et Pavas, sur une longueur de 47 kil. 300.

La construction fut interrompue par la guerre civile et un contrat de résilia
tion intervint entre les intéressés le 2 mars de la même année, moyennant le paye
ment à M. Cisneros d'une indemnité de $ 500,000.

M. Cisneros avait reçu à cette date :

Subvention de l'État d'Antioquia jusqu'en mai 1882 . . $ 1.282.449 36
     d°   du gouvernement et de l'État d'Antioquia de
mai 1882 à mars 1885 . . . .   160 000 00
Indemnité de résiliation. 500.000 00

                          Total. . . . . $ 1.942.449.36

Les conditions techniques sont les suivantes :

Longueur de la ligne de Puerto-Berrio à Medellin 201 kil. 500.

Largeur de la voie 3 pieds anglais ($0^m,915$).

Poids du rail 30 livres par yard (15 kil. le mètre).

Rayon minimum des courbes 230 pieds (75 mètres).

Maximum des pentes $0^m,06$.

Les ponts pourront être en maçonnerie, fer ou bois pendant la durée de la concession, mais à l'expiration du privilège les ponts en bois seront remplacés par des
ponts en maçonnerie ou en fer.

Les locomotives devront traîner un poids de 80 tonnes à raison de 15 kilomètres
à l'heure, compris leur propre poids, sur toutes les sections de la ligne.

Durée de la concession, cinquante-cinq ans.

Le délai de l'achèvement est fixé à huit ans et demi.

L'État d'Antioquia accorde une subvention de $ 11,000 par kilomètre.

L'État d'Antioquia, en compensation, recevra le 1/3 du capital-actions, et recevra
le 1/3 du produit net, étant entendu toutefois qu'il ne touchera que le 1/9 tant que
les actions ne seront pas amorties avec les produits du chemin, mais il délègue à
M. Cisneros ses pouvoirs pour la rédaction des statuts et la direction du travail pendant le temps de la construction.

Exemption de tous droits et contributions pendant la construction et pendant
cinq ans après.

Le Gouvernement national a accordé par la loi de 1874 les subventions suivantes :

Cession gratuite des terrains du domaine nécessaires à la construction de la voie
et de ses dépendances ;

100,000 hectares de terres domaniales ;

Exemption des droits de douane pendant la construction et les cinq années suivantes ;

Subvention annuelle de $ 100,000 pendant dix ans, la première année en numé-
raire, les années suivantes en délégations sur le produit des douanes, qui devaient
être acceptées en paiement des droits.

Transport gratuit pour les marchandises et les employés de l'État.

Tarif :

	PAR TONNE.	PAR MILLE.	PAR KILOM.
Marchandises d'importation	$	0.30	$ 0.1865
Id. d'exportation.		0.25	0.1555
Café, tabac, machines, etc.		0.15	0.0622
Voyageurs par tête, 1re classe		0.12	0.0746
Id. 2e classe		0.08	0.0497
Id. 3e classe		0.04	0.0249

Concession Brown. — L'exploitation fut reprise et abandonnée plusieurs fois, jusqu'en mars 1888 époque à laquelle le département d'Antioquia fit un nouveau contrat avec M. Charles S. Brown, l'ancien concessionnaire du chemin de fer d'Occident, de Houdo à Bogota, qui avait échoué dans de si mauvaises conditions.

Le gouvernement de la République donna sa sanction à ce contrat, sans tenir compte de ce que M. Gaulmin, concessionnaire de divers chemins de fer en Colombie, avait par l'article 1er de la loi IVe de 1886, droit de préemption sur cette ligne à égalité de conditions.

Les termes de ce contrat peuvent se résumer comme suit :

Durée de la propriété de la concession, trente ans ; — Durée du droit d'exploitation, cinquante-cinq ans.

La ligne de Puerto-Berrio à Pavas, est donnée au concessionnaire aux conditions suivantes :

M. Brown remplacera les rails existants par des rails d'acier de kil. 17,36 le mètre.

Il recevra les 100,000 hectares de terrains domaniaux déjà cédés à M. Cisneros.

Le concessionnaire commencera les travaux de Pavas vers Medellin 90 jours après la signature du contrat ; devra exécuter un tiers de la ligne chaque deux ans, et avoir terminé le tout en six ans.

Il devra justifier qu'il a réuni le capital nécessaire estimé à $ 6,000,000 dans le délai de huit mois.

Il déposera un cautionnement de $ 400,000 comme garantie des pénalités suivantes : Amende de $ 100,000 s'il n'a pas commencé dans les 90 jours.

—	100,000 s'il n'a pas terminé le tiers de la ligne dans le délai de	2 ans.
—	100,000 — les deux tiers —	4 ans.
—	100,000 — la totalité —	6 ans.

Le gouverneur payera au concessionnaire une subvention de $ 5,000 par chaque kilomètre construit et reçu, jusqu'à concurrence de $ 800,000.

En échange de chaque paiement, le gouvernement recevra un nombre correspondant d'actions libérées, et à l'achèvement de la ligne, il recevra une soulte pour compléter un million de piastres, soit la sixième partie du capital.

L'État et le département auront droit à se servir gratuitement du chemin de fer.

Il est inutile de dire que M. Brown n'a pas pu constituer de Compagnie avec des conditions aussi défavorables et que son entreprise avait complètement échoué au moment de mon départ.

Là encore, nous retrouvons les illusions et les exigences des gouvernements, soit de la République, soit des départements, qui pensent pouvoir imposer les conditions les plus draconiennes aux concessionnaires, sans offrir eux-mêmes ni garanties, ni subventions suffisantes, tout en se réservant la part du lion, et sans songer que leur intervention dans l'administration de la Compagnie empêche toujours les capitaux étrangers de se risquer en Colombie.

Tracé. — Le chemin de fer part de Puerto Berrio sur une éminence au bord de la Madeleine (128 mètres), l'installation consiste en quais à marchandises, bâtiments pour le logement des employés et le service de la gare, une remise.

On a construit un assez grand hôtel pour les voyageurs.

Le tracé remonte la vallée de La Magdalena en gagnant de la hauteur pour passer le faîte qui le sépare de la vallée du rio Nuz au col de l'Almorzadero (723 mètres).

Las Pavas, actuellement tête de ligne de la partie en exploitation, se trouve près de ce point dans la vallée du rio Nuz.

Le Gouvernement reproche à M. Cisneros d'avoir, comme dans toutes ses lignes, construit trop légèrement, de n'avoir fait que des travaux provisoires, d'avoir sans nécessité adopté des courbes de trop petit rayon, des pentes trop fortes : la voie ne serait pas suffisante pour le poids du matériel roulant, aussi l'exploitation est-elle restée coûteuse, très précaire. L'entrepreneur répond de son côté que la ligne une fois remise entre les mains de l'Administration n'a plus été entretenue, et qu'il ne peut être responsable de fautes qui ne lui incombent pas.

Il nous semble sans entrer dans les critiques de détail, que dans cette section, on pouvait adopter un meilleur tracé, sans augmenter de beaucoup le coût de la construction, et qu'on ne s'est pas suffisamment préoccupé de l'exploitation dans son étude.

Le tracé à partir de Las Pavas suit la vallée de la Nuz (631) dont la pente est faible et bien régulière, les travaux d'après les rapports ne présentent pas de difficultés sérieuses jusqu'à La Palmichala (968), au pied de la Cordillère, kil. 116. La longueur de cette section est de 69 kilomètres. Les dépenses n'auraient pas été très fortes et le résultat obtenu au point de vue du trafic et du développement du pays eût été considérable. Il est donc bien fâcheux, au point de vue général, qu'aucun effort sérieux n'ait été tenté, malheureusement les prétentions du gouvernement éloignent les Compagnies sérieuses.

Les difficultés commencent avant El Zarzal (1051), le projet remonte au col de la Quiebra de Santo-Domingo (1697) kil. 126 ; la pente moyenne est donc de 0,05.

Du faîte on redescend au rio Porce (1160) kil. 135, avec une pente moyenne de 0,55.

Il y aurait évidemment lieu d'étudier s'il ne conviendrait pas d'étudier un tracé avec de plus grands développements pour réduire ces pentes exigeant un mode de traction spécial.

Du point où la ligne reprend la vallée jusqu'à Barboza (1295) kil. 166, les pentes sont faibles et les difficultés ne sont pas exagérées, c'est à ce point que devait s'arrêter provisoirement la ligne.

De Barboza à Medellin (1480) kil. 201,50, l'étude de M. Cisneros semble indiquer que la vallée doit présenter quelques difficultés, en effet le profil est fort tourmenté dans cette section.

M. Cisneros évaluait la dépense comme suit pour les 166 premiers kilomètres :

Chemin et ses accessoires. . . . . $	4.621.610	27.800 par kil.
Matériel roulant et ateliers.	1.064.381	6.410 —
Frais généraux et divers	473.914	2.860 —
Total . . . . . $	6.159.905	37.070 par kil.

Ces chiffres paraissent faibles ; en effet, M. Cisneros les a dépassés de beaucoup Nous avons vu qu'au moment de la liquidation, il avait touché. $ 1.942.449 36 pour une section de 47 kil. 5. Mais l'entrepreneur fait observer qu'une partie de cette somme a été consacrée aux études, aux approvisionnements, aux ateliers, dépense qui porte sur l'ensemble de la ligne, de même que la construction d'un chemin à mulets pour relier le chemin de fer à Santo-Domingo où l'on reprend la route de Medellin, il attribue à ces dépenses une valeur de. . . $ 200.000 »

Il reste donc applicable aux 47 kil. 3 une dépense de . . . $ 1.742.449 36 sur lesquels il y aurait encore à déduire, d'après lui, les pertes provenant du retard dans les payements, du décompte des bons, etc., etc., qu'il estime à. . . . .   120.000 »

De sorte que la dépense réelle serait réduite à . . . . . . $ 1.622.449 36 ou par kilomètre de $ 34,400 pour un parcours relativement facile.

Mais pour le gouvernement la dépense réelle n'en ressort pas moins à la somme totale $ 1,942,449 soit par kilomètre $ 41,300 pour un chemin de fer qu'il faut à peu près reconstruire en totalité. Toute autre compagnie devra aussi faire entrer dans ses estimations de dépenses un gros chiffre pour les mêmes motifs.

On voit donc combien les contrats faits par le gouvernement ont été onéreux, malheureusement ce qui s'est passé ne paraît pas avoir modifié les idées qui avaient cours encore à Bogota, puisqu'on tentait en mai dernier de constituer les chemins de fer de Girardot et de Zipaquira sur les mêmes bases.

Exploitation. — Nous n'avons pu nous procurer aucune donnée sur les résultats des diverses tentatives d'exploitation faites depuis la résiliation de M. Cisneros.

Achèvement.— De ce qui précède on peut conclure que le prix moyen kilométrique des travaux à exécuter, compris la traversée de la Cordillère et l'arrivée à Medellin, ne s'écartera pas beaucoup de $ 40,000, ce qui donne pour les dépenses restant à faire :

1° *Réfection de la section de Puerto-Berrio à las Pavas.* — Construction de rectification pour améliorer le plan et le profil de la ligne, rechargement des remblais, consolidation et réfection de la voie et du matériel roulant, mise à largeur de 1 mètre, réfection des ponts, installation du port fluvial :

47 kil. 300 à $ 18,000. . . . . $	85.140

2° *Construction de la ligne entre las Pavas et Medellin*, compris la traversée de la Cordillère, le tunnel de faîte, avec des pentes de 0ᵐ035 :

154 kilomètres à $ 40,000.	6.160.000
Total. . . . . . $	6.245.140

Soit en chiffres ronds environ $ 6,250,000.

QUATRIÈME PARTIE

BOGOTA, LA SAVANE

ET LES VOIES DE COMMUNICATION QUI Y ABOUTISSENT

Cette étude est faite exclusivement au point de vue des moyens de communication. L'étude économique, agricole, industrielle de cette région nous conduirait trop loin, et donnerait à notre rapport déjà bien volumineux des proportions exagérées.

Elle est consacrée aux voies d'accès de la Savane déjà existantes, aussi bien qu'à celles en voie d'exécution ou simplement projetées, à l'exception de la ligne du Nord qui doit faire l'objet d'une étude spéciale.

Nous étudierons aussi les prix de transport payés actuellement, et ceux que pourrait probablement obtenir la Compagnie concessionnaire.

CHAPITRE XIII

BOGOTA

ÉTUDE DU RACCORDEMENT DES DIVERSES COMPAGNIES

La Ville de Bogota compte actuellement de 120 à 130,000 habitants, elle est en pleine prospérité comme le témoignent le prix élevé des loyers, le nombre toujours croissant des édifices en construction, et la grande valeur des terrains à bâtir.

Elle est construite au pied des montagnes de Montserat (3,165 mètres) et de Guadalupe (3,255 mètres), les paroisses de *Egipto* et de *Las Aguas* sont sur le flanc de la montagne, tandis que *Las Nieves*, *la Cathédrale*, *San Victorino*, *Santa Barbara*, sont en plaine.

L'altitude de l'Altosano, perron de la cathédrale et centre de la ville, est de 2,640 mètres environ.

13

La latitude est de 4° 36′ N. Sa longitude par rapport au méridien de Paris 74° 13′ 59″.

La température moyenne est de 14° à 15°.

La quantité d'eau tombée est en moyenne de 1ᵐ,107 par an.

Les rues sont droites et se coupent à angle droit, leur largeur varie de 5 à 8 mètres.

La plus grande longueur du nord au sud est d'environ 5,000 mètres, la plus grande largeur de l'est à l'ouest est de 2,500 mètres.

Les rues principales sont pavées, mais beaucoup ont encore le ruisseau au milieu ce qui est un obstacle à la circulation des voitures.

Elle est traversée par deux petits cours d'eau, le rio San Francisco et le rio San Agostino.

En 1880 les recettes de la municipalité montaient à $ 100,000. Depuis elles ont augmenté, mais les finances de la ville sont obérées.

Il existe un tramway partant de la place de Bolivar près de la Cathédrale, suivant la Calle Real, le Camellon de Facatativa, et aboutissant à Chapinero, petite ville à 3 kilomètres de la capitale où plusieurs notables ont leurs maisons de campagne. Nous n'avons pu nous procurer les résultats de l'exploitation de ce tramway qui transporte un grand nombre de voyageurs. On dit que l'entreprise qui appartient à une Compagnie américaine n'est pas très florissante, elle a eu, cette année, d'assez grosses difficultés avec le gouvernement.

Gares projetées. — C'est surtout au point de vue des chemins de fer que nous avons à étudier Bogota ; par suite de la topographie de la ville, les lignes ferrées doivent rester dans la partie basse et leur raccordement ne peut se faire que sur la limite ouest, en dehors de la partie construite.

La Compagnie du chemin de fer de la Savane a projeté la gare sur le côté nord de l'avenue de San Victorino, à l'entrée de la ville ; comme nous le verrons, l'emplacement paraît très heureux.

La population cependant trouve qu'elle est trop loin du centre, et on a demandé que l'on prolonge la voie jusqu'à la place San Victorino, à quelques hectomètres plus loin ; ce serait possible, bien que nous n'en voyions guère l'intérêt, la place pouvant bien recevoir une voie unique de chemin de fer mais aucune des installations d'une gare.

Comme le montre le plan, on a projeté la gare non pas parallèlement à l'avenue comme cela paraissait naturel, mais bien perpendiculairement, avec l'intention évidente d'obliger les autres Compagnies à faire gare commune.

La ligne du Nord suivant le camellon (chaussée pavée) de Facatativa, la gare terminée a été projetée parallèlement à cette voie entre le cimetière et la quinzième rue.

La Gare de Girardot est projetée dans l'angle sud-ouest de la ville, près de la place des Martyrs.

Ces deux dernières lignes ont grand avantage à faire gare commune, elles sont le prolongement l'une de l'autre, et leurs intérêts sont communs, il est d'ailleurs dans la nature des choses qu'elles finissent par fusionner.

Nous pensons donc qu'il y aurait lieu d'abandonner la gare du nord projetée, de dévier le tracé avant d'arriver au cimetière, de le ramener à la gare de la Savane avec laquelle il faudra forcément se raccorder, et de faire gare commune dans le cas où une entente serait possible.

Dans le cas contraire, la voie suivrait la dernière avenue à l'ouest, traverserait à niveau ou par un passage supérieur la Calle San Victorino et rejoindrait la gare commune de Girardot qui prendrait façade sur la place des Martyrs.

Nous ne faisons qu'indiquer la solution qui devra être étudiée de plus près avec le plan détaillé et coté de cette partie de la ville, mais nous avons cru devoir nous en préoccuper dès l'origine pour ne pas nous exposer à faire des démarches sur lesquelles il eût été difficile de revenir.

Nous ne devons cependant pas dissimuler que l'amour-propre local pousse la population à réclamer trois gares distinctes monumentales très rapprochées du centre, sans songer que les raccordements forcés deviendraient un obstacle à l'accroissement de la ville dans l'ouest, qui est la direction naturelle ou devront être créés les établissements industriels à portée de la seule situation possible des gares de marchandises.

CHAPITRE XIV

CHEMIN DE FER DE LA SAVANE

Ce chemin de fer a été construit dans le but d'aller chercher, à l'entrée de la Savane, l'extrémité des deux chemins muletiers les plus importants, descendant à la Madeleine, et de faciliter le trafic de la grande plaine où se trouve Bogota, dont la population est estimée à 500,000 habitants.

La première concession va de Bogota à los Manzanos, près du col de l'Alto del Roble, en passant par Fontibon, Cerrezuela, Facatativa. C'est le prolongement du chemin d'occident, descendant à Honda.

Une seconde concession part de Cerrezuela (Madrid), pour aboutir d'un côté à Boca del Monte de Barro Blanco ou de la Mesa, débouché du chemin de Girardot, et de l'autre, à Cipaquira.

La ligne est entièrement construite et en exploitation depuis juillet dernier, de Facatativa à Bogota, sur une longueur de 40 kilomètres; le tracé est figuré sur la grande carte au $\dfrac{1}{100,000}$.

Aux termes de la concession, une fois ce trajet terminé, la Compagnie doit commencer de suite la construction du prolongement sur Barro Blanco et de l'embranchement de los Manzanos.

Nous allons résumer les documents que nous avons pu nous procurer sur ce chemin de fer.

§ 1

RÉSUMÉ DES PRINCIPALES DISPOSITIONS LÉGISLATIVES

Régissant la Compagnie du Chemin de fer de la Savane.

Le *17 novembre 1881*, l'Assemblée législative de l'État souverain de Cundinamarca a autorisé le Gouverneur à construire les deux lignes de chemins de fer.

a. — De los Manzanos (arrondissement de Facatativa) à Bogota.

b. — De Cipaquira à la Boca del Monte de la Mesa. .

En créant des ressources spéciales à cet effet.

Le *7 septembre 1886*, un contrat portant le n° 27 a été passé entre le Gouvernement du district fédéral de Cundinamarca et une Compagnie ayant à sa tête M. Carlos

Tanco, pour la construction de la ligne *a* entre les Manzanos et Bogota. Le capital fut fixé à $ 1,000,000 divisé en 10,000 actions de $ 100; 5,000 devaient être souscrites par la Compagnie et 5,000 par le département. Le département cède à la Compagnie les travaux et approvisionnements déjà faits, et leur valeur évaluée par arbitrage. Pour sa sécurité le département a pris une hypothèque sur la ligne pour le montant de cette fourniture et de l'intérêt annuel porté à 6 0/0.

Les arbitres en ont fixé la valeur à $ 127,314,50 (contrat n° 73, 15 mai 1888).

L'article 16 stipule que, quel que soit le coût de la ligne, le département restera le propriétaire de la moitié du capital social, les actionnaires n'ont donc droit qu'à la moitié des bénéfices.

L'article 17 stipule que les actions ne sont transmissibles qu'après leur complète libération, sauf autorisation du Conseil d'administration.

L'Assemblée générale est présidée par le *gouverneur du département* ou à son défaut par le gérant de l'entreprise.

L'article 37 fixe que le nombre de voix correspondant aux possesseurs de plus de 100 actions sera de 1 voix par 30 actions, ce qui donne 20 voix au département. Les petits actionnaires sont favorisés et, s'ils assistent à l'assemblée, peuvent avoir la majorité, bien que ne possédant que la moitié du capital social.

Les décisions de l'Assemblée générale sont obligatoires pour tous les actionnaires (art. 39).

Le Conseil d'administration se compose du Gouverneur du département et de quatre autres membres nommés par l'Assemblée générale, il peut:

Contracter des emprunts suivant les bases fixées par l'Assemblée générale, établir un Comité à l'étranger.

D'après la loi 14 du 4 février 1887, l'Assemblée départementale doit autoriser tous emprunts faits sur les biens du département.

Le contrat n° 73 du 15 mai 1888 modifie les contrats antérieurs et annexe au chemin de fer de la Savane la section de la ligne *b* de Boca del Monte à Cipaquira comprise entre la *Boca del Monte* et *Cerrezuela* (Madrid).

Le capital de la Compagnie est augmenté de $ 200,000, dont 100,000 devant être fournis par le gouvernement et 100,000 par les actionnaires.

Les $ 100,000 fournis par le Gouvernement sont représentés par la dette contractée par la Compagnie pour les fournitures et les travaux que le département lui a faits, à dire d'experts ($ 127,314,50), de sorte que cette dette se trouve réduite à $ 27.314,50.

Enfin l'ordonnance n° 4 de 1888 de l'Assemblée départementale de Cundinamarca répartit les 6,000 actions du département entre différents établissements d'utilité publique.

Ces actions sont intransmissibles (art. 5).

Le gouverneur en reste le représentant devant la Compagnie (art. 10).

Nous devons faire remarquer combien cette concession est dangereuse pour la Compagnie, l'État à cause soit des restrictions du contrat, soit de la première hypothèque qu'il conserve sur la ligne, deviendra quand il le voudra le maître absolu et aura la haute main dans l'administration.

Par suite de ces stipulations, la création des obligations hypothécaires reste subordonnée à la volonté de l'État, ces obligations ne viendront d'ailleurs qu'en seconde hypothèque, elles ne trouveront pas facilement preneur, aussi ne pourront-elles s'émettre que dans des conditions ruineuses.

---

§ 2

CONSTRUCTION

Nous avons visité avec d'autant plus d'attention le trajet déjà construit, que nous avons été nommé par le ministre de Fomento, membre d'une Commission chargée d'examiner cette ligne et de donner à ce sujet un avis sur les conditions techniques des chemins de fer colombiens, devant servir à la rédaction d'un cahier des charges commun à toutes les concessions.

La ligne est à la voie d'un mètre. Elle est tracée sur toute sa longueur dans la plaine, dans un terrain exceptionnellement facile; il y a un grand nombre d'ouvrages pour l'écoulement des eaux dont un seul sérieux, le pont en fer de 30 mètres d'ouverture sur le rio Funza, qui est le grand collecteur de la Savane. Des ponts de moindre importance sont construits sur le rio San Francisco, le rio Cerrezuela, et un autre, près de Facatativa; quelques-uns sont en fer, les autres en bois.

En arrivant à Facatativa, le terrain est un peu plus ondulé, mais ne présente cependant aucune difficulté, le tracé suit la pente du terrain, à l'exception de trois tranchées de 4 à 5 mètres de hauteur, avec quelques bancs de rocher.

La ligne est construite avec beaucoup trop de luxe; les ouvertures des ponceaux sur le prolongement des fossés d'écoulement des champs riverains sont trop fortes. On a évité à n'importe quel prix les ouvrages biais, au grand détriment, à mon avis, non seulement de l'économie, mais encore du tracé rationnel; toutes les culées, même celles des plus petits ouvrages, sont en pierre de taille, malgré les prix extrèmement élevés de ce genre de construction; le grand remblai donnant accès au pont de Feuza a été construit en briques crues, — les bâtiments de station, sont hors de proportion avec le service qu'ils ont à remplir, etc., etc.

En un mot toutes les dépenses ont été exagérées, et si on exigeait un pareil luxe dans la construction des lignes très difficiles à construire en dehors de la Savane, on arriverait à un prix tel, qu'il équivaudrait à une impossibilité absolue.

Ce chemin a été construit entièrement par les ingénieurs colombiens qui ont évidemment voulu réagir contre la détestable exécution des autres lignes déjà établies dans leur pays, et peut-être aussi ont ils tenu à démontrer qu'ils étaient capables de faire des travaux de premier ordre, mais, à notre avis, ils ont établi un fâcheux précédent, en créant un type dont l'opinion publique ne s'écartera plus que bien difficilement, et qui rendra la besogne difficile aux Compagnies qui auront un sentiment plus vrai des nécessités du pays, et connaîtront mieux les ressources de la construction.

La gare de Bogota est bien placée, en bas de la ville, sur l'avenue de San Victorino, une des plus importantes, et la plus centrale de la capitale ; les bâtiments ne sont pas encore commencés ; les projets approuvés comportent des bâtiments de très grand luxe qui ne sont pas en rapport avec les ressources du pays, encore moins avec celles de la Compagnie. Il vaudrait mieux se contenter d'installations provisoires, consacrer toutes les ressources disponibles au prolongement des lignes, et réserver les dépenses de luxe pour le moment où les voies ferrées auront développé les richesses du pays. On y trouverait cet autre avantage de ne faire la construction définitive qu'après que l'expérience aura prononcé sur ce qu'il convient de faire.

Il est probable que la Compagnie a l'intention de louer sa gare aux lignes du Nord et de Girardot, et de tirer de cette location des bénéfices élevés. Nous avons, en parlant de Bogota examiné cette question.

Le matériel roulant, voitures, est bien compris, la Compagnie a adopté le type courant usité aux États-Unis, qui est parfaitement approprié au climat et peut parcourir les courbes de petit rayon.

Les wagons à marchandises sont également à boggie, nous ne pensons pas que le choix en ait été aussi heureux que celui des voitures, le poids mort est en effet plus élevé que celui du matériel européen, et surtout il est difficile de remplir ces immenses wagons de 15 mètres de longueur, il en résulte une mauvaise utilisation de ce matériel et un excédent de dépenses de traction.

Les locomotives ont été construites en Angleterre. L'écartement extrême des essieux est trop grand, et aurait de très sérieux inconvénients dans les courbes à petit rayon que l'on sera forcé d'adopter en montagne. En compensation elles font un bon service sur la ligne de la Savane.

L'exploitation était faite avec soin et très régulièrement.

Le tableau suivant résume les conditions techniques de la ligne.

Largeur de la voie entre rails, 1 mètre.

Longueur. — Longueur de la voie de Facatativa à Bogota . . 39.628^m »
    —   — de Facatativa à los Manzanos 5.000^m »
    —   — de Cerrezuela à Boca del
Monte . . . . 10.000^m »
Longueur totale de la ligne d'après les concessions. ─────── 54.628^m »

Plan. — Rayon minimum des courbes 200 mètres.
Longueur des alignements . . . . 25.327^m,46
    — des courbes . . . . 4.300^m,54
        Total comme ci-dessus. . . . . ─────── 39.628^m »

Profil. — Pente maxima 0,025.
Longueur des paliers . . . . 15.687^m,06
    — des rampes . . . . 10.406^m,61
    — des pentes . . . . 13.534^m,33
        Total comme ci dessus. . . . . ─────── 39.628^m »

Terrassements. — Déblais de la voie . . . . 30.255^{m3}
Fossés latéraux et travaux accessoires . . . . 160.000^{m3}

TOTAL . . . . 190.225^{m3}

Remblais . . . . 56.904^{m3}

Bâtiments. — Stations 1re classe Facatativa, bâtiment de voyageurs et ateliers.

2e — Cerrezuela.

1re — Mosquera.

2e — Fontibon.

3 haltes : Tres Esquinas, El Cerrito, Esquina del Cono,
Puente del Cono.

6 maisons de garde.

Ouvrages d'art. — Nombre total 142, cubant ensemble 5,310 mètres cubes.

Nous n'avons pu nous procurer les chiffres exacts de construction de la ligne ;
les dépenses arrêtées en décembre 1888 étaient, d'après les rapports de l'ingénieur
en chef présentés à l'Assemblée générale de 1889, comme suit :

DÉSIGNATION	DÉPENSES			
	FAITES	RESTANT A FAIRE	TOTALES	PAR KILOMÈTRE
	$	$	$	$
Matériel roulant	130.229,93	52.600 »	182.829,93	
Travaux d'art.	45.791,61	129.000 »	224.791,61	
Terrassements	15.488,87	»	15.488,87	
Superstructure	243.678,35	»	243.678,35	
Salaires et appointements	22.980,68	»	22.980,68	
Bâtiments	29.204,35	87.400 »	116.604,35	
Fossés latéraux servant de clôture	106,40	40.000 »	40.106,40	
Télégraphe et téléphone, ...	10.766,17	3.500 »	14.266,17	
Ballastière	368,30	87.500 »	87.868,30	
Route de Cambao	1.038,65	»	1.038,65	Réparations exécutées pour faire passer les locomotives.
Études	607,93	300 »	907,93	
Terrains	31.385,20	»	31.385,20	
Intérêts et comptes de banque .	36.487,83	15.000 »	51.487,83	
Frais généraux	218.974,25	»	218.974,25	
TOTAUX	787.068,51	383.300 »	1.372.368,54	34.300 » pour 40 kilomètres.

Il y aurait, paraît-il, à ajouter encore la valeur du matériel emprunté aux lignes d'occident (Brown) et de Puerto Wilches, estimée à . . . . $ — 100.000 » — 2.500 » pour 40 kilomètres.

La longueur de la ligne est comptée pour 40 kilomètres.
TOTAUX . . . . . $ — 1.472.368,74 — 36.800 » pour 40 kilomètres.

M. Gonzalez Vasquez estime que les embranchements de Boca del Monte et de los Manzanos, d'une longueur totale de 15 kilomètres, coûteront ensemble . . . . $ — 390.000 » — 26.000 » pour 15 kilomètres.

Ce qui fait une dépense totale en piastres papier . . . 1.862.368,74 — 34.000 » pour 55 kilomètres.

Sans compter la gare de Bogota, dont le prix est évalué à $ 250,000.

On a prétendu que le chiffre kilométrique de $ 40,000 avait été de beaucoup
dépassé, que le matériel emprunté aux lignes voisines valait plus de $ 100,000, que

les subventions indirectes du gouvernement n'avaient pas été comptées. Nous n'avons pu contrôler ces affirmations, et nous ne pouvons que nous en tenir aux chiffres officiels de la Compagnie.

La Compagnie vient de contracter, en Angleterre, un emprunt de £ 150,000, soit, au cours actuel, près de $ papier 1,500,000, c'est-à-dire un chiffre bien supérieur à celui qui a été dépensé et qui ne serait pas justifié par la construction des 15 kilomètres restant à construire, pas plus qu'à exonérer les actionnaires des derniers versements qu'ils avaient à effectuer sur leurs actions. Les conditions en seraient très onéreuses, nous en avons indiqué les motifs dans les clauses du contrat lui-même.

Quoi qu'il en soit, et nous en avons signalé les raisons, le prix de construction est très élevé et eût pu être considérablement diminué.

§ 3

EXPLOITATION

La ligne a été livrée à l'exploitation par petits tronçons, à mesure de leur achèvement ; ce n'est qu'en juillet dernier que l'exploitation a été ouverte sur la longueur totale. Il est donc impossible de pouvoir se faire idée de son trafic.

Comme nous l'avons dit, les marchandises venant de Honda arrivent à dos de mulet jusqu'à Agua Larga, où on les charge sur des charrettes à bœufs. Tant que la ligne n'était pas terminée, il n'y avait évidemment pas avantage à faire le double transbordement de Facatativa et de Tres Esquinas ou de Fontibon, pour utiliser 25 à 30 kilomètres de chemin de fer et reprendre ensuite la voie de terre sur 15 kilomètres, ainsi les marchandises de transit échappaient presque entièrement au chemin de fer.

De même, les marchandises venant de Girardot par Boca del Monte.

Il n'en doit plus être de même maintenant que la ligne arrive jusqu'à Bogota, le chemin de fer reprend tous ses avantages de sécurité, célérité et économie.

Nous avons pu constater, lors de nos fréquentes visites à la ligne, que le nombre des voyageurs était toujours considérable.

Nous reproduisons ci-après les tarifs stipulés dans l'acte de concession.

TARIFS

Voyageurs.

Tarif de 1re classe, par kilomètre, avec 50 kilogrammes de bagages. $ 0,0250
Tarif de 2e classe, par kilomètre, avec 20 kilogrammes de bagages. .   0,0150
Tarif de 3e classe, par kilomètre, avec 10 kilogrammes de bagages. .   0,005

14

Marchandises.

Par charge de 140 kil.

Tarif des marchandises d'importation par kilomètre. . . . . $ 0,010
Tarif des marchandises d'exportation par kilomètre.   0,0075
Tarif des marchandises commerce intérieur et matériaux de cons-
truction   0,005

Animaux.

Tarif par tête de gros bétail et par kilomètre   0,0100
Tarif par tête de petit bétail, moutons, porcs, douzaine de volailles.   0,005

Le matériel des chemins de fer jouira d'une réduction de 20 0/0, à condition que les colis ne pèsent pas plus de 200 kilogrammes.

De 200 à 500 kilogrammes le tarif sera de 50 0/0 plus élevé que le tarif général.

De 500 à 2,000 kilogrammes, le tarif sera le double du tarif général.

De 2,000 à 8,000 kilogrammes, les prix se traiteront de gré à gré.

La Compagnie n'est pas tenue de transporter de colis d'un poids supérieur à 8,000 kilogrammes.

Les minerais bruts jouiront d'une réduction de 50 0/0 sur le tarif général.

La poudre, allumettes et autres matières inflammables paieront le double du tarif général.

Les voyageurs et marchandises qui ne parcourront pas toute la ligne paieront un tarif qui pourra être 20 0/0 plus élevé que le tarif général, si le parcours est inférieur à 5 kilomètres.

Évaluation du trafic.

Dans un rapport adressé par M. J.-E. Perez secrétaire des Travaux publics, au Pouvoir exécutif, les résultats de l'exploitation étaient évalués comme suit :

100,000 voyageurs 1re classe à. . . . $ 1 »	$ 100,000
200,000 voyageurs 2e classe à. 0,60	120,000
500,000 voyageurs 3e classe à. 0,20	100,000
25,000 charges d'importation à 0,40	10,000
50,000 charges d'exportation à 0,30	15,000
100,000 charges trafic local 0,20	20,000
10,000 animaux en moyenne. à. . . . 0,30	3,000
RECETTES BRUTES. . . .	$ 368,000

Soit par kilomètre $ 9,200.

Ce même rapport évaluait la dépense à $ 0,30 par train kilomètre, soit par an. . . . . $ 27,000

Soit par kilomètre $ 675.

Ce qui eût laissé une RECETTE NETTE DE. . $ 341,000

Les dépenses n'auraient donc été que les 13,6 0/0 des recettes brutes.

Ce sont des illusions pareilles qui rendent si difficile la discussion des contrats avec le gouvernement malgré les dures leçons des chemins de Girardot, de Buenaventura, de Puerto Berrio, on se fonde sur des statistiques exagérées et des chiffres de dépenses mal compris pour établir les bases des concessions nouvelles.

Avec ces évaluations, le secrétaire de Fomento pensait que le capital recevrait 40 0/0 d'intérêt.

L'ingénieur en chef de la ligne, M. Gonzalez Vasquez, dans son rapport de janvier 1889, estimait que les recettes de la ligne, supposée terminée jusqu'à Bogota, seraient, pour les six premiers mois, d'exploitation de $ 70,000, pour les six mois suivants, de $ 80,000.

Soit, pour la première année, $ 150,000, pour la seconde année, $ 160,000, et que le chiffre doublerait rapidement; il arriverait donc au même résultat que M. Perez.

Il n'indique pas les prévisions de dépenses.

Dans le rapport de M. Carlos Tanco, gérant de la Compagnie, nous trouvons un chiffre plus précis. Pendant les dix premiers mois de l'exploitation restreinte, les produits ont été de $ 15.319,40, pendant les six mois suivants, le produit a été d'environ $ 10,000, ce ne serait donc qu'une recette de $ 20,000 au lieu des 160,000 prévus.

Heureusement pour la Compagnie, comme nous l'avons vu, on ne peut rien conclure de l'exploitation restreinte à l'exploitation complète, mais je ne pense pas que l'on dépasse beaucoup, la première année, le double du résultat des six derniers mois, c'est-à-dire $ 40,000 de recettes, soit $ 1,000 par kilomètre et par an. Ce chiffre ira très certainement en augmentant, mais nous doutons fort que d'ici à longtemps le trafic puisse payer intégralement le loyer des capitaux. D'ailleurs, cette ligne perdra de son importance dès que l'un quelconque des chemins de fer de la Madeleine sera terminé, elle sera réduite au trafic local, le trafic de transit abandonnant forcément les chemins de mulets pour suivre les voies perfectionnées.

---

§ 4

CONCLUSIONS

La construction de ce chemin de fer est intéressante à plus d'un titre, elle a été exécutée complètement par des capitaux et par un personnel colombiens; le gérant, M. Carlos Tanco, a déployé, pour la mener jusqu'à la fin, une grande énergie, une activité et une intelligence remarquables.

L'œuvre, en effet, était difficile, il s'agissait de monter le matériel par des chemins que l'on considérait comme impraticables, le problème a reçu une solution que l'on peut certainement encore améliorer, mais qui n'en est pas moins fort intéressante pour les autres Compagnies.

L'ingénieur en chef, M. Gonzalez Vazquez, a su tirer parti des ressources du pays puisqu'il a mené à bien ses travaux avec des moyens restreints, malgré les critiques de détail que l'on peut adresser à son œuvre.

Les difficultés financières n'ont pas été moindres, elles ont été jusqu'à l'achèvement surmontées, grâce au concours de la Banque Nationale et à l'aide du Gouvernement ; la crise, pour avoir été différée, n'en est pas moins arrivée, comme le témoigne l'emprunt.

Mais cette expérience prouve surabondamment, comme celles qui ont été faites à Girardot et à Buenaventura, que *actuellement*, le pays ne peut pas entreprendre par lui-même les grands réseaux.

Les ingénieurs colombiens arriveraient vite à acquérir la pratique suffisante et à éviter les fautes commises dans cette construction, surtout s'ils pouvaient travailler quelque temps à côté d'une des grandes entreprises ayant l'habitude de mener vite et économiquement ces grands travaux. Si l'on n'a pu trouver les capitaux suffisants pour terminer une ligne placée dans des conditions exceptionnellement faciles, aux portes de la capitale, de 40 kilomètres seulement de longueur, en employant les hommes les plus énergiques et les plus intelligents du pays, on doit renoncer à trouver en Colombie des ressources financières sérieuses pour construire les grands réseaux qui s'imposent avec la dernière urgence.

D'ailleurs, d'après l'avis même des banquiers qui se trouvent à la tête des établissements financiers les plus importants du pays, ce n'est pas à souhaiter. Les capitaux obtiennent actuellement une rémunération de 12 à 15 0/0 en opérations sûres, il n'est donc pas probable qu'ils se contentent des 7 0/0 que le Gouvernement a accordés dans ses actes de concession, et qui sont le minimun possible pour assurer le succès des émissions en Europe.

Mais, il n'est pas même désirable, au point de vue de l'intérêt général du pays, que les capitaux colombiens s'emploient dans ces travaux ; comme ils sont encore restreints, une fois immobilisés dans les chemins de fer, il n'en resterait plus pour le commerce, l'agriculture, l'industrie, toutes les manifestations de l'activité locale et, loin de se développer, le pays resterait stationnaire ; sa production n'augmentant pas, le trafic des nouvelles voies serait insuffisant pour payer le loyer des capitaux, loin d'y gagner, le pays s'appauvrirait.

CHAPITRE XV

CHEMIN DE FER DE GIRARDOT

§ 1

CONSTRUCTION

Le chemin de fer de Girardot a été projeté pour relier Bogota à la Madeleine, dans le but de faire passer le trafic de Cundinamarca par la voie suivante :

De Bogota (2,650 mètres) à Girardot (330 mètres), différence de niveau 2,320 mètres, par chemin de fer	155 kilomètres.
De Girardot à Honda, navigation à vapeur sur le haut fleuve	150
De Honda à Conejo, chemin de fer de la Dorada pour le passage des rapides.	34
De Conejo à Barranquilla, navigation à vapeur sur le bas fleuve	968
De Barranquilla à Puerto Colombia, par chemin de fer . .	27
	1.334 kilomètres.

Historique. — S. Ex. le Président Nuñez a toujours considéré ce chemin de fer comme un des plus importants de la Colombie, tant au point de vue politique qu'au point de vue économique ; aussi a-t-il porté tous ses efforts pour arriver à sa construction. Par la loi du 22 juin 1881, il a fait décider que le Gouvernement de Cundinamarca, alors souverain, contribuerait pour une annuité de $ 100,000 et le Gouvernement national pour une annuité de $ 500,000. On devait donc y consacrer annuellement $ 600,000, jusqu'à l'achèvement ; en outre, le Gouvernement devait mettre les troupes à la disposition de la Commission chargée de l'exécution.

Le 25 juin 1881, un contrat fut passé avec M. Cisnéros pour l'exécution de la partie comprise entre la Madeleine et Tocaima, moyennant un forfait de $ 544,000. Ce chiffre fut augmenté de $ 30,000 en 1883.

M. Cisneros termina la ligne jusqu'à Tocaima, et le Gouvernement la prit à sa charge. La construction, interrompue par la guerre de 1883-1884, et reprise en régie, a été mise en exploitation jusqu'à Juntas de Apulo, fin janvier 1889.

Par contrat du 28 septembre 1887, suivi de plusieurs contrats annexes, le Gouvernement central concéda cette ligne à M. Cisneros, avec liberté de choisir le tracé qui lui paraîtrait le meilleur, la liberté de fixer les tarifs à sa guise pendant les onze premières années d'exploitation, l'exemption de droits de douane pour le matériel de construction et d'exploitation, ainsi que de tous impôts, et des droits de navigation.

Le Gouvernement abandonne la section de Girardot à Juntas de Apulo, mais il entre comme actionnaire dans la nouvelle Compagnie pour une somme de $ 900.000.

M. Cisneros n'ayant pu constituer la Compagnie dans les délais voulus, de nouveaux délais furent accordés, et le 18 novembre 1888, le Ministre de Fomento, sur une lettre d'acceptation ferme des dernières conditions, prenait une décision, notifiée à l'intéressé, que le gouvernement prenait note de l'acceptation et s'engageait, pour sa part, à exécuter le contrat.

Mais le Président, M. Holguin, refusant d'approuver la décision de son Ministre, l'obligea à revenir sur le contrat. M. Cisneros ayant refusé d'accepter les modifications, le 19 décembre 1888 le gouvernement déclara la déchéance définitive de la concession.

M. Cisneros a protesté et réclame la nullité de cette décision.

Malgré cette protestation, le gouvernement a cherché à reprendre la construction de la ligne de Girardot, et il a fait savoir qu'il donnerait à la Compagnie Franco-Belge la concession aux mêmes conditions qu'à M. Cisnéros. Il m'a demandé de faire une reconnaissance du tracé, à la suite de laquelle j'ai répondu que je proposerais à la Compagnie de prendre cette concession sous deux conditions : 1° que l'État garantît la Compagnie Franco-Belge contre toute revendication de la part de M. Cisneros ; 2° que les conditions fussent les mêmes que celles de toutes les concessions de la Compagnie, stipulées dans la loi IVᵉ de 1886.

Le Gouvernement n'ayant pas accepté, convoqua les notables commerçants de Bogota pour la formation d'une Compagnie nationale. Cette idée n'ayant pas abouti, M. Carlos Tanco a demandé, le 20 mai dernier, la concession aux conditions que j'avais moi-même demandées au nom de la Compagnie Franco-Belge, et prétendait, au moment de mon départ, qu'il avait la promesse du Président. Je n'en ai pas reçu la confirmation, bien que j'eusse prié plusieurs personnes de me tenir au courant.

Tracé. — La ligne part de la Madeleine, où se trouve un appontement pour le déchargement des vapeurs, et suit à peu de distance la rive droite du Rio Bogota jusqu'à la station de Portillo. Dans toute cette partie, le pays est plat, il n'y a eu à surmonter aucune difficulté. De Portillo à Juntas, les collines ont leur pied dans la rivière, il a fallu faire des travaux de terrassement un peu plus importants.

Les ponts sont en bois, et le Gouvernement reproche à M. Cisneros d'avoir construit trop légèrement. L'entrepreneur s'en défend en disant qu'après avoir remis la ligne au Gouvernement, celui-ci ne l'a pas entretenue avec assez de soin, et a, par sa négligence, amené la nécessité d'un grand nombre de travaux de réfection. Quoi qu'il en soit, la ligne nécessite de nombreux travaux de parachèvement, et surtout le remplacement des ponts.

Plusieurs études ont été faites pour le prolongement de la ligne, mais aucune ne me paraît suffisamment précise pour que l'on puisse prendre une décision; cependant, sauf des variantes de détail, les deux tracés les mieux étudiés ont un point commun, El Hospicio, col bien indiqué comme point de passage obligé.

De ce point, les ingénieurs anglais ont cherché, dans le bassin de l'Apulo, le développement nécessaire pour remonter sur le plateau de Bogota, et ils y débouchent par un col situé près de Cipacon, à la cote 2,700 mètres, c'est-à-dire à environ 130 mètres au-dessus de la plaine.

Le second tracé a été fait sous la direction d'ingénieurs colombiens sous les ordres de M. Liévano ; de l'Hospicio, il se développe d'abord sur la rive droite du Rio Bogota, le traverse près de l'Arachal et continue à monter sur la rive gauche pour arriver à saut dit de Tequendama (2,400 mètres) qui est le point le plus bas de toute la Savane, puisque c'est le point de sortie des eaux.

Ce point est de 300 mètres environ plus bas que le col choisi par les ingénieurs anglais ; c'est celui qui m'a paru le plus favorable.

La carte au $\frac{1}{100.000}$ reproduit les deux tracés. Le tableau suivant indique les distances entre les points les plus remarquables, ainsi que les distances totales de Bogota à Girardot.

CHEMIN DE FER DE GIRARDOT

TABLEAU DES DISTANCES

	DISTANCES		ALTITUDES	OBSERVATIONS
	PARTIELLES	CUMULÉES		
Tracé anglais.	kilomètres	kilomètres		
Girardot	0,000	0,000	330	Origine du tracé près de la Madeleine.
Juntas.	40,000	40,000	430	
Mesa	27,000	67,000	1.270	Le chemin passe plus bas que la Mesa, à environ 1,000 mètres.
Hospicio.	7,500	74,500	1.300	
Cipacon	34,000	108,500	2.700	Col.
Serrezuela.	20,000	128,500	2.563	
Bogota.	25,000	153,500	2.640	La longueur de ce tracé entre Girardot et Serrezuela rencontre du chemin de la Savane est de kil. 128,500.
Total. . .	153,500			
Tracé Lievano.				
Girardot	0,000	0,000	330	Origine du tracé près de la Madeleine.
Juntas.	40,000	40,000	430	
Hospicio.	30,000	70,000	1.300	
Rio Bogota.	20,000	90,000	2.000	
Tequendama-Salto	9,000	99,000	2.400	Débouché sur le plateau.
Bogota.	38,500	137,000	2.640	
Total. . .	137,500			

La longueur totale du tracé Lievano est plus courte d'environ seize kilomètres, mais le tracé par Cipacon s'arrête à Serrezuela (Madrid). La longueur à construire est moindre d'environ neuf kilomètres... (128,50 au lieu de 137,50).

Le tracé par Cipacon exige des pentes moyennes de 0,04 sur une grande distance, pentes qui dépassent 0,05 en certains points, tandis que le tracé par Tequendama peut s'exécuter avec une pente moyenne de 0,03, ne dépassant pas 0,035 maximun.

Des études plus sérieuses pourraient seules permettre de se prononcer en toute connaissance de cause, néanmoins, les reconnaissances que j'ai pu faire, ainsi que les considérations précédentes, me font donner la préférence au tracé Lievano, plus court, ayant des pentes plus faibles, et qui ne me paraît pas devoir être plus coûteux.

Le tracé qui me paraît le meilleur, en partant de Juntas, suivrait le Rio-Bogota, remonterait le ravin de Socota qui passe près d'Anapoima, et regagnerait ensuite la vallée d'Apulo. Il suivrait ensuite en montant, au moyen de pentes variant entre $0^m,015$ et $0^m,025$ la série de plateaux étagés jusqu'à San Javier où serait placée la station de La Mesa. De là, en contournant le contrefort de Arayan, il gagnerait le col del Hospicio (1,300 mètres), entre les vallées de l'Apulo et du Bogota.

Jusqu'à ce point, les difficultés ne sont pas grandes ; les pentes moyennes sont faibles, mais, pour ne pas exagérer le prix de la construction, on ne devra pas hésiter à adopter, en certains points, des pentes pouvant aller à $0^m,025$

Les difficultés commencent à partir de l'Hospicio. Le chemin doit déjà monter à $0^m,030$, passer derrière Tena (1,350), suivre la ligne de pente de $0^m,030$ en remontant dans tous les ravins, en contournant tous les contreforts, au moyen de tunnels assez courts et de viaducs peu élevés et de faible longueur. Il passe au-dessus du village de San Antonio, du hameau del Retiro ; contourne les contreforts de San Juan et vient traverser le Rio Bogota un peu en avant de la Florida, près de l'embouchure de la Quebrada Honda, sur un viaduc auquel on peut donner, s'il en est besoin, une grande hauteur, en choisissant le point le plus favorable. La rivière passe, en effet, entre des rives escarpées et entre des contreforts très élevées.

De là, s'appuyant sur les nombreux contreforts qui descendent de la chaîne principale, il gagne le Salto de Tequendama.

La seule difficulté sérieuse sera le passage del Sanjon de Piedecuesta, ravin très profond qui devra être franchi au pied de grands escarpements, au moyen d'un ouvrage dont les abords sont extrêmement abrupts, dans des éboulis. Les autres ouvrages bien qu'importants, ne m'ont pas paru devoir offrir aucune difficulté sérieuse. Ils se composeront de viaducs assez courts, le plus haut, sur l'Aracachal pouvant avoir 50 mètres d'élévation, de cinq à six tunnels de 150 à 300 mètres de longueur et de quelques murs de soutènement.

Sauf les abords de Piedecuesta, le terrain est suffisamment solide, et depuis le Mirador jusqu'à la chute du Tequendama, on trouve une corniche naturelle sur laquelle on peut, très économiquement, asseoir le chemin de fer.

De l'Hospicio (1,300 mètres) au Saut (2,400 mètres), la différence de niveau est de 1,100 mètres ; avec une pente moyenne de $0^m,003$; le développement nécessaire est de 36 kilomètres. Le tracé que nous avons figuré comporte à peu près ce développement.

Une fois arrivé au Salto, le tracé n'offre plus aucune difficulté, bien qu'il ait à parcourir une vallée étroite dont, sur certains points, les pentes dépassent la pente maxima de $0^m,035$, entre la chute et l'hacienda del Tequendama, mais comme on dispose d'un parcours total de 7 à 8 kilomètres pour franchir 185 mètres de différence de niveau, il sera facile de combiner le tracé pour arriver à ne pas dépasser 0ᵐ,03 en se développant dans la vallée secondaire de Chincha.

De l'hacienda del Tequendama à Bogota, le tracé est entièrement en plaine et pourra, sur une grande longueur, s'installer sur la route, dont la largeur, en certains points, dépasse 40 mètres.

Le tracé étudié débouchait sur la place des Martyrs, au bas de Bogota ; en parlant de la ville nous avons étudié spécialement ce point.

Dans le trajet déjà construit, la voie a une largeur de trois pieds anglais (0ᵐ,915), les rails en acier ont un poids de 35 livres par yard (17 kilog. par mètre). Les pentes arrivent à 0ᵐ,035, les courbes descendent à 125 mètres. On ne s'explique pas la nécessité de pareilles pentes dans cette partie du tracé.

Les devis du tracé exécuté pour le compte de M. Cisneros étaient :

TRACÉ ANGLAIS PAR CIPACON ET BOJACA

| DÉSIGNATION | DISTANCES | PRIX | | OBSERVATIONS |
		TOTAL	par KILOMÈTRE	
	kilomètres	$	$	Prix de revient donné par M. Peña, directeur de la ligne.
1º Girardot-Juntas	40,000	950.000	23.780	On a enlevé du devis de M. Cisneros le prix de la section Portillo-Juntas déjà construite.
2º Juntas-San Joaquin.	16,982	461.706	31.149	
3º San Joaquin-Bojaca	61,874	3.577.895	57.826	
4º Bojaca-Bogota	35,783	611.552	17.091	Devis de M. Cisneros.
Ateliers, etc., station de Bogota	»	150.000	»	
	154,639	5.751.153	37.180	

Si on cherche le prix moyen, en enlevant la partie déjà construite, le devis donne, de Juntas à Bogota, une dépense totale de 4,801,153 piastres pour 115 kilomètres, soit 41,750 piastres par kilomètre.

Le devis de Bojaca à Bogota est beaucoup trop bas. En effet, le chemin de la Savane a coûté certainement beaucoup plus de 26,000 piastres comme nous l'avons vu.

J'ai essayé de me rendre compte de ce que coûterait le tracé Lievano, le devis qu'il en a fait étant beaucoup trop faible ; voici les résultats auxquels je suis arrivé à la suite des reconnaissances faites en janvier et février 1889.

15

TRACÉ LIEVANO

(Devis fait par M. LE BRUN.)

DÉSIGNATION	DISTANCES	PRIX		OBSERVATIONS
		PAR KILOMÈTRE	TOTAL	
	kil.	$	$	
Girardot-Juntas	40.000	23.750	950.000	Prix donné par M. Peña.
Juntas-Hospicio	30.000	30.000	900.000	
Hospicio-Rio Bogota.	26.000	40.000	1.040.000	Évaluation à vue, d'après les
Rio-Bogota-Salto.	11.000	125.000	1.375.000	reconnaissances faites sur le
Salto-Hacienda-Tequendama	8.000	40.000	320.000	terrain.
Hacienda-Tequendama-Bogota	22.500	26.000	585.000	
	137.500	37.600	5.170.000	

Si on fait le prix moyen en enlevant la partie déjà construite, on trouve pour la dépense de Juntas à Bogota $ 4,220,000.

Soit pour 97km,50 une dépense kilométrique de $ 43,282 or.

Voici, d'après M. Peña, le résumé des dépenses faites sur la ligne de Girardot à Juntas :

	NOMBRE	DÉPENSES		
	DE KILOMÈTRES	PARTIELLES	TOTALES	PAR KILOMÈTRE
		$	$	$
De Girardot à Tocaima (entreprise Cisneros). . . .	29	650.000	750.000	25.862
Id. Id. (parachèvement).		100.000		
De Tocaima à Juntas	11		200.000	18.181
	40		950.000	23.750

Il y a lieu de remarquer que les stations sont très provisoires, que les ponts sont presque tous en bois, que la ligne n'est pas entièrement ballastée; enfin que le Gouvernement a employé, pendant toute la durée des travaux, *un ou plusieurs* bataillons d'infanterie, dont la solde supplémentaire, figurant seule au compte, n'était que de $ 0,15, tandis que la journée moyenne d'un ouvrier ressortait à $ 0,50. Je ne crois pas beaucoup m'éloigner de la vérité en estimant à $ 30,000 par kilomètre le coût réel du travail supposé fini.

Le prix kilométrique moyen est donc égal pour les deux tracés, et la dépense, si le premier tracé s'arrête à Serrezuela, presque identique; il y a donc avantage à passer par Tequendama, les pentes étant moindres, ainsi que la distance totale, ce tracé desservant Fusagasuga et toute cette importante région.

§ 2

EXPLOITATION

Trafic. — M. Cisneros a fait faire une étude du Trafic, laquelle peut se résumer ainsi :

Le nombre d'habitants qui ont un intérêt immédiat à se servir du chemin de fer, entre Girardot et Zipaquira, peut être évalué à 200,000, mais; outre ces intérêts locaux le chemin de fer est appelé à desservir tout le Tolima, les relations du Cauca avec le Cundinamarca, et, suivant l'espérance des auteurs du projet, à peu près tout le trafic du Cundinamarca avec l'Atlantique, en empruntant le haut et le bas fleuve.

LIGNE DE GIRARDOT
Évaluation du Trafic probable, par M. Cisneros.

| DÉSIGNATION | QUANTITÉS | PRODUITS | | OBSERVATIONS |
		PARTIELS	TOTAUX	
I. — Voyageurs.	Voyageurs.	$	$	(1) La charge est de 140 kilog.
1re classe.	40.000	64.000		(2) Le trafic entre Bogota et Facatativa comprend :
2e classe.	80.000	80.000		Trafic général prenant la route Villeta-Gradias.
3e classe.	100.000	40.000		Importations 26.228) 32.260 ch. Exportations 6.032)
	220.000		184.000 »	Trafic local 182.087
				Total comme ci-contre. 214.947
II. — Marchandises.	Charges (1)			Soit environ 30.000 T.
1° Trafic général Girardot-Bogota . . .	67.000	175.879		T.
2° Trafic local entre Bogota, La Mésa, Anapoima.	115.200	126.782		9.380
3° Trafic local entre La Mesa et Girardot.	38.000	50.062		16.428
4° Trafic local et trafic général entre Bogota et Facatativa (2)	214.947	461.234	513.957 »	5.226
				30.000
Totaux	435.147		697.957 »	60.828
				Soit environ comme tonnage total 61.000

M. Cisneros aurait pris comme base les statistiques de 1875 de M. Camacho Roldan, et il fait ressortir que, depuis cette époque, la population s'étant accrue de près de 35 0/0, les chiffres précédents devraient être augmentés proportionnellement.

En tenant compte à la fois de cette augmentation de la population et des facilités que donnerait le chemin de fer pour l'accroissement du trafic, il espère que ces chiffres peuvent être doublés, ce qui donnerait les résultats suivants :

	TOTALES	PAR KILOMÈTRE	
Recettes brutes.	$ 1.395.916	$ 9.000	Soit 40 0/0 des recettes brutes.
Dépenses.	558.000	3.600	
Recettes nettes.	837.916	5.400	

Il en tire comme conséquence que :

Le capital étant de . . . . $ 4.770.000
Les *recettes nettes*, de. . . . . $ 837,716
Le revenu net serait de 16.9 0/0

Nous n'avons pas besoin de faire ressortir les grandes illusions que se fait l'auteur. En premier lieu, il serait impossible, en Colombie, là où tout est si cher, sur des pentes moyennes de 3,5 pouvant aller à 5 et 6, même en employant le système Abt, d'exploiter à 40 0/0.

En second lieu, le chiffre des recettes est bien loin de ce que parait donner la pratique, et nous ne pouvons mieux faire que de transcrire ici le rapport de M. H. Peña, le directeur actuel de la ligne.

« Bien que les voyageurs et les marchandises se servent peu de la ligne, à cause du faible mouvement local entre ses deux extrémités, et parce que le chemin n'arrive encore à aucun centre commercial, les recettes montent annuellement pour 32 kilomètres à. . . . . $ 15.000   470 par kilomètre.

» Les dépenses d'entretien et d'exploitation
montent à. . . . . 36.000   1.125   —
                » Déficit annuel. . . . $ 21.000   655 par kilomètre.

» Il est probable que le chemin une fois ouvert jusqu'à Juntas (40 kilomètres), les recettes monteront à. . . . .$ 24.000   600 par kilomètre.
et que les dépenses ne dépasseront pas. . . . . . . 40.000   1.000   —
                » Déficit . . . . . . $ 16.000   400 par kilomètre.

» Quand le chemin de fer arrivera à la Mesa, lorsque les voyageurs et les marchandises du Tolima pourront sérieusement l'utiliser, l'entreprise paiera ses frais.

» Quand il arrivera sur les hauts plateaux et développera des industries aujourd'hui mortes à cause de la difficulté des transports, et qu'il s'embranchera sur le chemin de la Savane, il donnera des dividendes qui iront en croissant avec le développement de ces industries. Dans les pays neufs, personne ne peut prévoir jusqu'où peut aller ce développement. »

Si nous rapprochons des chiffres de M. Cisneros, le rendement actuel du chemin de fer de la Dorada, soit $ 4,175, nous voyons combien ils sont exagérés.

Quand la ligne de Girardot aura atteint Bogota, il semble qu'on ne puisse pas espérer beaucoup plus que le rendement actuel de celle de la Dorada; en effet, la navigation du haut fleuve étant extrêmement précaire, on ne peut compter que tout le trafic de la Dorada prenne la voie de Girardot; un grand nombre de voyageurs et de marchandises suivront toujours l'ancienne route; on ne peut dire à l'avance dans quelles proportion se fera le partage, mais il semble qu'on ne s'écartera pas beaucoup de la vérité en supposant que le trafic local compensera à peu près la différence, et en tenant compte du trafic du Tolima, il semble que l'on devra s'estimer heureux si les recettes brutes atteignent $ 5,000 par kilomètre.

Sur une ligne aussi accidentée, on ne peut guère espérer faire de l'exploitation au-dessous du chiffre donné par la formule.

$$d = 1,333 + \frac{r}{3} = \$ 3,000,$$

ce qui est le chiffre de la Dorada.

Les résultats seraient les suivants :

Recettes brutes kilométriques	S	5.000
Dépenses kilométriques		3.000
RECETTES NETTES	S	2.000

Le capital étant de $ 42,000, le revenu serait de 4.76 0/0).

Il ne faudrait même pas y compter à l'origine, parce que les recettes n'atteindraient les chiffres indiqués que plusieurs années après l'ouverture de la ligne, quand sous l'influence des facilités données par les nouvelles voies, la population s'étant accrue, l'agriculture et l'industrie en se développant augmenteraient le trafic.

La garantie d'intérêt est donc absolument nécessaire si le concessionnaire ne veut pas courir à une perte à peu près certaine pendant une période plus ou moins longue.

Nous nous sommes longuement étendu sur ces considérations parce que le Gouvernement et un grand nombre d'hommes politiques et de commerçants, convaincus de la réalité des statistiques de M. Camacho Roldan et des calculs des ingénieurs anglais, sont persuadés que les lignes projetées paieront une large rémunération aux capitaux, et se figurent que la demande de garantie cache des spéculations dont ils ne veulent pas laisser profiter les étrangers.

D'autres personnes, plus clairvoyantes, savent bien que les chemins de fer de Colombie ne peuvent pas être immédiatement productifs, mais en faisant valoir ces chiffres établis par des ingénieurs étrangers, ils espèrent que des spéculateurs se rencontreront qui, séduits par ces perspectives brillantes, se chargeront de ces lignes, à leurs risques et périls, sans se rendre compte qu'ils ne pourront trouver pour se mettre à la tête de ces entreprises que des gens peu sérieux qui abandonneront le travail dès qu'ils verront qu'il ne peuvent y trouver leur rémunération, ou qui spéculeront sur une résiliation pour se faire allouer une indemnité. C'est malheureusement ce qui est déjà arrivé à plusieurs reprises, et malgré la dure expérience du passé, l'opinion publique partagée par plusieurs hommes du gouvernement n'a pu encore arriver à se convaincre que pour arriver à mener à bonne fin ces travaux, en somme fort difficiles, dont dépend l'avenir du pays, il faut en premier lieu s'adresser à une Compagnie puissante, disposant de ressources étendues, ayant la pratique de ces opérations, offrant par suite de sérieuses garanties; en second lieu, que les capitaux exigeront de leur côté des garanties non moins sérieuses, et ne seront attirés que par l'espérance bien légitime de tirer une rémunération supérieure à celle qu'ils peuvent trouver chez eux, en courant moins de risques.

Le travail fait par les Ingénieurs de M. Cisneros a été une des causes les plus déterminantes des exigences du gouvernement vis-à-vis des concessions de la Compagnie Franco-Belge; il a créé des illusions qui ont servi de prétexte pour demander l'abandon de la garantie, et par suite, a contribué pour une large part à la déclaration de déchéance.

A ce titre, il était instructif d'en faire une analyse un peu étendue.

CHAPITRE XVI

ÉTUDE DES VOIES ACTUELLES DE COMMUNICATION

ENTRE BOGOTA ET LA MADELEINE

Bogota, capitale de la Colombie, est bâtie sur un plateau élevé de 2,600 mètres au-dessus du niveau de la mer, communiquant avec les autres provinces par plusieurs chemins dont nous allons examiner rapidement les principaux.

La Sabana de Bogota est une vaste plaine mesurant 90 kilomètres environ de longueur, depuis Suesca au nord, jusqu'au Tequendama au sud, et 50 kilomètres depuis Bogota à l'est, à los Manzanos à l'ouest. Elle est entourée de tous les côtés par des montagnes assez élevées. Elle formait autrefois un lac dont les eaux se sont écoulées par la cassure du Tequendama qui s'est ouverte au sud, unique sortie des eaux de tout le plateau.

Les routes se sont naturellement dirigées vers les cols permettant de franchir plus aisément cette ceinture de montagnes ; dans la plaine elles sont généralement carrossables, mais en très mauvais état. On leur a donné une largeur beaucoup trop grande, quelques-unes ont jusqu'à 50 mètres, et les largeurs de 30 mètres sont fréquentes. Le milieu est quelquefois empierré, mais l'entretien est mal fait, aussi voitures et cavaliers suivent les accotements, qui dans la saison sèche, sont recouverts d'une couche épaisse de poussière, transformée en une mer de boue et de fondrières aux premières pluies.

Il conviendrait évidemment à l'Administration de les réduire à 10 mètres, soit en vendant tout l'excédent de surface, soit en le donnant sous forme de subvention aux Compagnies de chemins de fer ; malheureusement la population est très hostile à cette idée, et la Chambre a voté une loi pour empêcher cette aliénation.

Au delà de la ceinture de montagnes, on ne trouve plus qu'une seule route carrossable jusqu'au fleuve, celle du Cambao, toutes les autres sont des chemins de mulets plus ou moins transitables dans la saison pluvieuse.

§ 1

ROUTE D'OCCIDENT

Route d'Occident. — La plus fréquentée et la plus importante est celle de Bogota à Honda sur la Madeleine, passant par Facatativa petite ville commerçante de 7,000 habitants ; la route traverse ensuite la montagne au col de Alto del Roble

(2,767 mètres) près de los Manzanos, puis redescend en lacets jusqu'à Agua Larga (2,230 mètres) où elle cesse d'être carrossable.

Voici ensuite les points principaux de ce parcours :

Aserrado	2.365	Alto del Trigo	1.836	Alto del Sargento	1.400
Chimbe	1.725	Alto del Raizal	1.478	El Consuelo	1.020
Villeta	839	Guaduas	1.026	Honda	210

Le chemin de mulets a été fort mal tracé, et son état d'entretien laisse beaucoup à désirer. Il traverse les vallées secondaires presque normalement, monte et descend par les lignes de plus grande pente; lorsque les pentes sont trop fortes, on a ménagé des escaliers pavés à marches très larges et assez basses dont la plus grande partie est en ruine.

On trouve sur le parcours un grand nombre d'auberges assez mauvaises, et des hôtels à Guaduas et Villeta.

Comme nous l'avons vu, Honda est le meilleur point actuel d'arrivée sur le fleuve; depuis l'ouverture du chemin de fer de la Dorada, c'est la route qui offre le plus de ressources, c'est aussi la plus courte, aussi est-elle presque exclusivement suivie par les voyageurs et les marchandises dont le poids ne s'oppose pas au transport à dos de mulet. La charge du mulet est comptée à 125 kilogrammes et exceptionnellement à 140 kilogrammes.

Les voyageurs la parcourent en moyenne en trois jours, les marchandises mettent en général le double de temps. Sa longueur est d'environ 150 kilomètres.

Les colis d'un poids supérieur à 140 kilogrammes étaient autrefois transportés à force d'hommes, le transport montait à des prix énormes et nécessitait quinze à vingt jours.

---

§ 2

ROUTE DE CAMBAO

Route de Cambao. — Pour améliorer cet état de choses si préjudiciable au commerce de Bogota, on a depuis longtemps cherché à construire une route carrossable descendant jusqu'au fleuve. Divers tracés ont été proposés, l'un par Cambao, qu'avait trouvé le général Codazzi, et un autre par Guarumo dont nous parlerons tout à l'heure.

L'origine de la route est au port de Cambao, au pied de la normale menée de Bogota au fleuve situé à 35 kilomètres environ en amont de Honda, à 15 kilomètres de Ambalema, et vient rejoindre la route d'Occident à Agua Larga. Elle est ouverte sur toute sa longueur sur 3 mètres de largeur; telle qu'elle est, elle a rendu déjà de très grands services au pays, en permettant le transport du matériel du chemin de fer de la Sabana, et des colis qu'on n'eût pu auparavant amener à la capitale.

Nous reproduisons les principales conditions techniques de son établissement.

Bien que le nombre des ouvrages d'art paraisse énorme, 1,154, il faut remarquer que l'on a compté sous ce nom tous les écoulements d'eau dont la plus grande partie peut se dévier par le fossé latéral, ou peut s'effectuer au moyen de cassis pavés traversant la chaussée. Aucun de ces travaux d'ailleurs n'a une sérieuse importance.

La route suit de très près l'arête du contrefort qui se détache du massif principal à Agua Larga, en augmentant un peu par des lacets son développement, et en évitant avec soin de pénétrer dans les gorges qui prennent naissance de part et d'autre de cette ligne de faîte secondaire, ce qui explique que les ouvrages d'art n'aient pas plus d'importance.

ROUTE DE CAMBAO	DIFFÉRENCE DE NIVEAU	LONGUEUR	PENTE MAXIMUM	NOMBRE D'OUVRAGES D'ART
		mètres		
1re Section Del Roble (2767) à Pan de Azucar (1761)	1.006,60	23.300	0.0432	126
2e Section De Pan de Azucar (1761) à Chumbamuy (1705)	56,00	30.000	0.05	232
3e Section De Chumbamuy (1705) à Capira (1044)	760,40	25.900	0.03	502
4e Section De Capira (1044) à Cambao (294)	650,00	17.070	0.038	294
	2.473,00	96.270		1.154
A déduire la partie déjà construite du Roble à Agua Larga. .		6.270		
Reste à construire.		90.000		

Sur cette longueur de 90 kilomètres, existent déjà plusieurs ponts, et partout la banquette a 3 mètres de largeur, l'empierrement est fait sur une partie de la longueur. Il reste à porter la route à la largeur de 5 mètres et à terminer l'empierrement.

M. Ponce de Leon, un des ingénieurs les plus compétents du pays, estime les dépenses d'achèvement de cette route à $ 200,000.

Les tarifs sont actuellement de $ 0,90 l'arroba de 12k,500; pour montrer l'immense avantage de cette route, il suffit de faire ressortir que le transport d'un rail de 120 kilogrammes n'a coûté par le Cambao que 8 piastres tandis qu'il a coûté $ 56 par la route de Guaduas Villeta, à cause de la difficulté de la traction.

On peut monter couramment sur une charrette à bœufs des poids indivisibles de 400 à 500 kilogrammes, et exceptionnellement des chaudières de locomotives ce qui serait une impossibilité absolue par le chemin de mulets d'Occident.

Il n'est d'ailleurs pas douteux que les tarifs payés actuellement pourraient, après son achèvement, en organisant rationnellement les transports, se réduire dans une très large proportion.

On ne s'expliquerait donc pas que le gouvernement n'ait pas, depuis longtemps déjà, terminé cette voie qui changerait radicalement les conditions du commerce de Bogota, si malheureusement les influences locales ou politiques, trop souvent même les intérêts particuliers n'empêchaient l'achèvement des travaux commencés.

On ne peut guère espérer que le chemin de fer de Girardot, même si on s'y mettait sérieusement, soit terminé avant trois ou quatre ans, il vaudrait donc la peine de terminer la route du Cambao qui pourrait être achevée en une campagne.

---

§ 3

ROUTE DE PONCET OU DE LIEVANO

Route de Poncet ou de Lievano. — Le général Mosquera, il y a environ quarante ans, fit venir l'ingénieur français Poncet pour étudier une route carrossable reliant la Savane à la Madeleine, et comme les difficultés de la navigation entre Conejo et Honda étaient considérables, il chercha naturellement un point en aval de ce point, et trouva, près de Guarumo, un passage facile dans les montagnes qui bordent la rive droite de la Madeleine.

De là le tracé remonte le rio Negro, en suivant la direction N.-S., de Siete Vueltas à Salsipuedes. Entre ce point et Utica, il traverse les gorges très étroites de cette rivière dans la direction de l'ouest à l'est; d'Utica (1,110) il revient vers Villeta (839) en reprenant la direction du sud. De là, il commence l'ascension de la montagne qu'il traverse au col de Monroi pour gagner soit Facatativa soit Bogota.

M. Lievano s'est fait l'apôtre de ce tracé qu'il a amélioré, et en poursuit l'exécution avec une grande énergie, il a obtenu la concession d'un chemin de mulets, qu'il pourra transformer successivement en voie charretière et en chemin de fer, s'il trouve les capitaux suffisants. Il a déjà ouvert le chemin entre Guarumo et Villeta, et poursuit les études de Villeta au plateau.

Nous ne croyons pas qu'il puisse aboutir; la longueur du tracé est d'au moins 155 kilomètres et le prix d'une route carrossable dépasserait $ 1,800,000, soit six fois le prix de ce qui reste à faire ou chemin de Cambao. On éviterait, il est vrai, les transbordements de Yeguas et de Arrancaplumas, mais la route depuis Villeta traverserait un pays désert et malsain sur 100 kilomètres, et le trafic ne serait pas suffisant pour payer l'intérêt du capital de construction. Tout serait à créer à Guarumo quand les installations sont déjà faites à Honda-Yeguas.

Quant au chemin de fer, M. Lievano estime la dépense à $ 10,000,000; une Commission, présidée par M. Gonzalez Vazquez, la fait monter à $ 15,000,000, il serait plus rationnel d'employer ces sommes à la construction du chemin de fer du Nord, sous tous les points de vue.

En effet, le chemin sur Guarumo ne pourrait servir au transport des produits agricoles de la Savane vers la côte où ils trouveraient la concurrence des denrées d'Europe ou des États-Unis dès qu'ils atteindraient la Madeleine; il serait donc inutile au commerce intérieur et ne servirait qu'au commerce extérieur, tandis que le Chemin de fer du Nord mettrait en communication les provinces du Cundinamarca, du Boyaca et du Santander, en même temps qu'il rapprocherait davantage Bogota de la côte, comme nous le verrons.

16

§ 4

ROUTE DE GIRARDOT

Route de Girardot. — Elle part de Bogota, passe par Fontibon, Barro Blanco, Boca del Monte (2,680) où elle traverse la ceinture de la Savane. Elle est carrossable sur tout ce parcours.

A partir de Boca del Monte, ce n'est plus qu'un chemin de mulets très raide qui passe par les points suivants :

Tena	1.458	Anapoima	678	Girardot	320
El Hospicio	1.282	Juntas de Apulo	430		
La Mesa	1.281	Tocaima	431		

Il rencontre le chemin de fer à Juntas de Apulo.

Nous avons indiqué qu'une partie des marchandises du commerce extérieur remontait jusqu'à Girardot et prenait cette voie, qui sert en même temps aux échanges du haut Tolima et du Cundinamarca; les voyageurs et les rares marchandises du Cauca suivent aussi cette route.

D'une certaine importance actuellement, il est évident que la route sera complètement abandonnée quand le chemin de fer sera terminé.

Un voyageur bien monté met en général deux à trois jours pour aller de Bogota à Juntas de Apulo.

———

§ 5

ROUTE DU NORD

Route du Nord. — La route du Nord va de Bogota à Puente del Comun dans la Savane où elle bifurque. La route de Tunja prend à l'est, celle de Cipaquira suit vers le nord.

De Cipaquira elle se dirige vers Chiquinquira, Socorro, Piedecuesta, Bucaramanga. La durée du trajet est de 8 à 10 jours.

Elle n'est fréquentée que par les voyageurs et les marchandises à destination du Santander, elle est en effet trop longue et trop pénible actuellement pour les voyageurs en destination de la côte.

L'itinéraire du chemin de fer du Nord suit à peu près sa direction.

Nous nous sommes suffisamment étendu sur ce sujet dans l'étude de l'avant-projet. Il est d'ailleurs superflu de dire que la route, sauf pour les petits parcours entre deux localités voisines, ne pourra faire aucune concurrence au chemin de fer futur.

Nous n'examinerons pas les autres routes, dont quelques-unes importantes, qui aboutissent à la Savane, comme celle des Llanos à l'est, celle de Neiva par Fusagasuga, celle de Pasto, etc., etc.; elles n'offrent, en effet, que peu de rapport avec le point de vue spécial de la mission qui nous a été confiée, ce ne sont d'ailleurs que des routes d'un intérêt local plus ou moins étendu.

§ 6

CHEMIN DE FER DU CARARE

Chemin de fer du Carare. — Nous devons dire quelques mots de l'étude qui a été faite par M. W. Ridley pour le compte du Gouvernement Colombien, de Bogota, au rio Carare, pour relier la Savane à la Madeleine.

Nous parlons longuement, autre part, de son tracé, entre Bogota et Chiquinquira, il est figuré sur notre plan au $\dfrac{1}{100,000}$, nous n'y reviendrons pas ici.

De Chiquinquira (2,614) il se dirige vers Velez (2,190); à partir de ce point commencent des difficultés qui, suivant la description donnée dans le Mémoire, doivent être de beaucoup supérieures à celles que l'on rencontre sur la section de Socorro à Bucaramanga. Il suffit de dire que, malgré les pentes de 0,08, des courbes de 60 mètres de rayon, la ligne, sur un grand nombre de kilomètres de son parcours, se trouve, soit en encorbellement, construite sur des estacades en charpentes accrochées au flanc de la montagne, leur hauteur atteint 40 mètres en certains points; soit en galeries creusées dans les escarpements et soutenues, tous les 10 mètres, par des piliers massifs; soit en tunnels.

La longueur du trajet en terrains déserts est d'environ 167 kilomètres et, dans les terrains plats et malsains de la vallée du Carare, 45 kilomètres environ.

La traversée de la montagne représente donc 122 kilomètres qui paraissent aussi difficiles que les 35 kilomètres du passage du Sube.

Nous ne parlerons pas de la difficulté de construire de pareils travaux en pays désert et extrêmement malsain, où l'on trouve encore des Indiens bravos, c'est-à-dire non soumis et, prétend-on, très belliqueux.

L'impossibilité de ce tracé réside surtout dans la navigation du Carare, qui ne peut être remonté que dans la saison pluvieuse par des vapeurs de faible tirant d'eau, de très petit tonnage, la durée des chômages est d'au moins trois mois par an, aussi a-t-on abandonné les tentatives faites dans ce sens.

Il nous semble qu'on ne peut songer sérieusement à faire d'aussi gros sacrifices pour construire une ligne dont le profil rendrait l'exploitation précaire et très onéreuse, aboutissant à un port qui ne serait pas accessible en toute saison.

Ce chemin de fer, d'ailleurs, présenterait les mêmes inconvénients que celui de Guarumo, il ne desservirait que le trafic extérieur au delà de Velez et exigerait la construction d'embranchements sur Socorro et San Gil.

La ligne de Bucaramanga-Puerto Wilches étant d'ailleurs obligatoire, on ne tarderait pas à demander la construction du raccordement San Gil à Bucaramanga; les 167 kilomètres de la partie la plus difficile du chemin de Carare deviendraient alors inutiles.

Aussi le tracé Ridley, bien que conservant encore quelques partisans, doit être considéré comme abandonné.

CHAPITRE XVII

ÉVALUATION DES PRIX DE TRANSPORT

Nous croyons utile, au point de vue de la construction des chemins de fer, d'établir les prix de transport du matériel depuis la côte jusqu'aux chantiers de la Compagnie.

A la suite d'une première démarche pour obtenir des renseignements, la Compagnie du Chemin de fer de Bolivar, ainsi que les Compagnies de navigation nous ont consenti une réduction de 50 0/0, sur leurs tarifs généraux.

Le matériel des chemins de fer jouissait déjà d'une réduction de 40 0/0, c'est donc 10 0/0 en dessous des tarifs en vigueur ; il est probable que l'on obtiendrait des traités fermes consentant des réductions encore plus importantes, en traitant avant le commencement des travaux.

Nous ne ferons pas figurer la Commission du consignataire à Barranquilla, qui souvent est à la charge du fret du navire de mer.

Nous ne ferons pas non plus figurer le prix des assurances sur le fleuve, variable avec la destination de la marchandise et suivant la saison.

Le prix du magasinage n'est souvent dû qu'à partir du dixième jour. Au delà de ce délai il varie de $ 0,01 à $ 0,02, par charge et par semaine.

Le poids de la charge varie, suivant les lieux, de 120 à 150 kilogrammes. Le plus souvent il est compté à 125 et à 140 kilogrammes.

Nous avons donné, dans chacune de nos monographies, les tarifs en vigueur, lorsque nous avons pu nous les procurer ; il y aura lieu de s'y reporter, pour plus de détails.

§ 1

De la rade de Sabanilla à Puerto-Wilches.

C'est évidemment la section de Puerto-Wilches qui est la plus importante à considérer, au point de vue de la construction du chemin de fer ; c'est, en effet, de ce côté que les travaux commenceront, et on devra profiter de la voie pour faire les transports de la ligne au fur et à mesure de son avancement.

Nous avons établi le prix de transport de la tonne: 1° suivant les tarifs généraux ; 2° suivant les tarifs réduits des Compagnies actuelles ; 3° enfin, en supposant que la Compagnie du chemin de fer fasse les transports de son matériel par des vapeurs à grand tonnage lui appartenant. En ce cas, elle aura avantage à les faire sortir du fleuve pour aller chercher directement dans la rade de Sabanilla, les marchandises importées. Nous avons compté 2 piastres pour les frais de déchargement et de magasinage.

La Compagnie faisant elle-même ses transports, nous ne comptons que le prix de revient, sans bénéfices.

DE SAVANILLA A PUERTO-WILCHES	TARIFS GÉNÉRAUX		TARIFS GÉNÉRAUX AVEC LE RABAIS DE 50 0/0 PAR TONNE	PRIX DE REVIENT POUR LA COMPAGNIE TONNE
	PAR CHARGE	PAR TONNE		
Marchandise prise sous palan en rade de Sabanilla, transportée par chemin de fer à Barranquilla, charge 125 kilogrammes.	$ » 40	$ 3,20	$	$ 2 »
Vapeur de Barranquilla à Puerto Wilches, charge 140 kilogrammes. . . . . § 2 »	2,50	17,85		3,50
Surtaxe 25 0/0 . . . . » 50				
TOTAL.	2,90	21,05	10,52	5,50

On voit quel avantage la Compagnie aurait à faire elle-même ses transports.

---

§ 2

De la rade de Sabanilla à Girardot.

Nous établissons ce prix dans le cas où la Compagnie prendrait la concession de ce chemin de fer, et se chargerait de le terminer. Pour ce tonnage moins important, la Compagnie n'aurait pas avantage à créer un matériel spécial sur la Madeleine, elle se servirait des Compagnies existantes.

	TARIFS GÉNÉRAUX		TARIFS GÉNÉRAUX AVEC LE RABAIS DE 50 0/0
	PAR CHARGE	PAR TONNE	
Marchandises de Sabanilla à Barranquilla, comme ci-dessus.	$ » 40	$ 3,20	$
Vapeur de Barranquilla à Yeguas (tarif général) . . . § 3,40	4,25	30,35	
Surtaxe 25 0/0 . . . » 85			
Chemin de fer de Yeguas-Honda (Arranca Plumas) . . . . . » 80		5,71	
De la côte à Honda.	5,45	39,26	19,63
Vapeur de Honda à Girardot (tarif général) 1.40	1,75	12,50	6,25
Surtaxe 25 0/0. . . . . . » 35			
TOTAL.	7,20	51,76	25,88

Il est intéressant de connaître quel serait le prix de revient de transport de la côte à Bogota, en supposant le chemin de fer de Girardot terminé. Nous supposerons le tarif de la charge kilométrique de 0,01, ce qui pour 135 kilomètres donnerait :

Transport de Girardot à Bogota, par charge . . . . $ 1 35   par tonne   9,64

Prix de transport de la côte à Girardot, comme ci-dessus . . . . 7 20   —   53,41

Total . . . . $ 8 55   —   63,05

et avec le rabais de 50 0/0 . . . . $ 37,52

§ 3

De la rade de Sabanilla à Bogota.

Par les routes de terre.

Si, comme il est probable, la Compagnie doit construire la section de Bogota à Chiquinquira avant l'achèvement des autres divisions, elle devra faire venir son matériel par l'une des deux voies existantes.

a) Honda-Guaduas-Villeta, chemin de mulets.

b) Route du Cambao, charrettes à bœufs.

Nous allons examiner ces deux voies, la première un peu plus rapide, mais ne permettant pas de faire venir de colis d'un poids supérieur à 140 kilogrammes, tandis que les locomotives du chemin de la Sabana ont pu monter par Cambao tirées par des bœufs.

A. — ROUTE HONDA-GUADUAS-VILLETA	TARIF GÉNÉRAL		TARIF AVEC RABAIS
	CHARGE	TONNE	
A. — De la côte à Honda, comme ci-dessus	5,45	39,26	19,63
De Honda à Bogota par mulets jusqu'à Agua Largua et par charrettes jusqu'à Bogota, prix variable entre $ 8 et 10 par charge	10 »	71,50	57 »
Total	15,45	110,76	77,45
B. — ROUTE DU CAMBAO			
De la côte à Arranca Plumas, comme ci-dessus	5,45	39,26	19,63
Vapeur Arranca Plumas-Cambao. { Tarif général . . . . 0,60 { Surtaxe 25 0/0 0,15	0.75	5,35	2,68
	6,20	44,61	22,31
Charrette de Cambao à Facatativa	8 40	60 »	57 »
Chemin de fer Facatativa-Bogota	0,20	1,43	0.70
Total	14 80	106,04	80,01

Avec les tarifs réduits les prix seraient un peu plus élevés par Cambao que par Villeta. Mais il est certain qu'avec une bonne organisation de transports, et quelques améliorations à la route, on trouverait un sérieux avantage à faire les transports par Cambao.

Au reste, on voit déjà qu'avec les tarifs pleins, Cambao a l'avantage ; si la route n'est pas plus fréquentée, cela tient aux chômages de la Madeleine.

§ 4

Prix de transport par le Chemin de fer du Nord supposé terminé.

Pour achever cette étude, il nous reste à étudier quel serait le prix de revient de transport d'une tonne à plein tarif, en supposant le réseau terminé.

Le prix de la charge kilométrique étant par chemin de fer la moyenne des autres lignes, $ 0,01. Soit par tonne kilométrique 0,0715.

De la côte à Puerto-Wilches, comme ci-dessus. . . . . $ 21,05
De Puerto-Wilches à Bogota 507 kilomètres à 0.0715 31,20

Total. 52,25

A plein tarif on voit combien le transport serait avantageux comparé à ce qu'il coûte actuellement, sans compter les avantages accessoires, rapidité, sécurité, économie sur les intérêts, les frais d'assurances, les avances d'argent, etc., etc.

Prix par le Chemin de fer du Nord.	Par le chemin de fer de Girardot.	Par Guaduas–Villetta.	Par Cambao.
52.25	63.05	110.76	106.04

On n'aurait donc à craindre aucune concurrence, quelques rabais que pussent faire les autres entreprises.

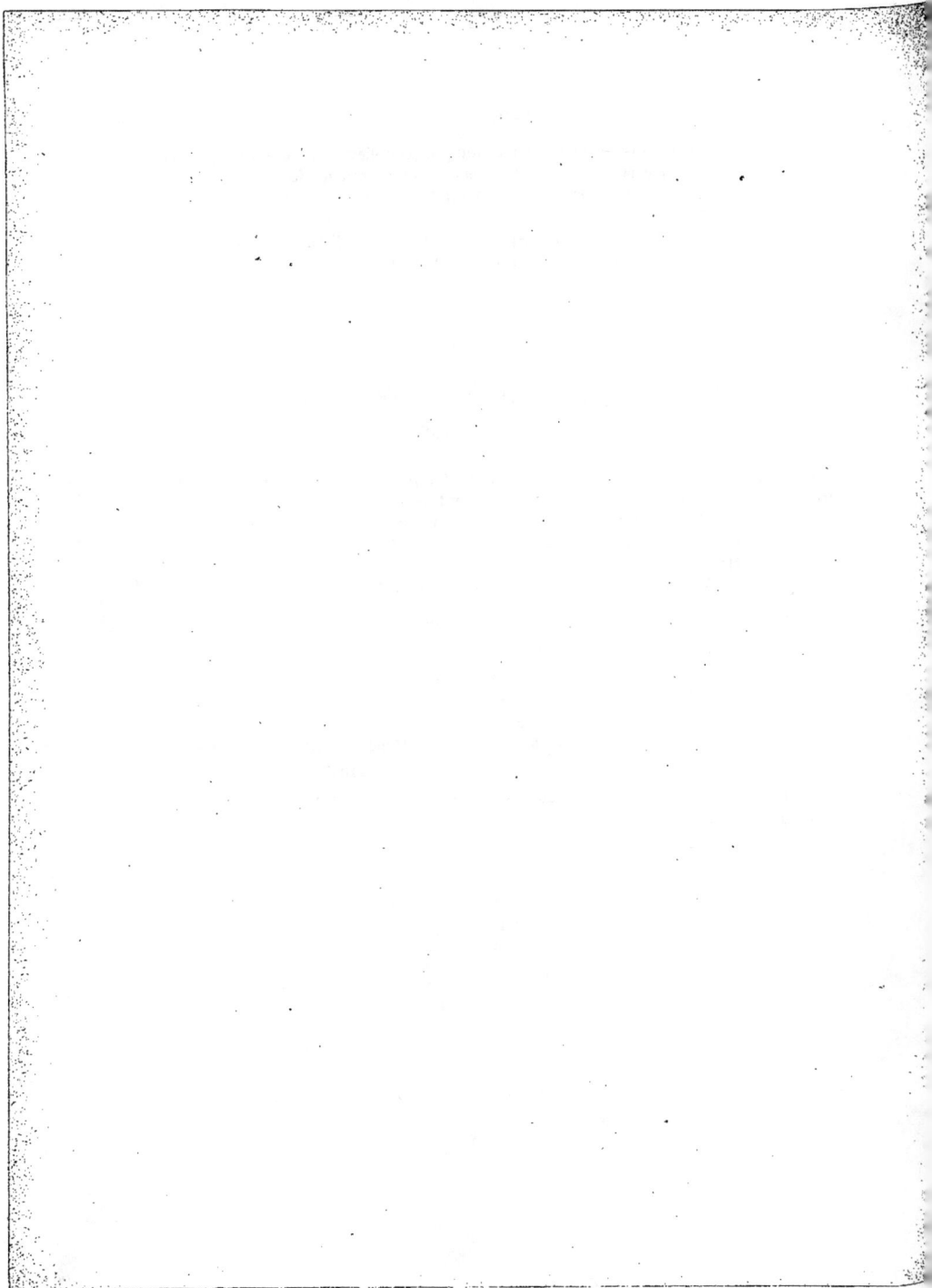

CINQUIÈME PARTIE

ÉTUDE DES LIGNES

FORMANT LA CONCESSION DE LA COMPAGNIE FRANCO-BELGE

Nous réunissons, dans cette partie, l'étude de la ligne du Nord et de la ligne du Cauca formant l'objet de la concession que j'étais plus spécialement chargé d'examiner.

Nous passerons d'abord rapidement en revue les tracés possibles, et, ensuite, nous insisterons avec plus de détails sur celui que nous proposons, en terminant par l'évaluation approchée des travaux.

CHAPITRE XVIII

CHEMIN DE FER DU NORD

RECHERCHE DU TRACÉ A ADOPTER

Nous allons dire quelques mots des différents tracés qui ont été proposés pour aboutir en un point de la basse Madeleine navigable en toute saison, et nous terminerons par celui qui paraît rallier le plus de suffrages et qui d'après les renseignements recueillis nous a semblé le meilleur.

17

§ 1

TRACÉ PAR TUNJA ET LE CHICAMOCHA

Le tracé par Tunja ne présente pas de difficultés bien sérieuses jusqu'à Soata; il traverse un pays accidenté, mais cependant praticable pour un chemin de fer.

Au delà de Soata, la vallée devient déserte, les rives du Socamocha se composent de montagnes élevées composées de roches friables, glissantes, très escarpées, au flanc desquelles il serait fort difficile d'établir un chemin de fer.

Ce tracé ne supprime pas les difficultés du Sube. Il offre l'inconvénient de ne pas desservir Chiquinquira, Velez, Socorro, San Gil, et s'il se rapproche de Malaga et Pamplona, il n'y a pas compensation au point de vue de l'importance des populations desservies. Nous croyons donc que le tracé indiqué par la concession est plus rationnel aussi bien au point de vue des intérêts généraux du pays, que de celui de la Compagnie, et que le jour où il deviendra nécessaire de rattacher Tunja à la capitale, il sera préférable de le faire au moyen d'un embranchement partant soit de Puente del Comun, soit de Cipaquira sur la ligne projetée.

---

§ 2

TRACÉ PAR TUNJA, CHARALA ET SAN GIL

En 1873, le gouvernement a fait contrôler, par un ingénieur anglais, M. E.-F. Ross, les travaux de M. Ridley. Nous n'avons pu nous procurer son mémoire, mais seulement la lettre écrite par lui à son retour.

Il préconise le tracé suivant :

Bogota, Nemocon, Choconta, Tunja, Gambita, Cuama, Charala, San Gil. De ce point à Puerto-Wilches, il suit le tracé que nous indiquons plus loin. Il signale le passage du Sube comme difficile et coûteux, cependant sa conclusion est celle-ci :

« *Je suis revenu à la capitale, convaincu par la reconnaissance que je viens de faire que* » *l'on peut construire de Bogota à la Madeleine une ligne bien supérieure à celle du Carare,* » *passant, sur presque toute son étendue, dans des régions cultivées,* etc. »

J'ai cherché des renseignements sur la partie moyenne de son tracé, comprise entre Tunja et Charala, différant notablement de celui que je propose, il m'a été impossible d'en recueillir d'assez précis pour comparer cet itinéraire à celui auquel je me suis arrêté. Un ingénieur colombien prétend qu'il ne présente aucune difficulté insurmontable, tandis que d'autres, au contraire, m'ont affirmé qu'il ne serait pas possible de franchir la ligne de faîte, entre Tunja et Charala, sans un tunnel de plusieurs kilomètres. M. Ross ne parle pas de cette difficulté dans la lettre que j'ai eue sous les yeux, aussi je me proposais de parcourir cette région pour comparer par moi-même ce tracé à celui que je propose, et je pense qu'il conviendra, si on ne peut se procurer le travail complet de M. Ross, de refaire cette reconnaissance avant de rien arrêter définitivement.

La longueur qu'il indique, 508 kilomètres, est exactement la même que celle du tracé par le rio Suarez.

---

§ 3

ÉTUDE DE LA DIRECTION GÉNÉRALE DU TRACÉ

Nous avons passé en revue les différentes routes existantes ou en projet ainsi que les tracés de chemin de fer qui peuvent mettre en communication Bogota avec la Madeleine, à l'exception de celui que nous considérons comme le meilleur, d'après les renseignements que nous avons pu recueillir; c'est, du reste, celui qui se rapproche le plus du tracé indiqué dans l'acte de concession.

Il nous reste à l'étudier avec plus de détails que les voies précédentes.

L'acte de concession porte que l'on devra passer par Tunja, Chiquinquira, Socorro, Bucaramanga, pour aboutir à la Madeleine, en un point placé en aval de l'embouchure du rio Carare.

L'examen de la carte montre qu'il faut forcément sacrifier une au moins de ces villes, on ne peut évidemment desservir par une même ligne, en même temps, Tunja et Chiquinquira.

Si on adopte le tracé de la ligne principale par Tunja, on devra laisser de côté Chiquinquira et Socorro, comme le fait M. Ross dans son rapport de 1873.

Il nous a semblé qu'il était préférable de conduire la ligne par le tracé qui paraît *a priori* le plus facile, c'est-à-dire de suivre la vallée du Suarez, en passant par Chiquinquira et Socorro la capitale du Santander.

Il sera facile de desservir Tunja et toute la haute vallée du Chicamocha, au moyen d'un embranchement partant, soit de Puente del Comun, soit de Zipaquira, par Nemocon, en réduisant ainsi au minimun la longueur et les dépenses de l'ensemble des lignes à construire.

Nous avons hésité entre le tracé Ross et celui passant par Socorro, la crainte d'un long tunnel de faîte, et la nécessité de faire monter inutilement la ligne à une hauteur supérieure à 3,000 mètres, nous ont fait donner décidément la préférence au tracé par le Suarez.

Quel que soit du reste celui des deux tracés qu'on adopte, on voit qu'ils offrent sur tous ceux qui ont été mis en avant des avantages décisifs : ils traversent les parties les plus peuplées et les plus riches des provinces de Cundinamarca, de Boyaca et de Santander où l'on trouvera pour la construction, toutes les ressources nécessaires en hommes, en vivres, en matériaux.

Sauf les 58 kilomètres de la plaine de la Madeleine, le pays est sain.

Le chemin mettra donc en communication directe des pays fertiles, et permettra, sur tout son parcours, l'échange économique des produits des terres chaudes et tempérées avec ceux des terres froides; il augmentera donc la production, les relations de populations industrieuses, et créera un trafic intérieur qui ne peut manquer d'être important.

Sur le parcours on rencontre de riches districts miniers, houille, fer, sel, cuivre, plomb, argent, or, dont beaucoup sont peu ou point exploités à cause de la difficulté des transports. Le chemin de fer, en permettant d'amener les machines pour faciliter l'exploitation des mines, en exportant les minerais enrichis, donnera un essor considérable à cette industrie qui végète actuellement. Les autres tracés ne rencontrant pas de districts miniers suffisamment étudiés, on marche dans l'inconnu à ce point de vue.

Le chemin de fer projeté permettra de desservir tout le trafic extérieur dans les meilleures conditions, puisqu'il aboutit en un point du fleuve accessible en toute saison par des vapeurs de plus fort tonnage que ceux que l'on peut employer aujourd'hui. En supprimant tous les chômages on donnera à la culture des produits d'exportation : café, cacao, sucre, une grande impulsion dans un pays dont ils ont déjà fait la richesse, malgré le haut prix et la difficulté des transports.

Enfin, aboutissant à un point déjà bas sur le fleuve, il rapprochera très sensiblement la capitale de la côte; nous verrons qu'au lieu de 12 jours, le voyage peut ne durer que 3 à 4 jours, la ligne une fois terminée.

Cette ligne est de beaucoup la plus importante de toutes celles que l'on peut construire en Colombie; elle donnera au pays une impulsion qui compensera largement tous les sacrifices qu'il sera obligé de faire pour payer l'insuffisance des recettes les premières années. On s'explique difficilement que le gouvernement ne soit pas entré résolument dans cette voie déjà depuis longtemps.

Il nous reste à l'examiner section par section.

CHAPITRE XIX

CHEMIN DE FER DU NORD

DESCRIPTION DU TRACÉ

Le gouvernement, dans la loi de concession, a divisé cette ligne en trois sections :

1° D'un port de la Madeleine, en aval du Carare, à Socorro ;

2° De Socorro à Tunja, ou à un point équivalent ;

3° De Tunja à Bogota.

Ces sections ne correspondent en aucune façon aux divisions topographiques, si tranchées, qui s'imposent à la Compagnie pour l'établissement de son programme de construction et d'exploitation. Nous avons cru meilleur de diviser notre étude, d'après cet ordre rationnel, en prenant, d'après l'usage, l'origine à la capitale, Bogota.

		kil.	kil
1re DIVISION DE **Bogota à Chiquinquira**.	1re Section. — Bogota à Cipaquira	49	146
	2e Section. — Cipaquira à Chiquinquira . .	97	
2e DIVISION DE **Chiquinquira à San Gil**.	3e Section. — Chiquinquira-Puente Barbosa.	66	173
	4e Section. — Puente Barbosa-San Gil . . .	107	
3e DIVISION DE **San-Gil à Bucaramanga**.	5e Section. — San Gil-Piedecuesta.	60	75
	6e Section. — Piedecuesta-Bucaramanga . .	15	
4e DIVISION DE **Bucaramanga à Puerto Wilches**.	7e Section. — Bucaramanga-Cañaverales . .	56	114
	8e Section. — Cañaverales-Puerto Wilches .	58	
	TOTAUX. . . .	508	508

Nous allons les étudier séparément.

1ʳᵉ DIVISION

1ʳᵉ SECTION

Bogota à Zipaquira

(49 kilomètres.)

Les divers tracés qui ont été faits varient peu ; en effet, cette section se trouve tout entière en plaine, et n'offre d'autre difficulté que la traversée du Rio Funza qui, dans les crues, couvre d'assez grandes étendues de terrain marécageux. Nous étudions autre part le tracé dans la ville de Bogota, nous le prenons donc à la sortie de la ville, au delà de la route conduisant au cimetière.

Il suit, à peu de distance, la route de Zipaquira, et gagne la petite ville de Chapinero où il trouvera la première station.

De Chapinero, il gagne en droite ligne la sierra de Suba, au pied de laquelle il passe en la laissant à gauche ; de là il se dirige vers le *puente del Comun* où vient aboutir la route de Toconta Tunja, qui remonte la vallée du Funza. C'est un des points d'où l'embranchement de Tunja peut partir.

Le chemin de fer traverse, au moyen d'une courbe et d'une contre-courbe, le rio Funza, en un point que, bien avant la conquête, les Indiens avaient choisi comme passage de la rivière, pour éviter les marais impraticables dans la saison pluvieuse. Le débouché du pont peut avoir au maximum 25 mètres en ce point. En effet, le débouché du pont du chemin de fer de la Savane, à 30 kilomètres en aval, n'a pas plus de 30 mètres.

Au delà du Funza, la ligne reprend sa direction vers le nord en restant à l'ouest de la route. Une halte desservira le village de Cajica.

A environ 5 kilomètres plus loin, on se trouve au pied des montagnes de Zipaquira, où l'on trouvera de belles carrières de ballast, et de pierres de construction.

Au kilomètre 44, le tracé coupe la route pour rester dans la plaine, la suit à une certaine distance et arrive à la station de Zipaquira, qui sera parfaitement placée en face de la ville, entre la route de Nemocon et le chemin de Tocancipa.

La gare devra avoir une certaine importance. En effet, dans les faubourgs de la ville, on trouve les belles mines de sel appartenant au gouvernement, constituant une richesse inépuisable pour le pays, en même temps qu'un des revenus les plus importants du budget national. Dans le voisinage, de même d'ailleurs que dans le versant de presque toutes les montagnes qui font une ceinture à la savane de Bogota, on trouve du charbon, les diverses mines reconnues autour de Cipaquira donnent une houille de très belle qualité, qui sera très avantageusement utilisée par le chemin de fer. On dit que dans la vallée du Rio Neusa on trouve des mines de fer.

Cette section, de 49 kilomètres de longueur, n'offre aucune difficulté technique ; les ouvriers se rencontrent facilement, à des prix modérés et en nombre suffisant ; la brique, la pierre se trouvent en abondance ; les traverses en bois d'une excellente qualité sont à bon marché ; cette section bien menée peut revenir, comme infrastructure, à un prix bien inférieur à la moyenne.

La seule difficulté consistera dans le transport du matériel fixe et roulant ; aussi, je crois qu'il y aurait lieu d'étudier s'il ne conviendrait pas d'établir une usine à rails, soit à la Pradera, en utilisant malgré la distance les installations déjà existantes, soit à Cipaquira, près du chemin de fer, à proximité du charbon et du chemin de fer.

Le haut prix des transports constitue une prime importante à la fabrication, l'usine aurait à fournir environ 60 kilomètres de la ligne de Girardot et 2 à 300 kilomètres au moins de la ligne du Nord, sans compter l'entretien de la ligne de la Savane, soit 16 à 18,000 tonnes de rails.

Les ponts en fer, les fers et fontes que demande le pays, viendraient fournir un appoint considérable, rien que pour la Savane et les populations environnantes. On estime, en dehors de l'importation étrangère, que la consommation fournie par les mines de la Pradera et de Pacho peut alimenter un haut fourneau produisant 10 à 12 tonnes par jour. Nous nous bornons à donner ici cette indication qui motive une étude spéciale.

Cette section a fait l'objet d'un grand nombre de concessions; fin février 1889, il y avait en présence, en pleine vigueur :

1° La concession de M. Fonnegra, donnée par le gouvernement de Cundinamarca, en 1885, et remise en vigueur, le 27 février 1889, par le Gouvernement central;

2° La concession du chemin de fer de la Savane, de Boca del Monte à Cipaquira, en passant par Funza ;

3° La concession donnée à M. Lievano, de Bogota à la Madeleine, passant éventuellement par Cipaquira ;

4° La concession donnée à M. Gaulmin, et rétrocédée à la Compagnie Franco-Belge, de Bogota à Bucaramanga et la Madeleine.

Dès le mois d'avril 1889, M. Fonnegra s'était emparé des études faites pour le compte du gouvernement colombien par MM. Ponce de Léon et Gonzalez Vasquez, et aidé par quelques capitalistes de Bogota, chaudement patronné par plusieurs personnages politiques, il avait commencé les travaux sur les 4 kilomètres entre Bogota et Chapinero, pour prendre possession de la ligne, en même temps qu'il faisait des démarches à New-York et en Europe pour constituer une Compagnie.

Ses efforts viennent d'échouer complètement. Le gouvernement lui a accordé une prolongation de six mois, mais les conditions de sa concession sont trop désavantageuses pour que sa réussite soit probable.

Le but de M. Fonnegra et de ses associés paraît avoir été de constituer cette affaire, pour se faire racheter ultérieurement par la Compagnie qui continuera la grande ligne du Nord. En effet, le trafic de cette section ne paraît pas devoir être suffisamment rémunérateur pour motiver un chemin de fer, si on n'y joint pas le trafic du transit de Bogota, soit avec l'Atlantique, soit sur les provinces de Santander et de Boyaca, qui ne pourra sérieusement se développer qu'après la construction des sections suivantes.

2e SECTION

Zipaquira — Chiquinquira

(97 kilomètres.)

La ligne passe, dans cette section, de la vallée du Funza à celle du rio Suarez; elle doit donc traverser la ceinture de montagnes qui entourent Bogota.

En quittant Zipaquira, on se trouve en présence de deux tracés : le premier, fait en 1872 par l'ingénieur anglais, M. W. Ridley, qui remonte la vallée du rio Neusa pour passer la ligne de faîte au col de Tausa, à 3,027 mètres d'altitude. Ce tracé se heurte à de grandes difficultés, les pentes atteignent $0^m,04$ sur une très grande longueur; la hauteur des déblais et remblais dépasse 20 mètres, avec un tunnel de 400 mètres à la ligne de faîte. Les courbes minima ont 130 mètres de rayon.

De l'autre côté de la montagne, le tracé se retrouve dans une belle plaine, les Llanos de Ubate, qu'il suit jusqu'au lac de Fuquene.

Le second tracé, exécuté pour le compte du gouvernement colombien par MM. Ponce de Leon et Gonzalez Vasquez, de Zipaquira se dirige sur Nemocon où l'on trouve de belles mines de sel; cette partie est tout entière dans la plaine. A partir de Nemocon, la ligne commence à monter, au moyen de pentes de 20 à 25 millimètres, jusqu'au petit lac de Suesca (2,810 mètres) au kilomètre 78.

De ce point, il descend par des pentes qui ne dépassent 0^m25 en suivant la rivière de Lenguasaque, où il se trouve au niveau des Llanos de Ubate, et croise, au kilomètre 112 (2,550 mètres) le tracé de M. Ridley.

De ce point, on peut suivre, soit la rive droite du lac, comme le tracé Ponce de Leon, soit la rive gauche, comme M. Ridley. Ce dernier tracé offre le grand inconvénient de remonter à 60 mètres au-dessus du lac, à Zema, pour redescendre ensuite dans la plaine de Suarez, mais il paraît facile d'éviter cet inconvénient.

Le tracé de M. Ponce de Leon reste en plaine en suivant le pied des montagnes jusqu'à Chiquinquira (2,547 mètres).

Entre le point de croisement des deux tracés, jusqu'à la fin de la section, la longueur est la même, 34 kilomètres; en étudiant de près le tracé, il est probable que l'on ne trouverait pas une grande différence dans le prix; c'est donc par d'autres considérations qu'il faudra se décider.

Le tracé Ponce de Leon a l'avantage de se rapprocher de centres de population importants : Fuquene, Susa, Simijaca, Caldas; tandis que le tracé Ridley ne traverse qu'un pays relativement désert, sans aucun village; à ce point de vue, il y aurait lieu de donner la préférence au premier, la solution qui devra être adoptée pour le prolongement de Chiquinquira à Socorro devra être la considération dominante. Ce n'est donc qu'après des études plus sérieuses qu'on devra se décider.

Notons que le pays est remarquablement sain et qu'on se trouve dans les conditions de travail du midi de la France.

Si nous jetons un coup d'œil d'ensemble sur ces 146 kilomètres, nous arrivons à cette conclusion que la voie est exceptionnellement facile, et qu'il y aura très probablement avantage à installer une usine à fers pouvant fabriquer les rails et les ponts. En ce cas, la dépense des transports de la Madeleine au plateau se réduira au transport des locomotives, de quelques voitures à voyageurs, des essieux montés, ressorts, etc. De même conviendra-t-il de construire les caisses des wagons à marchandises en installant une scierie à Cipaquira, à proximité des grandes forêts qui peuvent fournir tous les bois dont on aura besoin.

2ᵉ DIVISION

3ᵉ SECTION

Chiquinquira à Puente de Barbosa

(Distance : 66 kilomètres.)

Plusieurs tracés sont en présence, au moins pour la section de Chiquinquira à Puente de Barbosa, embouchure du rio Moniquira dans le Suarez. Nous allons successivement les examiner.

En premier lieu, la route qui paraît la plus naturelle est de descendre le rio Suarez à partir de Chiquinquira jusqu'au pont de Barbosa; la distance est, avec les développements, de 66 kilomètres environ.

Les reconnaissances faites sur cette longueur indiquent que la vallée jusqu'à Saboya, soit environ 10 kilomètres, est suffisamment large, et qu'on pourrait, malgré les détours de la rivière, y construire facilement le chemin de fer.

A partir de ce point, la vallée se rétrécit, et la pente de Suarez devient très forte. En effet, on ne trouve à Puente de Piedra de Sardinas, en amont du rio Guache, que la cote 1,750, à 32 kilomètres en aval de Chiquinquira. On est descendu de près de 800 mètres sur ce parcours, et comme la pente est faible sur les dix premiers kilomètres environ, on peut compter que la vallée descend de 700 mètres sur un parcours de 25 kilomètres, avec une moyenne de $0^m,027$. En admettant que le chemin de fer descende moins vite, on ne peut guère compter que sa pente moyenne soit moindre de $0^m,025$ dans ce trajet avec maximum de $0^m,035$.

De Puente de Piedra (1,750) à Puente Nacional (1,630), le développement est de 15 kilomètres; la différence de niveau de 120 mètres. La ligne se trouverait donc dans de bonnes conditions de pente, de même que de Puente Nacional (1,650) à Puente Barbosa (1,550) soit 25 kilomètres de parcours, avec une différence de niveau de 80 mètres.

La rive droite du Suarez serait plus favorable pour l'établissement de la voie parce que les montagnes sont moins abruptes, mais les contreforts qui s'en détachent obligent à faire de nombreux détours et nécessiteront probablement de nombreux tunnels qui n'auront nulle part, d'ailleurs, une bien grande longueur.

Dans l'étude définitive, on devra, partout où ce sera possible, s'appuyer sur les petits plateaux étagés au flanc de la montagne et tenter de ne descendre dans la vallée qu'en face de Puente Nacional; le développement atteindrait alors 46 kilomètres pour une différence de niveau de 800 mètres, soit une pente moyenne de $0^m,0174$.

Bien que la ligne nécessite des travaux coûteux, dans ce parcours, elle ne présente pas de difficultés sérieuses au point de vue technique.

Dans la vallée, la chaleur est grande dans la journée, mais le climat est sain, et à quelques heures de marche, on trouve, dans la montagne, le climat froid; sous ce rapport, il n'y a aucune difficulté à craindre.

18

Dans ces provinces très habitées, on trouvera à bon marché autant de bras qu'on pourra en désirer pour mener rapidement le travail, et parmi les ouvriers, de bons mineurs pour faire les déblais au rocher.

VARIANTE PAR LA VALLÉE DE MONIQUIRA

M. W. Ridley a étudié une variante par Tinjaca, Sutamarchan et Moniquira.

Il détache cette variante de la ligne du Carare, qu'il considérait comme devant être la grande ligne du Nord, au lac de Fuquene, et traverse les montagnes qui le séparent de la vallée du Moniquira, au col de Zema, 2,660 mètres, point qu'il croit le plus bas de la Cordillère.

De là il descend dans la vallée en suivant le ravin de Los Indios, arrive dans la vallée à la cote 2,100 mètres environ, descendant ainsi près de 600 mètres sur un parcours de 11 kilomètres.

Ce tracé, avec une pente moyenne de $0^m,055$ est inacceptable pour une ligne de cette importance; il faudrait adopter un système spécial, soit la voie Fell, soit la voie à crémaillère, ce qui est une sujétion gênante, et il est probable que M. Ridley ne croyant pas à la convenance de faire passer le chemin de ce côté, n'ayant fait l'étude qu'à son corps défendant, n'a pas recherché les développements possibles, et s'est borné à un nivellement le long de la vallée secondaire.

Quoi qu'il en soit, nous ne croyons pas que la ligne doive passer par le col de Zema; il faudrait, en effet, par un rebroussement ou par un embranchement, gagner Chiquinquira, car on ne peut laisser de côté une ville de cette importance (25,000 hab.).

Aussi, je crois que la ligne devrait suivre la direction choisie par M. Ponce de Leon, rester en bas de Chiquinquira, et en revenant vers l'est, passer au col de los Arrayanes, au páramo de Marchan, dont l'altitude, 2,650, est à peu près égale à celle de Zéma.

La montée, du côté de Chiquinquira, ne serait pas trop coûteuse; la descente, du côté de Tinjaca, resterait difficile, et nécessiterait une étude détaillée pour rechercher le développement nécessaire le long d'escarpements assez abrupts.

De Tinjaca, la ligne suivrait la vallée qui est riche, recevrait les produits de Leiva, et passerait par les riches mines de cuivre de Moniquira, dont l'exploitation s'est trouvée arrêtée, faute de moyens de transport.

A partir de Sutamarchan (kil. 22), la ligne devrait abandonner la vallée et gravir les collines de la rive gauche, parce qu'à quelques kilomètres en aval de ce village, la rivière passe dans des gorges étroites et verticales qui ne laissent pas de passage.

Dans ce parcours, les travaux seraient forcément coûteux, exigeraient un tunnel, plusieurs viaducs, des terrassements importants avec des pentes assez fortes et des courbes de petit rayon.

La ligne atteindrait Moniquira (1,675) au kilomètre 58.

De ce point au Suarez, les difficultés disparaissent, bien que la ligne reste très tortueuse pour suivre les inégalités du sol. On arrive à Puente Barbosa, au kilomètre 56.

Pour comparer la longueur de cette variante à celle de Suarez, il faut ajouter la

distance, 12 à 15 kilomètres de Chiquinquira au col de Los Arrayanes, ce qui donne
pour longueur totale . . . .   71 kilomètres.

Nous avons vu que par le Suarez, la distance est   66   —

La différence en plus est de. . . . .   5 kilomètres.

Nous regrettons, comme nous n'avons pas parcouru cette région, de ne pas
pouvoir nous prononcer entre les deux, mais même en admettant que le coût kilométrique fût supérieur par la vallée de Suarez, ce qui n'est pas démontré, il n'en reste
pas moins en sa faveur une diminution de longueur de 5 kilomètres qui fort probablement ferait ressortir ce tracé à un prix total inférieur. On devra donc, avant de
se décider, faire avec des intruments en main, des reconnaissances bien détaillées.

Au point de vue économique, je pense que les deux tracés se valent, les populations desservies étant à peu près les mêmes sur chaque ligne, bien que sous ce
rapport le tracé de Suarez l'emporte encore un peu sur l'autre.

Puente Nacional . . . .   11.956 habitants.

Moniquira. . . . .   9.600   —

Je supposerai dans mes évaluations que le tracé suit la vallée de Suarez, qui par
la comparaison des renseignements que j'ai pu me procurer, me paraît préférable.
M. Ridley, d'ailleurs, dit dans son mémoire que cette ligne, quoique coûteuse, ne
présente pas de difficultés techniques.

4ᵉ SECTION

De Puente de Barbosa à San Gil

(107 kilomètres.)

Sur cette section de 107 kilomètres de longueur, la relation la plus détaillée qui
existe est celle de M. Ridley; d'ailleurs, il n'y a pas plusieurs tracés possibles, la
ligne doit suivre forcément la vallée du Suarez.

D'après le kilométrage du tracé que nous suivons, nous arrivons à Puente Barbosa au kilomètre 212, en comptant depuis Bogota, tandis que M. Ridley prend son
origine à Zema et arrive à Puente Barbosa au kilomètre 66.

La ligne traverse le Suarez et suit la rive gauche qui paraît offrir plus de facilités. La ligne présente une succession de parties cultivées séparées par des contreforts qui arrivent jusqu'à la rivière.

Au kilomètre 244, la ligne traverse le Suarez sur un pont de 100 mètres environ
d'ouverture, et continue d'être très tortueuse à cause des contreforts qui se détachent
de la ligne principale, elle rencontre plusieurs torrents qui exigeront des ponts
importants. Au kilomètre 252, on traverse une gorge très étroite, de peu de longueur. Les terrains deviennent ensuite plus plats, mais aussi très marécageux entre les kilomètres 272 et 277; dans ce parcours, on a à redouter les fièvres
intermittentes. Au delà, on retombe dans les parties saines et bien cultivées, jusqu'au kilomètre 291 où l'on rencontre, près du chemin de Simacota à Socorro, une
falaise verticale qui nécessitera soit des galeries, soit des murs de soutènement sur
une longueur de près de 2 kilomètres.

Au delà, on retombe dans les terrains cultivés jusqu'au kilomètre 297, qui paraît le meilleur point à choisir pour établir la station de Socorro, au croisement du chemin de Socorro à Palucar près du *Pont Ramirez* sur le Suarez.

Socorro (20,000 habitants), à une altitude de 1,250 mètres, est la capitale du Santander. C'est une ville industrieuse et commerçante; elle est située à environ 5 kilomètres du Suarez, à une altitude bien supérieure à celle du chemin de fer.

Au delà de la station de Socorro, la ligne continue à suivre la vallée du Suarez, jusqu'à l'embouchure du Rio San-Gil (kilomètre 301,500); elle prend ensuite la vallée de cet affluent sur la rive gauche.

Sur les plateaux, le sol est bien cultivé, mais, dans le fond de la vallée, le chemin de fer traversera des terrains hérissés de grosses roches de grès et couverts de maquis.

Au kilomètre 305, la ligne devra franchir un contrefort vertical en s'attachant à son flanc, soit par galerie, soit au moyen d'un mur de soutènement.

En face de San Gil, au kilomètre 319, le chemin traversera la rivière sur un pont de 30 mètres, et la gare devra être placée sur la rive droite, au kilomètre 319.500.

La vallée est défrichée sur la plus grande partie de son étendue; on ne trouvera que peu de bois propre à la fabrication des traverses; en compensation, les roches calcaires abondent et donneront tous les moellons et pierres de taille dont on pourra avoir besoin.

Les déblais seront en grande partie en roches.

M. W. Ridley a projeté des pentes qui vont jusqu'à 1 pour 15.69, soit $0^m,063$ dans différents points de cette section. D'après les ingénieurs colombiens qui ont fait le travail avec l'ingénieur anglais dans cette région, ces pentes peuvent être très réduites en exécution, et il sera possible de passer dans toute la vallée avec des pentes qui ne dépasseront pas $0^m,03$ et 0^m035, et encore, pour éviter des travaux coûteux, car la pente moyenne de la vallée, à partir de Puente Barbosa, est très faible.

Pour expliquer ces anomalies, ils disent que M. Ridley, en premier lieu, n'était pas partisan de cette ligne, et ensuite qu'il n'a fait qu'une reconnaissance rapide, en mesurant et nivelant suivant les chemins, sans s'attacher à rechercher le passage le plus convenable de la ligne.

Ce que nous avons vu nous paraît confirmer les renseignements qui nous ont été donnés par ses anciens collaborateurs, et la Compagnie doit compter que si la ligne est assez chargée, on pourra cependant passer partout sans avoir recours à des moyens exceptionnels ou trop coûteux.

3ᵉ DIVISION

San Gil à Bucaramanga

5ᵉ SECTION

San Gil — Piedecuesta

(Longueur : 60 kilomètres.)

Nous avons réuni sur le plan nº 3 toutes les données que nous avons pu nous procurer sur cette section, en consultant tous les itinéraires, en interrogeant les personnes qui avaient vu le terrain, en compulsant toutes les cartes.

Ces renseignements diffèrent assez notablement les uns des autres; ils sont d'ailleurs tellement incomplets que l'on ne peut arriver qu'à des conjectures assez vagues sur le tracé à suivre; on devra donc s'en tenir, comme évaluation de dépenses, au chiffre maximum.

Cette lacune est d'autant plus regrettable que le passage de la vallée du Suarez ou de celle du Sube à celle du Lebrija, pour atteindre Bucaramanga, est tellement difficile que peut-être sera-t-on amené à desservir cette ville importante au moyen d'un embranchement.

En aval du confluent du San Gil, il paraîtrait naturel de continuer à suivre la vallée du Suarez, qui prend le nom de Sogamoso après avoir reçu le rio Sube. Mais à partir de ce point, la rivière passe dans une gorge verticale tellement étroite qu'il ne serait pas possible dans ce trajet, d'après M. Ridley, d'y établir le chemin de fer, et cela sur une longueur de 35 à 40 kilomètres.

I. — Ces renseignements sont contredits par les habitants du pays qui prétendent que le tracé au fond de la vallée serait possible, bien que difficile. D'après eux, on pourrait suivre la rivière jusqu'au *Paso de Chocoa* et traverser le col (883 mètres) en tunnel; on irait tomber dans la vallée de Lebrija, à Palo Gordo, à 5 kilomètres en amont de Giron.

La rivière à Chimita doit être environ à la cote 350, c'est-à-dire, à 630 mètres plus bas que le faîte, distant seulement de 5 kilomètres.

Aucune reconnaissance n'ayant été faite, on ne peut que signaler ce passage. On ne sait si le flanc des montagnes permet de se développer avant d'y arriver, et de gagner un peu de hauteur.

La distance entre les vallées est, d'après la carte, de 10 kilomètres, mais dans quelles proportions pourrait-on réduire la longueur du tunnel de faîte pour passer de l'une à l'autre? On ne peut actuellement répondre à aucune de ces questions.

II. — Une autre solution consisterait à continuer de suivre la vallée jusqu'après la Cordillera de la Paz; une fois engagé dans la vallée, les quelques cotes que nous avons pu mettre sur la carte montrent qu'il serait difficile de s'en dégager auparavant. Après la Cordillera de la Paz, on entre dans les plaines de la Madeleine, extrêmement malsaines, très marécageuses, couvertes d'eau en temps de crue, qu'il faudrait traverser sur une très grande longueur.

Nous examinerons plus loin cette question.

III. — Il existe une troisième solution qui est celle que désirent les habitants de la région très riche du Soto, nous allons l'examiner, bien que nous n'ayons que peu de données ; c'est la seule contrée qui ait été parcourue par les ingénieurs du pays, et s'ils n'ont pas fait de levés même sommaires, au moins ont-ils pu indiquer que, bien que fort difficile, ils ne considéraient pas le passage comme impossible. Ils m'ont donné comme terme de comparaison le passage de Tequendama sur le chemin de Bogota à Girardot, le chemin de fer de la Guaira à Caracas au Venezuela, en exploitation depuis plusieurs années ; enfin le chemin de Lima à Orovio au Pérou. Ils considèrent ce dernier comme beaucoup plus difficile.

De San Gil, le chemin monterait à Curiti (1,160 mètres) par un ravin dont la pente moyenne est de $0^m,028$. Je n'ai pas pu me procurer la cote de la ligne de faîte, qui ne doit guère dépasser 1,200 mètres, le col étant sensiblement plus bas que Barichara (1,319 mètres). On la traverserait en tunnel ; elle est, paraît-il, très étroite. Il est à présumer que la tête du tunnel, sur le versant du Sube, serait inférieure à la cote 1200. On domine le thalweg de 700 mètres (cote du passage à Sube 500 mètres) ; il faut donc chercher à se développer vers l'est et remonter la vallée le plus loin possible en amont. Nous trouvons à Cepita la cote 605. On m'a affirmé que jusque là la ligne pouvait s'accrocher aux flancs de la montagne. Le développement possible est de 17 kilomètres ; en admettant qu'on traverse la rivière à 100 mètres de hauteur, entre les roches qui sont l'Alto de Tarsis sur la rive gauche et l'Alto de la Cruz sur la rive droite, au moyen d'un pont en encorbellement (Cantilever), ce qui pourrait se faire sans trop grands frais, la cote du rail sur le viaduc serait de 710. La pente sur 17 kilomètres serait donc de $\frac{1200 - 710}{17,000} = 0,0298$, c'est-à-dire, admissible. Pour passer dans la vallée de Bucaramanga, on trouve en remontant le rio Manco un des affluents du Sube, le col de Piedecuesta à la cote 1,330. Les deux versants sont, paraît-il très rapides, et le tunnel de faîte ne serait pas extrêmement long, 2 kilomètres au grand maximum, à environ 150 mètres en contre-bas du col, soit à la cote 1200.

On pourrait, sur les versants de la montagne de la Cruz, dans les ravins de Agua Clara, del Manco, trouver les 17 kilomètres de développement nécessaires pour arriver à la cote 1200.

Une fois ce passage franchi, on arrive sans difficulté à Piedecuesta (1,010 mètres) au moyen de pentes de $0^m,025$ environ.

En adoptant des pentes de $0^m,04$, le tracé serait simplifié.

Il est inutile d'ajouter que le tracé de cette section extrêmement difficile, nécessitant toutes les ressources de l'art de l'ingénieur, ne pourra être arrêté qu'après des reconnaissances détaillées sur le parcours de toutes les solutions possibles et une étude minutieuse de celui qui sera reconnu le meilleur.

La longueur qui variera suivant les pentes adoptées peut, en suivant les hypothèses précédentes, s'évaluer ainsi :

De San Gil au tunnel de la Laja. . . . 12 kilomètres
Tunnel de la Laja . . . . 2 —
De la Laja à Cepita . . . . 17 —
De Cepita au Boqueron de Piedecuesta . 17 —
Tunnel du Boqueron . . . . 2 —
Du tunnel à Piedecuesta . . . . 10 —

60 kilomètres

Le pays est sain et tempéré, sauf le fond de la vallée du Sube, qui est très chaud, mais sain. On trouverait de nombreux ouvriers et d'excellents mineurs. Les matériaux de construction, bois, pierres, chaux, abondent dans le pays.

6e SECTION

De Piedecuesta à Bucaramanga

(Longueur : 15 kilomètres.)

La ligne suivrait un plateau très légèrement ondulé; elle partirait de Piedecuesta (1,079), passerait à la Florida (1,000) et arriverait à Bucaramanga (930) sans rencontrer aucune difficulté.

Le pays est riche et bien cultivé, remarquablement sain, de climat tempéré. Cette section ne pouvant se construire q'après l'achèvement de la ligne de Bucaramanga à la Madeleine le matériel viendrait par chemin de fer sans que les prix de transport fussent exagérés.

Les distances ont été déterminées d'après les cartes de Codazzi, Ponce, Hettner, qui sont loin d'être exactes. Nous avons pris des moyennes, à défaut de renseignements plus précis. Dans cette région, ces documents ne donnent qu'un écart de 4 0/0, mais comme nous allons le voir, après Bucaramanga, ces différences s'accentuent tellement qu'il n'est plus possible de s'y fier.

4ᵉ DIVISION

Bucaramanga à Puerto-Wilches

7ᵉ SECTION

Bucaramanga à Peñas-Blancas

(Longueur : 57 kilomètres.)

De Bucaramanga (930) le tracé peut prendre plusieurs directions :

I. — La ligne peut continuer dans la même direction, passer par Surata et descendre dans la vallée de Cañaverales en descendant le rio Frio, avec des pentes qui ne dépasseraient pas 0ᵐ,03, et sans travaux coûteux.

Ce tracé a l'inconvénient de laisser de côté la ville importante de Giron (770ᵐ); bien que son importance tende à être absorbée par Bucaramanga, elle compte encore 10,000 habitants.

II. — Le tracé peut descendre la Quebrada de la Iglesia, dans laquelle on trouvera un développement d'environ 6 à 7 kilomètres. La descente étant de 160 mètres, la pente ne dépasserait pas 0ᵐ,03. Il faut pourtant remarquer que si certains auteurs attribuent la cote 770 à Giron, d'autres indiquent 600. En ce cas, la descente serait de 330 mètres; pour ne pas dépasser une pente de 0ᵐ,35, il faudrait trouver un développement de 10 kilomètres, c'est-à-dire, revenir avec un rebroussement, presqu'au-dessous de la Florida. C'est une question de fait qu'on ne peut résoudre que sur place.

Une fois le tracé arrivé dans la vallée de Cañaverales, il n'y a plus qu'à en suivre le fond; d'après la reconnaissance faite par M. A. Ramos en 1880, on devrait suivre la rive droite jusqu'à Juntas, au confluent du rio Surata; dans ce parcours, le terrain est plat.

De Juntas on passerait sur la rive gauche; le terrain devient plus accidenté; il faudrait se tenir à flanc de coteau sans grands travaux; les pentes des collines étant inclinées d'environ 30° jusqu'à la Quebrada Angulo, au kilomètre 25.

De là, le tracé, continuant toujours sur la même rive, passe alternativement de terrains plats en terrains inclinés, mais sans grandes difficultés; traverse la Cordillera de la Paz au pied du *Volador*, et, laissant les montagnes en arrière, pénètre dans les grandes plaines de la Madeleine.

La ligne arrive à Botijas, point extrême de la navigation du Lebrija, par les canoas (pirogues) et suit la rivière jusqu'à Peñas Blancas, après un parcours d'environ 37 kilomètres, si on suit le tracé par Giron.

Le tracé par Surata raccourcirait la ligne de 7 à 8 kilomètres.

8ᵉ SECTION

De Peñas-Blancas à Puerto-Wilches

(Longueur : 58 kilomètres.)

Cette section se trouve tout entière dans la grande plaine de la Madeleine, le terrain est plat, mais les difficultés, pour changer de nature, n'en deviennent pas moins très graves.

Toute la région, sauf deux défrichements et un ancien lac desséché, la Sabana de Torres, est couverte de forêts vierges impénétrables qui rendent les études fort difficiles. La plaine est couverte de marais; les crues du fleuve la recouvrent en grande partie, enfin le terrain, recouvert d'une accumulation de débris végétaux et animaux, est extrêmement malsain.

Il était difficile de choisir le point d'atterrissage sur le fleuve, au milieu de ces terrains bas, noyés, sans consistance.

M. Abelardo Ramos a eu l'honneur de trouver la solution; il a pensé, en examinant la carte, que entre le Sogamoso et le rio Paturia, il existait forcément une ligne de faîte séparant les eaux courant au sud d'un côté, au nord de l'autre; et que cette ligne, étant au niveau le plus élevé de la plaine, devait être choisie pour le tracé qui serait ainsi dans des terrains solides, à l'abri des crues.

Il a donc ouvert, au milieu de la forêt, une tranchée de 20 mètres de large, en cherchant à rester le plus près possible de cette ligne de séparation des eaux. Il a ainsi fait un tracé complet avec des pentes de $0^m,03$, et des courbes descendant jusqu'à 150 mètres de rayon.

Évidemment le terrain ne comporte ni pareilles pentes ni courbes aussi brusques, mais en raison de la sérieuse difficulté d'opérer dans ces forêts, il s'est maintenu dans une zone étroite, et à chaque passage de cours d'eau, à chaque accident de terrain, il a tourné l'obstacle aussi rapidement qu'il l'a pu, sans chercher de grands développements, allant toujours au plus près.

Il paraîtrait relativement facile, maintenant que cette première étude est faite, de l'améliorer et de réduire les pentes, ce qui faciliterait beaucoup la construction; malheureusement nous n'avons pas pu voir les plans. N'ayant pas été payé, M. Ramos n'a pas voulu se dessaisir de ces documents, mais il sera facile de se les procurer en désintéressant cet ingénieur, dès que la Compagnie sera décidée à mettre la main à l'œuvre. Ce sera une dépense fructueuse qui fera gagner beaucoup de temps.

La Compagnie Franco-Belge a pu obtenir cependant de l'un des ingénieurs qui ont pris part à l'entreprise des documents en nombre suffisant pour reconstituer le projet et le faire approuver par le gouvernement.

Nous devons faire remarquer avec quelles précautions il faut se servir des cartes du pays. En cherchant à mettre ce tracé sur la carte de Codazzi amplifiée, nous avons trouvé, sur la distance entre Puerto Wilches et Bucaramanga, une différence de plus de 15 kilomètres avec celle donnée par ces études. L'erreur se trouve dans la distance existant entre le rio Lebrija et la Madeleine, beaucoup trop faible sur la carte officielle.

19

Le tracé (177 mètres), à partir de Peñas Blancas, s'éloigne de Lebrija et prend la direction de l'ouest, 25° sud ; il remonte pour arriver à la cote 183, et redescend ensuite à la cote 150, où il trouve la *Sabana de Torres*, grande plaine aride, couverte de broussailles, dont la végétation pauvre contraste singulièrement avec les hautes et luxuriantes forêts qui l'environnent.

La ligne traverse la Sabana sur environ 4 kilomètres et rencontre presque immédiatement la naissance du rio Paturia. Elle remonte un peu plus dans l'ouest, traverse plusieurs cours d'eau qui nécessiteront des ponts de 8 à 15 mètres d'ouverture, rencontre El Oasis, défrichement où vit avec peine la famille Afanador, prend, à 16 kilomètres avant son extrémité, la direction de l'ouest, et vient déboucher sur le fleuve à Puerto-Wilches entre deux lagunes, le Yariri et le Pajaral sur une petite éminence à peu près à l'abri des crues.

Le port de Puerto-Wilches paraît bien choisi ; c'est le point le plus haut des berges de la Madeleine au sommet d'une courbe concave qui assure la direction du courant et permet de compter sur une grande profondeur d'eau. Le remblai, déjà construit, d'une hauteur de quelques décimètres, est à l'abri des crues les plus élevées du fleuve.

Si on amenait le chemin de fer par la vallée de Sogamoso, solution dont nous avons déjà parlé, une fois dans les plaines de la Madeleine, il faudrait en suivant le pied des hauteurs, venir rejoindre ce tracé vers la Sabana de Torres pour aboutir à Puerto Wilches.

Peut-être conviendrait-il de remonter par le rio Sucio et de redescendre à Botijas ; on réduirait ainsi notablement la longueur de l'embranchement de Bucaramanga. Ces questions ne peuvent se résoudre qu'après études comparatives.

CHAPITRE XX

MINES RECONNUES SUR LE PARCOURS DE LA LIGNE DU NORD

Sur le parcours de la route du Nord il existe un grand nombre de mines d'une importance capitale.

Nous avons signalé déjà les mines de sel de Zipaquira, de Nemocon, les mines de fer et de charbon qu'on trouve sur tout le pourtour de la Savane; on trouve également du manganèse près de Tunja, aussi pourrait-on établir une usine Bessemer dans la Savane.

Tout le parcours est extrèmement riche en mines de toute nature, nous n'avons malheureusement pu nous rendre compte par nous-mêmes des mines qui seraient immédiatement exploitables au delà de la Savane, et indiquer leur importance au point de vue du chemin de fer.

Cette étude complète, d'après les quelques renseignements que nous avons recueillis, exigerait un rapport presque aussi volumineux que celui que nous présentons; nous nous bornerons donc à reproduire un tableau des principales mines qui nous ont été signalées, en faisant toutefois observer qu'il est bien loin d'être complet.

Nous dirons, en plus, quelques mots de deux groupes importants :

1° **Mines de Moniquira.**

Voici quelques renseignements sur ces mines célèbres :

(Elles sont considérées comme des plus riches de l'Amérique du Sud ; d'après des analyses faites par M. R.-J. Freffry, elles contiendraient 35 0/0 de cuivre et 135 onces d'argent par tonne (ces résultats ne peuvent évidemment se rapporter qu'à des minerais choisis).

Les deux filons principaux sont connus sous le nom de « Remolino » et « Grande ».

Dans le premier, le minéral est du carbonate de cuivre. On en a extrait de très belles plaques de malachite.

La mine « Grande » se compose de deux filons de minerai jaune de cuivre, qui produit près de 30 0/0 de métal. Sa puissance est de 1 mètre ; le minerai, très compact, est mélangé d'un peu de quartz.

Les minerais peuvent se classer en deux espèces : ceux qui donnent de l'argent, et ceux qui donnent du cuivre pur ; on trouve dans ces deux espèces du soufre et de l'arsenic.

Les Espagnols ont exploité ces mines pendant leur domination ; elles ont fourni des canons, des cloches, la plus grande partie du cuivre consommé dans la colonie.

Elles ont été complètement abandonnées pendant plusieurs années à la suite de la guerre d'Indépendance. De temps à autre, on essaie de reprendre l'exploitation, mais la difficulté des transports réduit forcément la production aux besoins de la consommation locale. On trouve à Bogota quelques objets fabriqués avec ce cuivre, mais la plus grande partie des ustensiles vient de l'étranger depuis la création des transports à vapeur sur la Madeleine.

On dit aussi que les exigences des propriétaires des terrains ont entravé l'exploitation.

2° Mines de Soto.

Toute la région comprise entre le Lebrija et le faîte des Andes est un des plus riches districts minerais de Colombie.

En bas, dans la vallée, existent des mines d'or d'alluvion, sur le flanc des montagnes existent des filons de plomb et de cuivre contenant de grandes quantités d'or et d'argent.

On trouve plusieurs filons de minerais d'argent en petites aiguilles (plata en cabello), de l'argent aurifère.

Ces mines ont été très fructueusement exploitées par les Espagnols qui les ont abandonnées dès, qu'il a fallu pénétrer en profondeur; plusieurs Compagnies ont redemandé les concessions et les travaillent à nouveau.

Le district le plus riche est celui d'Alta, Baja et Vetas à une altitude de 2,600 à 3,000 mètres au N.-O. de Bucaramanga, on a trouvé dans cette région du charbon et du sel.

La difficulté des transports ne permet d'exporter actuellement que des minerais d'une richesse exceptionnelle, aussi cette exploitation est-elle très-restreinte, mais le grand nombre des filons reconnus, leur importance, mettent hors de doute qu'elle prendra un immense développement, dès que le chemin de fer arrivera dans la vallée du Lebrija.

TABLEAU DES PRINCIPALES MINES

DU PROJET DE TRACÉ DU CHEMIN DE FER DU NORD

NATURE DES MINERAIS	EMPLACEMENT DES MINES	OBSERVATIONS
Charbon	Chapinero.	Mine abondante en exploitation.
	Torca, près Usaquen.	Mine non exploitée.
	Zipaquira.	Plusieurs mines en exploitation
	Nemocon.	— — —
	Tausa.	Une mine en exploitation.
	Sesquile.	— —
	Oiba.	Mine non exploitée.
Fer	Bajas.	
	Alta.	Exploitation commencée. Mines de la Cie Minera de Santander (M. Balen).
	Vetas.	
	Surata.	Mine non exploitée.
	Zipaquira (la Caldera).	— —
	Cogua (Aposentos).	— —
	Pacho.	Mine en exploitation.
	Moniquira.	Mine anciennement exploitée.
	Bolivar.	Gisements importants non exploités.
Cuivre	Zapatoca.	— — —
	Menta.	— — —
	Mocaima.	Gisements importants anciennement exploités.
	Alta.	
	Baja.	Cuivre argentifère et aurifère. Mines de la Cie Minera de Santander (M. Balen).
	Vetas.	
	Ubate (Boiera).	Gisements importants avec zinc. Non exploités.
	Leiva.	Mine non exploitée.
Plomb	Confluent du Suarez et Sube.	Gisements importants non exploités.
	Aguada.	Mine non exploitée.
	Velez.	Plusieurs mines abandonnées.
	Tona.	Mine non exploitée.
	Muzo.	Mine en exploitation.
	Coper.	Mine non exploitée.
Émeraude	Nemocon.	— —
	Sesquile.	
	Suesca.	— —
	Guacheta.	Soufre natif.
Divers	Paipa.	Salpêtre en exploitation.
	Guatavita.	Meulière, très importante.
	Pamplona.	Mine de talc très importante.

CHAPITRE XXI

LE CAUCA

§ 1

GÉNÉRALITÉS

Le Cauca est une des provinces les plus importantes et les plus riches de la Colombie ; comme superficie, c'est la plus étendue ; elle couvre 6,038 myriamètres carrés, dont un dixième, tout au plus, est cultivé et habité.

Il s'étend entre 5° 8' de latitude sud et 9 degrés latitude nord. Il forme la limite de la Colombie, au sud et à l'ouest.

La partie qui intéresse la Compagnie Franco-Belge est comprise au nord entre Popayan et Cartago, dans un sens, et dans l'autre sens, entre la Cordillère centrale et l'océan Pacifique.

Le territoire du Cauca possède, dans les bassins de l'Amazone et de l'Orénoque, les départements du Choco au nord, de Pasto au sud, qui resteront toujours en dehors de l'action du chemin de fer projeté.

	ANNÉES	NOMBRE D'HABITANTS	AUGMENTATION
La population était, d'après le recensement de	1843	268.607	36.001
— —	1851	304.608	130.380
— —	1878	435.078	185.922
— —	1881	621.000	

La population doublerait en quarante ans d'après ces tableaux, malgré les nombreuses guerres civiles qui ont ravagé le pays. L'augmentation s'accélérera dans une proportion bien supérieure, si le pays acquiert une plus grande stabilité, et surtout des voies de communication économiques, permettant à cette fertile région d'exploiter ses richesses.

La population de la partie que nous considérons peut être évaluée entre 400,000 et 450,000 habitants. Cette région se compose de 4 zones bien distinctes, parallèles entre elles, courant du sud au nord : la côte du Pacifique, à climat torride, assez malsaine, d'une température moyenne de 28 à 31 degrés, la Cordillère occidentale d'une altitude moyenne de 1,800 à 2,000 mètres. La vallée du Cauca, d'une fertilité merveilleuse, à climat tempéré, 22 degrés, et d'une altitude moyenne de 1,000 mètres.

Enfin, le versant occidental de la grande Cordillère centrale, s'élevant jusqu'à près de 6,000 mètres (Tolima), et présentant tous les climats, depuis la température moyenne de 22 degrés jusqu'aux neiges perpétuelles, à 4,200 mètres environ.

On trouve dans cette région, qui pourrait nourrir 5 à 6 millions d'habitants, les productions du sol les plus variées ; le café, le cacao, les céréales sont de qualité supérieure et prospèrent admirablement dans la fertile vallée du Cauca. On y trouve des plants de canne à sucre qui durent depuis plus de vingt ans, sans qu'on ait besoin de les replanter. Le général Mosquera affirme même qu'elle peut vivre quatre-vingts ans sur le même terrain, sans qu'il soit besoin d'en prendre le moindre soin.

Les céréales y prospèrent; on prétend que le maïs y a produit jusqu'à 500 pour 1. Les bananiers qui constituent la grande ressource alimentaire du peuple, peuvent produire jusqu'à 62,800 kilogrammes à l'hectare, ce qui suffit pour l'alimentation de 67 personnes en un an. Les farineux, pommes de terre, etc., donnent de beaux produits sur les plateaux des Andes.

L'élève du bétail qui réussit déjà fort bien, est appelée à donner de magnifiques résultats.

Les richesses minérales sont aussi abondantes que possible ; l'or et le platine se trouvent partout en filons dans la montagne, aussi bien que dans les alluvions des rivières ; leur production annuelle a pu atteindre et même dépasser 2,000,000 de francs.

Le cuivre, le fer ont été reconnus en gisements abondants, et le charbon est exploité pour la consommation du pays, dans la Cordillère occidentale, près de Cali. Il existe, m'a-t-on affirmé, en grande quantité, sur tous les versants des Andes.

Tous ceux qui ont visité cette contrée sont d'accord pour affirmer que c'est une des plus riches du globe et des plus favorisées par la nature, mais le manque de voies de communication arrête le développement de son exploitation. Aussi toute la population attend avec une impatience fébrile que le gouvernement central se décide à entrer résolument dans la voie de ce progrès nécessaire. La question du chemin de fer était arrivée, au printemps dernier, à l'état de crise sociale aiguë.

Il y a plusieurs ports sur les 1,000 kilomètres de la côte du Cauca sur le Pacifique, mais un seul est fréquenté par les Compagnies régulières de navigation; c'est la baie de Buenaventura, parfaitement abritée, pénétrant profondément dans les terres, avec des profondeurs de 14 à 15 mètres, jusqu'au môle de la ville.

La baie se trouve à peu près au centre de cette longue étendue de côtes, sur le parallèle de Cali, la ville la plus importante du cours moyen du fleuve, et en face d'une dépression de la Cordillère, permettant la construction d'un chemin de fer.

Aussi, Buenaventura a été choisi depuis longtemps comme le port de la région du Cauca comprise depuis Cartago au nord jusqu'à Popayan au sud.

Il y a quelques années, les pirogues transportaient les voyageurs et marchandises entre Buenaventura et Juntas avec de grands risques, la navigation du Dagua étant obstruée par des rapides fort dangereux.

De Juntas à Cali, deux jours de mulet. Depuis plusieurs années, une bonne route à mulet a été construite, et assez bien entretenue avec les produits du péage.

La rivière du Cauca est navigable depuis El Paso de Bolsa jusqu'en aval de Cartago par des vapeurs de faible tirant d'eau. Depuis 1888, on a inauguré ce service. En aval de Cartago, la rivière enserrée dans une vallée étroite, est obstruée par des barrages de roches, et n'offre plus qu'une succession de rapides et de cascades qui empêchent toute navigation jusqu'au sortir du massif central en aval d'Antioquia. Toutes les autres voies de communication ne sont que des chemins de mulets, souvent impraticables pendant la mauvaise saison.

Le Cauca ne communique avec les provinces du bassin de la Madeleine que par le passage du Quindio (3,668 mètres), que le gouvernement cherchait à améliorer au commencement de cette année, il est fort difficile en tout temps, presque impraticable pendant la saison pluvieuse.

Préoccupé de remédier à cet isolement, dès 1874, le gouvernement de l'État souverain de Cauca fit un contrat avec M. Carlos Brocon pour la construction d'un chemin de fer entre Cali et Buenaventura, mais sans résultat.

En 1878, le gouvernement national concéda cette ligne à Don Francisco Cisneros. Nous allons l'étudier avec quelques détails, en commençant par la tête de ligne Buenaventura.

§ 2

BUENAVENTURA

La ville est située sur l'île de Cascasal, très peu élevée au dessus du niveau de la mer (8 mètres). Bien que la baie ait été découverte en 1539, la fondation en est récente (1826). La ville a pris une grande importance et est appelée à un grand développement lorsque le chemin de fer de Cali sera terminé.

Elle comptait, en 1870, 4,000 habitants; en 1881, environ 5,000.

La température moyenne est de 27 degrés, comme celle de tout le littoral; malheureusement le climat n'est pas très sain, de même que celui de toute la côte. La baie bordée de marais est magnifique; les navires y trouvent de 12 à 14 mètres d'eau à une faible distance de la ville.

La marée monte en vives eaux de 4ᵐ,55.

Le concessionnaire du chemin de fer de Cali a fait établir une jetée en fer et bois pour permettre aux navires de faire leurs opérations bord à quai. Nous en donnons la description prise dans le rapport de l'ingénieur chargé de la réception.

« Le quai est construit sur 73 pièces en fer de 4'10 (0ᵐ,100) de diamètre » placées en trois files parallèles dans la partie étroite, et en cinq dans la partie » large, à une distance de 10' (3ᵐ,05) d'axe en axe.

» Elles sont réunies les unes aux autres, depuis leur sommet jusqu'au sol, au » moyen de fortes croix de Saint-André, ce qui augmente leur force et contribue » à une bonne répartition de la charge.

» Les pieux ont été enfoncés au mouton, à des profondeurs variant de 8' à 10' » (2ᵐ,50 à 3 mètres), et la roche dans laquelle ils sont enfoncés est assez résistante, » puisque sous le choc du mouton de 700 kilogrammes, tombant de 15' (4ᵐ,50) ils n'en- » traient que de $\frac{1}{2}$ à $\frac{3}{4}$ (0ᵐ,010 à 0ᵐ,02). Au niveau du sol, on a fortement boulonné

» des disques d'acier du même diamètre que les pieux, pour empêcher tout tasse-
» ment.

» Le plancher, outre les fortes barres de fer qui unissent les pieux, est formé de
» 100 poutres de Charro et de Guayacan (bois du pays) de $21' \times 7'1/2 \times 15'$
» d'équarrissage $(6^m,40 \times 0^m,20 \times 0^m,40)$ et sur ces poutres repose le platelage
» de 3' $(0^m,07)$ d'épaisseur.

» La profondeur de la mer, à l'extrémité du quai, est de 19' $(5^m,80)$, et à la dis-
» tance où se trouve la quille des navires amarrés, 22' 1/2 $(6^m,80)$, profondeur
» suffisante pour les navires qui font le service du Pacifique, qui ne calent pas
» au delà de 20' $(6^m,10)$.

» Le travail, en général, est de solide construction, et remplit parfaitement
» les conditions du contrat. »

Le tarif était de $ 0.10 par charge de 140 kilogrammes manutentionnée.

Malheureusement, la hauteur de 20' $(6^m,10)$ n'est atteinte qu'à mi-marée, de
sorte qu'à marée basse, en vives eaux, il n'y a guère que 13' à 14' pieds d'eau, soit
environ 4 mètres. Aussi, dès la mise en exploitation, les capitaines refusèrent de
s'en servir. Bien que sa forme soit celle d'un T, la branche transversale n'a guère
que 12 à 13 mètres de long, de sorte que les navires de 100 à 120 mètres, qui font
le service du Pacifique, ne s'estiment pas en sûreté lorsqu'ils sont à quai, amarrés
seulement par leur milieu, exposés aux courants de la baie qui peuvent atteindre
jusqu'à deux milles par jusant en vives eaux.

Des commissions furent nommées qui conclurent d'une façon défavorable; aussi,
malgré les efforts de M. Cisneros, le quai a-t-il été complètement abandonné ; il ne
fonctionne plus, et les bois non entretenus tombent en pourriture.

Peut-être est-on allé un peu loin. Avec des groupes de pieux d'amarre (les ducs
d'Albe de Hollande et de l'Elbe) en prolongement de la branche transversale du T,
on eût pu parer aux inconvénients signalés pour l'amarrage des navires ; en prolon-
geant la jetée de quelques mètres, ou en draguant un mètre et demi au pied, on
eût pu donner la profondeur voulue avec bien peu de frais ; il paraîtrait que les
négociants qui bénéficiaient du service des allèges y ont mis une certaine mauvaise
volonté.

Quoi qu'il en soit, le service se fait actuellement au moyen de chalands et de
petits remorqueurs à vapeur.

La Compagnie qui achèvera les travaux du chemin de fer devra également se
préoccuper de cette question pour activer les chargements et les déchargements,
d'autant qu'elle pourra y trouver une source de bénéfices qui ne sera pas négligeable.

PORT DE BUENAVENTURA

STATISTIQUE DU COMMERCE EXTÉRIEUR

ANNÉES	PRODUIT des DOUANES	TONNAGE		TOTAL	VALEURS		TOTAL
		IMPORTATION	EXPORTATION		IMPORTATION	EXPORTATION	
		tonnes	tonnes	tonnes			
1873-1874 . .	»	1.704	2.666	4.370	»	»	»
1882-1883 . .	»	4.475	1.628	6.103	907.471,94	616.328,42	1.523.800,36
1884-1885 . .	180.320,75	2.446	945	3.361	421.775,65	251.887,07	673.662,72
1885-1886 . .	361.160,95	1.567	1.713	3.280	502.357,38	397.173,14	899.530,52
1887 . .	263.874,15	1.020	1.906	2.926	435.088 »	55.877 »	490.965 »
1888 . .	347.087,75	»	»	»	»	»	»

§ 3

CALI

Cali est une des villes les plus anciennes de la Colombie; fondée en 1536, à deux kilomètres du Cauca, elle est devenue, par sa situation, l'entrepôt du commerce de la région; en 1870, elle comptait 12,700 habitants; en 1881, la population montait à 16,000; actuellement, on prétend qu'elle dépasse 25,000. Son altitude est de 1,041 mètres; la température moyenne est de 22°; les journées sont chaudes, mais la fraîcheur des nuits rend ce climat très sain et très agréable.

A cheval, à deux heures de la ville, on peut trouver dans la montagne une température moyenne de 15 degrés.

Les Européens peuvent donc y vivre en donnant une aussi grande somme de travail que dans leur pays d'origine.

§ 4

NAVIGATION DU CAUCA

Le Cauca prend sa source au volcan du Cocomuco, 2° latitude nord, dans les glaciers de Paletara, passe près de Popayan (1,741 mètres), capitale du Cauca, d'où il prend sa direction vers le nord; à 80 kilomètres en aval, il passe à Paso de Bolsa (981 mètres), où il commence à être navigable.

Il passe ensuite près de Cali, Palmira, Buga, Tulua, Cartago, et à environ 10 kilomètres en aval, presque immédiatement après l'embouchure de la rivière Risaralda, il entre dans les gorges étroites, jusqu'à Caceres (200 mètres). Sur ce parcours, son lit est hérissé d'obstacles, de rapides, de roches, de chutes; il cesse complètement d'être navigable dans toute la traversée de la province d'Antioquia. En entrant dans la province de la Madeleine, il traverse de grandes plaines basses et marécageuses, où se croisent un grand nombre de canaux très importants qui le font communiquer au rio Jorge et à la Madeleine (caño de Loba).

Tous ces bras se réunissent en un seul près de Magangue, par lequel les eaux se déversent dans le grand fleuve près de Tacaloa, 9°26′ latitude nord.

Voici les données recueillies par M. White, chargé d'une reconnaissance pour l'étude de la navigation du Cauca :

De Golima (3° latitude nord), son cours devient plus lent; il serait à la rigueur navigable pour les radeaux et les petites embarcations.

De Paso de Bolsa à Cali, par la rivière, 98 kilomètres.

Par la route, la distance est beaucoup plus courte.

La vitesse est de 5^{km},60 environ à l'heure.

Il y a quelques barrages de roches, beaucoup d'écueils, dont quatre n'ont que 1^m,25 de profondeur. A Paso de Pozo, la rivière est guéable pendant la saison sèche.

Dans ce parcours, la navigation à vapeur serait très difficile.

De Cali à Cartago. — A Paso del Rincon, en face de Cali, il y a 4^m,50 d'eau; la vitesse du courant est de 5^{km},75 par heure.

De Cali à Buga, le courant a, en général, une vitesse de 3 kilomètres à l'heure.

Vitesse à l'embouchure du rio Tambo 6^{km},5; profondeur 4^m,50.

A l'embouchure du Yotoco, le Cauca n'a que 45 mètres de largeur, sur une petite distance; sa profondeur est de 3^m,50; le courant a une vitesse de 9^{km},5 à l'heure. Un vapeur calant 1 mètre d'eau pourrait sans difficulté naviguer dans cette section.

La distance entre Cali et Buga est de 120 kilomètres par la rivière; il serait possible de couper quelques boucles.

De Buga à Cartago, le Cauca est tout à fait navigable. On trouve des courants assez rapides aux embouchures des rivières Tulua, rio Frio, Piedras et Limonares.

A l'embouchure du Tulua, profondeur 2^m,15, vitesse des courants 11 à 12 kilomètres, moindres dans la saison sèche.

Quelques écueils en face du rio Frio.

Entre Peñador et Cartago (915 mètres), la rivière est libre d'obstacles, le courant est en moyenne de 4 à 5,5 kilomètres.

La distance de Cali à Cartago est :

Par la rivière, 67 lieues, soit 335 kilomètres;
A vol d'oiseau, 35 lieues, soit 175 kilomètres;
Par la route, 42 lieues, soit 210 kilomètres.

La chute entre Cali (980 mètres) et Cartago (910 mètres), est de 70 mètres.

La vitesse théorique serait de 4^m,75 ; la vitesse observée est de 5^m,05.

Un vapeur mettrait à la remonte 75 0/0 de plus qu'à la descente, soit 22 heures en avalant et 38 heures et demi en remontant.

COMPAGNIE DE NAVIGATION

La Compagnie a été organisée par M. Simond, Allemand naturalisé Américain des États-Unis, résidant à Cali. La Compagnie est colombienne, les sociétaires sont des habitants du pays, et aussi, dit-on, le constructeur du bateau aux États-Unis.

Le vapeur est du type monoroue employé sur la Madeleine, du tonnage de 75 à 80 tonnes.

Le service a été inauguré au printemps de 1888, entre Cali et Cartago, il fait en général un voyage aller et retour par semaine, mais, même indépendamment des chômages provenant des basses eaux, le service est très irrégulier et le bateau ne part qu'avec son plein chargement. Les tarifs varient à chaque voyage, aussi beaucoup de voyageurs et de marchandises continuent de prendre la voie de terre.

Malgré tout, l'affaire donnerait d'assez bons résultats pour qu'il soit question d'amener un second vapeur, beaucoup plus petit, qui pourrait remonter jusqu'à Paso de Bolsa, point extrême de la navigation possible en amont.

Nous n'avons pu nous procurer aucune statistique sur les résultats de cette exploitation qui n'en est d'ailleurs qu'à ses débuts.

———

§ 5

CHEMIN DE LA VALLÉE DU PATIA

Nous n'abandonnerons pas l'étude du Cauca sans indiquer une voie dont on a parlé pour mettre la vallée du Cauca en communication avec le Pacifique par la vallée du Patia, navigable sur le dernier tiers de sa longueur.

Si on remonte de Paso de Bolsa (981 mètres), dernier point possible en amont de la navigation du Cauca, jusqu'à Popayan, la distance est de 80 kilomètres, la différence de niveau 760 mètres, soit une pente moyenne de $0^m,01$. Un chemin de fer serait donc facile à établir.

Si on veut passer dans la vallée du Patia, le point du col le plus élevé est Tambo (900 mètres), que l'on peut facilement atteindre en chemin de fer.

Le Patia n'est sérieusement navigable qu'en aval de Guadual, jusqu'à la mer, bien que, dans la partie supérieure de son cours, on puisse le descendre depuis l'embouchure du Timbio jusqu'à celle du Guaïtara, en radeau ou en pirogue.

Cette route aurait la longueur suivante :

De Paso de Bolsa au Patia. .   200 kilomètres
Partie navigable du Patia. .   200   —

TOTAL . . .   400 kilomètres

Mais, sauf les mines d'or, très nombreuses dans cette région, elle est encore à l'état vierge, on ne trouve de population un peu importante que : Pasto (11,000 habitants), bâti très loin du fleuve, dans les montagnes, à 2,640 mètres d'altitude.

Barbacoas (6,000 habitants) sur un affluent, près de l'embouchure, et Tuquerrès (8,500 habitants) à 3,057 mètres d'altitude, frontière de l'Équateur.

La population de toute cette immense région n'était, en 1881, que de 124,000 habitants, savoir :

Département de Barbacoas. . . .	25.000	habitants
— de Pasto.	61.000	—
— de Tuquerres. . . .	38.000	—
Total.	124.000	habitants

Le moment semble donc encore éloigné où l'on pourra songer à prolonger les chemins de fer dans la vallée du Patia. Nous n'en avons parlé qu'à titre de renseignement, parce que la question a été agitée, il y a peu de temps, pour substituer cette voie à la route de Cali-Buenaventura.

§ 6

CHEMIN DE FER DE CALI A MANIZALES

Pour être complet, il nous reste à parler de la concession du chemin de fer de Cali à Manizales (2,140), sur la frontière de la province d'Antioquia, donnée à M. de Goussencourt en mai 1889.

De Cali jusqu'à quelques kilomètres plus loin que Cartago, le tracé est facile, et, sauf les ponts sur le Cauca et ses affluents, les travaux ne représentent pas une grosse dépense kilométrique. Au delà, le pays devient extrêmement accidenté, et le chemin coûterait fort cher. Il est loin, d'ailleurs, d'être démontré que Manizales soit sur le parcours que suivra le chemin de fer de Medellin au Cauca.

Le courant commercial entre la province d'Antioquia et celle du Cauca est encore bien faible, aussi cette ligne, au delà de Cartago, loin de rémunérer son capital, ne couvrirait probablement pas même ses frais d'exploitation.

De Cali à Cartago, le trafic serait évidemment plus important, la vallée étant extrêmement riche, mais le trafic ne motive pas encore un chemin de fer puisqu'un voyage par semaine du vapeur du Cauca suffit pour le moment au mouvement commercial.

Il faut, avant tout, construire le chemin de Cali à Buenaventura, et quand son action aura développé la prospérité du pays, il y aura lieu de songer à la prolonger soit en amont, soit en aval.

Il n'est d'ailleurs pas probable que M. de Goussencourt parvienne à constituer une Compagnie, le gouvernement ne lui ayant accordé de garantie d'intérêt que pendant une période de six ans prolongée ultérieurement dit-on à vingt ans, aussi n'y a-t-il pas lieu, pour le moment, de s'en préoccuper, sauf pour réserver l'avenir, quand cette concession sera déclarée périmée.

§ 7

MINES

Métaux précieux. — Nous nous occuperons uniquement dans ce chapitre des mines qui se trouvent dans le rayon d'action *immédiat* du chemin de fer du Cauca.

Entre Cordoba et San Cipriano, il existe plusieurs mines d'or ; on prétend même que le ballast de la ligne a été fait avec des terrains aurifères.

A Peñita et Delfina, à quelques kilomètres plus loin, se trouve un filon contenant de l'or, d'une puissance de 1 mètre à 1 mètre et demi.

Entre Juntas et Dagua, on en aurait également découvert un autre fort important.

Sur les versants de la montagne *Cresta de Gallo*, située entre la Quebrada Seca et le Dagua, il existe une mine de cuivre très abondante.

Un riche filon du même métal, de 2 à 3 mètres de puissance, se trouve au confluent du Bitaco et du rio Grande.

Ces minerais, d'après les rapports, auraient une grande analogie avec ceux de la New Quebrada Mining Cº de Venezuela. Ils doivent contenir de l'or.

Sur les deux versants de la Cordillère et sur le tracé du chemin de fer se trouve le terrain aurifère, et on ne doit pas oublier qu'aux termes mêmes de l'acte de concession, les mines non dénoncées appartiennent de droit à la Compagnie Franco-Belge.

La ligne coupe à la Quebrada le chemin du Choco par lequel il sera facile de faire venir les produits de cette province, où l'on trouve de très nombreuses mines de métaux précieux, or, argent, platine ; en effet, le commerce se fait actuellement par le rio San Juan dont la navigation est extrêmement difficile, et au travers d'une région exceptionnellement malsaine.

Mines de charbon. — Il existe près de Cali des gisements de houille qui sont l'objet d'une exploitation restreinte, il est vrai, mais qui suffit pour le moment aux besoins du pays. Ces charbons, essayés aux ateliers du chemin de fer du Cauca, ont donné d'excellents résultats.

Nous résumons le rapport d'un ingénieur des mines anglais, M. White, qui a étudié cette question pour le compte de M. Cisneros.

Le massif de la Cordillère occidentale est formé par un noyau granitique contenant peu ou point de mica. En se soulevant, il a entraîné avec lui des roches éruptives relativement récentes, grès et diorites, avec quelques porphyres. Au-dessus viennent les roches sédimentaires de transition s'appuyant contre les diorites. Elles forment les couches extérieures de la montagne. Ces roches, de 2 à 300 mètres d'épaisseur, font toutes partie du terrain carbonifère, à tous ses étages, grès, marbres, schistes, argiles.

Depuis l'Équateur jusqu'à l'extrémité septentrionale de la chaîne des Andes, dans l'État d'Antioquia, on retrouve ces formations en bassins interrompus plus ou moins étendus, aussi bien dans la chaîne centrale que dans la chaîne occidentale, dans la vallée du Patia, comme dans celle du Cauca. Comme règle générale, leur largeur varie entre 2 et 15 kilomètres, et leur surface totale peut être évaluée à 2 ou 3,000 kilomètres carrés.

Dans toute cette étendue, on trouve le charbon dans tous ses états, depuis le lignite jusqu'au meilleur charbon à coke. Dans la vallée du Patia, on trouve souvent réunies les diverses qualités dans un très faible rayon. M. White attribue ces variations dans la qualité à la plus ou moins grande proximité de roches éruptives qui ont soumis les charbons à des températures plus ou moins élevées. Comme conséquence, il en déduit que les caractères distinctifs du charbon doivent être d'autant plus fixes que l'éruption a transformé les couches voisines sur une plus large surface, et il en trouve la confirmation dans l'étude du terrain houiller des environs de Cali, reposant sur des roches éruptives les plus récentes qui s'étendent sur plus de 150 kilomètres au nord et au sud ; aussi le charbon présente les conditions des meilleures houilles, malgré les accidents qui sont propres à tous les gisements de cette formation.

Les gisements sont formés de couches courant N.-S., d'après les affleurements interrompus par les profonds ravins qui creusent le flanc de la montagne. Cette circonstance facilite considérablement l'exploitation, puisqu'elle permettra les attaques sur un grand nombre de points, sans installations coûteuses, sans épuisements. La puissance des couches est comprise entre un et trois mètres.

Les recherches faites par divers ingénieurs n'ont pas permis encore de déterminer exactement le nombre des couches existantes, mais, d'après les données recueillies par M. White, il n'y en aurait pas moins de trente qui seraient de qualité à peu près uniforme et dont moitié au moins serait exploitable.

Le meilleur mode de transport serait d'installer des chaînes flottantes, amenant le charbon à un chemin de fer établi dans la plaine.

En général, le charbon est dur, compact, à cassures grossières, brillant, contenant un peu de soufre, de fer ou d'autres impuretés. Il a trouvé d'excellents charbons pour la grille, le coke, le gaz ; enfin une espèce de cannel, remarquablement bitumineux.

Le coke produit est d'excellente qualité, et le charbon, propre aux navires, contient seulement 5 à 6 0/0 de cendres. Il est comparable aux meilleures qualités d'Europe. — Il n'y aurait pas à craindre le grisou.

M. White estime que, dans ces conditions, vu le bas prix de la main-d'œuvre, la possibilité de se procurer de bons mineurs dans la province d'Antioquia, on peut fournir le charbon sur le carreau de la mine, probablement à 2 piastres ou 3 piastres la tonne au maximum.

Il calcule que l'on pourrait facilement écouler 50,000 tonnes par an sur le Pacifique, ce qui représente un cinquième de l'importation européenne dans cette mer ; il estime que le prix de revient, rendu à Buenaventura, peut s'évaluer ainsi :

Coût du charbon sur le carreau de la mine. . . . . . $	2
Manipulation, chargement sur le chemin de fer	1
Transport jusqu'au quai.	5
TOTAL . . . . . . $	8

Les charbons anglais, vendus au Callao, Patia, Panama, coûtent actuellement 20 à 25 piastres la tonne.

L'écart est donc assez grand pour permettre la lutte en réservant une très large part de bénéfice à l'exploitant, ainsi qu'au transporteur.

Les affirmations de M. White sont confirmées par d'autres rapports. On peut donc affirmer que le charbon d'excellente qualité, existant en quantité indéfinie près de Cali, dans des conditions d'exploitation exceptionnellement favorables, assurera à la Compagnie du chemin de fer un gros trafic extrêmement rémunérateur.

On doit en tirer la conclusion que les rampes dans le sens de Cali, vers le sommet de la montagne, doivent être aussi modérées que possible pour faciliter ces transports, tout ce qui sera fait dans ce sens devant être une source fort sérieuse de bénéfices pour la Compagnie, et devant, par suite, produire de très gros intérêts.

Il est en outre, tout indiqué qu'il faut, à Buenaventura, terminer et compléter de suite l'installation maritime.

Nous devons encore insister sur ce que nous avons déjà dit, que la Compagnie ayant la concession de toutes les mines non dénoncées, il y aura certainement pour elle la source de très larges bénéfices dans leur exploitation.

CHAPITRE XXII

CHEMIN DE FER DU CAUCA

§ 1

CONCESSION CISNEROS

La ligne a été concédée par contrat en date du 7 mai 1878, à M. Cisneros, aux conditions suivantes :

Durée de la concession, 60 ans ;

Délais d'exécution, 6 ans ;

Largeur de la voie, 3 pieds anglais (0^m,915).

Poids des rails, 30 livres par yard (15 kilogrammes par mètre) ;

Courbes minima de 200 pieds de rayon (60 mètres) ;

Pentes maxima, 0^m,06 par mètre ;

Estimation de la dépense, 6,000,000 piastres ;

Subventions, 3,000,000 piastres fournis par les divers États intéressés et le gouvernement national. En plus, 200,000 hectares de terrains domaniaux, de part et d'autre de la ligne.

Exemption des droits d'entrée pour le matériel roulant ;

Concession du quai de Buenaventura, avec droits de péage spéciaux.

Dès 1877, M. Cisneros avait commencé les reconnaissances et les études, et en 1878 il s'était mis à l'œuvre. Le chemin de fer a été construit, et la voie posée jusqu'à San Cipriano, kilomètre 26,500, avec des ouvrages d'art en bois beaucoup trop légers et d'un débouché beaucoup trop faible. Aussi, les crues des rivières ont-elles, au début, enlevé les ponts et interrompu fréquemment l'exploitation.

Une crue ayant enlevé le pont du Dagua, au delà de Cordoba, et les ressources n'ayant pas permis ni de le rétablir, ni de pousser plus loin, l'exploitation s'est arrêtée un peu au delà de cette dernière ville, au kilomètre 27,700.

L'exploitation a été inaugurée le 20 juillet 1882, et a continué jusqu'en 1885, sous la direction et pour le compte de M. Cisneros.

A cette époque, les négociants du Cauca adressèrent une pétition au gouvernement pour demander la revision du contrat Cisneros, en se basant sur ce que le concessionnaire n'avait pas rempli ses obligations, puisqu'il n'avait construit que 30 kilo-

21

mètres sur les 140 concédés, et puisque, depuis 1882, aucun travail sérieux n'avait été fait au delà de Cordoba.

Le concessionnaire répondait que le Gouvernement ne lui avait pas payé, aux époques prévues les termes de la subvention, et n'avait pas, de son côté, rempli ses engagements.

Aussi, d'un commun accord, le contrat fut rompu, et en septembre 1885, des arbitres furent nommés pour établir la valeur des travaux exécutés qui furent repris par l'État.

A partir de ce moment, l'exploitation a été faite en régie, pour le compte de l'État, par M. Guerrero.

Nous donnons, dans les tableaux suivants, les résultats de l'exploitation faite par M. Cisneros, de l'origine de l'exploitation jusqu'à la fin de 1884.

Elles se résument ainsi :

TRAFIC. — CHEMIN DE FER DU CAUCA

N° 1. — Relevé des recettes par mois.

		CHARGES			TONNES	NOMBRE de VOYAGEURS	PRODUIT
		IMPORTATION	EXPORTATION	TOTAL			
							$
1882	Fin juillet et août. . .	»	»	5.323	380	1.101	»
—	Septembre.	»	»	5.206	372	656	»
—	Octobre	»	»	5.134	366	592	1.860
—	Novembre.	2.732	2.314	5.046	360	*	1.000
—	Décembre	3.575	1.941	5.516	394	»	2.800
		6.307	4.255	26.225	1.872	2.349	5.660
1883	Janvier	3.872	1.741	5.613	400	»	6.160
—	Février	3.396	1.488	4.884	348	»	6.800
—	Mars	2.255	1.227	3.482	248	822	1.227
—	Avril	3.798	1.250	5.048	360	768	3.380
—	Mai	3.361	1.763	5.124	306	725	2.586
—	Juin.	2.845	1.678	4.523	323	752	1.458
—	Juillet.	3.329	1.865	5.194	371	892	1.901
—	Août	4.214	2.113	6.327	452	806	2.048
—	Septembre.	3.170	1.540	4.710	336	557	1.612
—	Octobre	3.980	1.910	5.890	421	553	3.891
—	Novembre.	1.576	1.575	3.151	225	645	2.207
—	Décembre	2.926	1.765	4.691	335	682	2.754
		38.722	19.915	58.637	4.188	7.492	36.024
1884	Janvier	2.372	1.086	3.458	247	567	2.960
—	Février	3.178	1.275	4.453	348	566	3.169
—	Mars	2.906	1.454	4.360	311	633	3.247
—	Avril	3.737	1.261	4.998	337	497	3.129
—	Mai	2.727	1.388	4.113	294	486	2.814
—	Juin.	2.311	1.439	3.750	268	531	3.485
—	Juillet.	2.726	1.454	4.180	291	537	3.232
	TOTAL pour 7 mois. .	19.957	9.357	29.314	2.086	3.817	22.036
	Ce qui donnerait par an au même taux. . . .	»	»	»	3.575	6.535	37.700
	Moyenne par an. . .	»	»	»	4.000	7.000	$ 37.000
	Produit moyen par kil.	»	»	»	»	*	1.800

CHEMIN DE FER DU CAUCA

(Longueur : 20 kilomètres.)

Exploitation par M. Cisneros.

			TOTAUX	PAR KILOMÈTRE
			$	$
1883	Recettes brutes, y compris les recettes dues au transport du matériel		25.747,56	1.287,38
	Dépenses.		70.891,74	3.544,58
		Perte		45.144,18	2.257,20
1884	Recettes brutes		35.582,99	1.779,20
	Dépenses		57.472,80	2.873,64
		Perte		21.889,81	1.094,44
	En 1884, les recettes brutes se décomposent ainsi :				
1884	Recettes brutes totales, y compris le transport du matériel de construction	35.582,99		
	A déduire le transport du matériel	12.104,39		
	Reste comme recettes brutes du trafic		23.478,60	1.173,93
	Dépenses totales	57.472,80		
	A déduire pour le transport du matériel	13.107,26		
	Reste comme dépenses d'exploitation.		44.365,54	2.218,28
	Déficit de l'exploitation		20.886,94	1.044,35

§ 2

EXPLOITATION PAR L'ÉTAT

Les résultats obtenus par l'État ont été encore moins satisfaisants; les déficits sont allés en augmentant, et les dépenses ont atteint un chiffre que nous avons de la peine à nous expliquer.

Nous reproduisons le résumé fait par les deux experts, MM. Manuel Peña et C. Conwell, pour la détermination de la valeur des travaux exécutés par M. Cisneros, et pris en charge par l'État. *(Diario official,* janvier 1886, n°s 6,569 à 6,571.)

Voie. — Du kilomètre 0 Buenaventura au kilomètre 20,100 Cordoba. . . . . $ 1.059.053,00

Du kilomètre 20,100 Cordoba au kilomètre 27,100 extrémité de la voie. . . . . 368.824,80 $ 1.427.878,40

Plate-forme. — Valeur de la plate-forme antre le kilomètre 27,100 et son extrémité, au kilomètre 30,548, soit : 3,148 mètres. (Tous les ponts manquent.). . . . . $ 31.600,40

Essartage. — Depuis l'extrémité de la voie, 27,100 jusqu'à Jésus km 32, soit 4,910 m. à raison de $ 248,750 le kilomètre . . 1.221,000

A reporter. 1.427.878,40

Pont du Piñal. — Porté dans la liquidation pour une valeur de.   7.587,216

Avant-projet par San José, et études préliminaires.
En déduisant les 31 kilomètres déjà construits. il ne reste
que 84,250 mètres estimés à 33.700.000

Tracé définitif. — Du kilomètre 27,100 à Juntas, soit 25,306
mètres, estimés à 19.540,580
Quai de Buenaventura. 75.000,000

Remarque. — Les experts, en faisant leur reconnaissance,
ont tenu compte de ce que le platelage en bois était détérioré,
de ce que les pieux de défense étaient détruits, enfin de ce que
les pièces de contreventement n'avaient pas été posées, les ingénieurs de M. Cisneros ne l'ayant pas cru indispensable.

Bâtiments. — Magasins à Buenaventura, bois avec couverture
en fer galvanisé.
Magasins à Cordoba — paille et bambous. . . ⎫
Hôpital, maisons d'employés — en paillottes . ⎬ Le tout estimé   18.300,000
Ateliers de Buenaventura . . . . ⎪
Maisonnettes : el Piñal, el Paillon, San Cypriano, ⎭

Matériel de construction. — Suivant inventaire. 92.634,100
Outillage. 7.798,480
Machines. — Au dépôt, non encore montées. 13.665,970
Matériel roulant. — Locomotive Cali, n° 1, 14 tonnes . . .   4.000,000
Pièces de rechange. 1.300,000
Locomotive Popayan, n° 2, 19 tonnes 13.000,000
Pièces de rechange.   600,000
Voiture de 1ʳᵉ classe, 40 voyageurs 3.700,000
— 24 — 1.200,000
2 voitures 2ᵉ classe, 20 et 30 voyageurs 2.600,000
1 — 3ᵉ classe, 30 voyageurs   900,000
5 wagons fermés, pesant 8 tonnes, pouvant charger 10 tonnes.   4.500,000
2 wagons plate-forme *américains* 1.500,000
5 wagons type anglais. 2.500,000
2 wagons-bergeries. 2.000,000   37.800,000

350.847,746   350.847,746

1.768.726,146

Nous donnons, Annexe n° 1, l'inventaire de l'outillage.

En plus, au moment de la livraison du chemin de fer, il existait, dans les
magasins de la Compagnie, 385 tonnes de rails, représentant environ 11 kilomètres
de voie, ce qui eût permis de poser la voie jusqu'à El Palo, au delà de Sucre, au
kilomètre 41.

L'achèvement de la voie jusqu'à Pureto, un peu au delà de El Palo, était estimé
à $ 50,000 de dépenses nouvelles.

Pureto, comme climat, est déjà dans de bonnes conditions, tandis que Cordoba
est extraordinairement malsain, il eût donc été fort avantageux de reporter jusqu'à
Pureto la tête de ligne, mais le mauvais état de la partie en exploitation a absorbé
toutes les ressources provenant, soit des recettes, soit des prélèvements sur la douane
de Buenaventura, soit des subventions directes accordées par le gouvernement central
et par celui de Cauca.

Voici le résumé du résultat de l'exploitation depuis octobre 1885, époque à laquelle le gouvernement s'est chargé de la ligne jusqu'en décembre 1887.

CHEMIN DU CAUCA. EXPLOITATION PAR L'ÉTAT

	RECETTES	
	TOTALES	PAR KILOMÈTRE ET PAR AN
Exploitation. — Recettes brutes de l'exploitation, 30 septembre 1885 à fin décembre 1887	$ 54.871,75	$ 880,413
Dépenses brutes de l'exploitation, 30 septembre 1885 à fin décembre 1887.	26.908,87	431,751
RECETTES NETTES	27.962,88	448,662

Nombre de kilomètres exploités, 27ᵏ,700.
Nombre de mois d'exploitation, 27 mois.

	DÉPENSES	
	TOTALES	PAR KILOMÈTRE ET PAR AN
Réfection et entretien. — Dépenses de réfection et d'entretien pendant cette période.	$ 164.997,75	$ 2.647,32
Matériaux et outillage employés sur les travaux.	134.271,81	2.154,70
Travaux neufs	20.450,34	328,19
TOTAUX	319.719,90	5.130,21

Ce rapport donne aussi les résultats de l'exploitation du chemin de mulets entre Cordoba et Cali, qui se chiffrent ainsi :

Péages sur le chemin de mulets . . . . $ 14.256,60
Dépenses d'entretien. 10.226,19
RECETTES NETTES. . . . . $ 4.030,41

Employés. — Nous ajoutons, à titre de renseignements supplémentaires, le chiffre des appointements mensuels des employés que nous relevons dans la comptabilité, soit $ 2,166, et par an $ 25,992, soit par an et par kilomètre $ 938.

Ce chiffre ne comprend pas les brigades de la voie, pas plus que les ouvriers de tout genre, soit de l'atelier, soit des travaux divers.

Le Commissaire du gouvernement, Don Aquilino Aparicio, conclut de ce qui précède, dans son rapport du 28 mars 1888 que le chemin de fer de Buenaventura à Cordoba revenait en réalité, au 1ᵉʳ janvier 1888, à une somme supérieure à 2,000,000 piastres. En estimant que les travaux faits équivalent à peu près à 29 kilomètres terminés, le prix de revient kilométrique serait, en chiffres ronds, de $ 70,000 sans compter la substitution des ponts en bois par des ponts en fer qui reste à faire en partie.

Enfin, les derniers comptes de M. Miguel Guerrero, arrivés à Bogota, au printemps de 1889, accusaient une dépense de $ 598,743 pour environ trois ans d'exploitation par le Gouvernement, de sorte que la dépense avait été d'environ $ 200,000 par an, durant cette période.

L'exploitation ayant abandonné le quai de Buenaventura, et s'arrêtant à Cordoba, ne se fait plus que sur 20 kilomètres. Il n'y a d'ailleurs que trois trains par semaine, les mardis, jeudis et samedis. Malgré une exploitation aussi restreinte, les dépenses sont montées à près de $ 10,000 par kilomètre et par an, soit en trois ans exactement à :

$$\frac{598,743}{20} = \$ 29,947$$

L'Administration, pour se justifier, prétend que M. Cisneros aurait livré la voie dans un état tel que tout était à refaire, mais nous avons eu beau examiner les rapports, il ne nous a pas paru que les travaux de réfection pussent arriver à un chiffre de près de $ 30,000 sur une ligne où, en somme, les trains circulaient auparavant assez régulièrement, si on remarque que la valeur de la ligne elle-même ne nous semble pas, dans ce terrain plat, devoir beaucoup dépasser ce chiffre.

Il y a eu gaspillage évident, sans profit pour le pays, et le gouvernement, ne pouvant suffire au déficit de la ligne de Girardot, pas plus qu'à celui de la ligne du Cauca, aurait agité cette année, m'a-t-on dit, la question d'abandonner l'exploitation.

Ce serait encore des ruines à ajouter à celles que son imprévoyance a semées sur le sol de la Colombie, à Puerto-Wilches, à Honda (Ferrocarril del Occidente), à Puerto-Berrio (Antioquia); c'est une démonstration de plus qu'un pays neuf est incapable de faire par lui-même des travaux de cette importance, et que la seule manière d'arriver à un résultat est de traiter avec des Sociétés sérieuses ayant la puissance financière et l'expérience suffisantes pour mener à bien de pareilles entreprises.

----

§ 3

CONCESSION GAULMIN

Historique. — Par contrat du 1er juin 1886, promulgué par la loi du 17 août 1886, le gouvernement central concéda à M. Gaulmin le chemin de fer de Buenaventura à Cali aux conditions suivantes :

Largeur de la voie, 1 mètre.

Durée de la concession, quatre-vingt-dix-neuf ans.

Exemption des droits d'entrée pour le matériel.

Obligation de commencer les travaux dans le délai de deux ans.

Obligation de terminer les travaux : délai indéterminé.

Garantie de 7 0/0 sur un capital de $ 42,000 or (210,000 francs).

Engagement du gouvernement de faciliter, dans la mesure du possible, le rachat des lignes de Buenaventura-Cali.

Comme nous l'avons dit, la voie est posée, sauf l'interruption du pont de San Cypriano, jusqu'au kilomètre 30,250 ; la plate-forme achevée jusqu'au kilomètre

30,500, et la voie débroussaillée jusqu'au kilomètre 31, près de la Quebrada Piedra Piedra.

Le 14 août 1886, aux termes de l'acte de concession, après avoir fait approuver le tracé, M. Gaulmin, en sa qualité de concessionnaire, et comme représentant de la Compagnie Franco-Belge des chemins de fer colombiens, à laquelle il avait cédé ses droits, commença les travaux de tracé, à partir de la Quebrada Piedra-Piedra et les continua jusqu'au 31 octobre suivant.

Dans cet intervalle, il avait négocié avec le gouverneur du Cauca le rachat des travaux déjà exécutés, moyennant le prix de 4,000,000 de francs, payables en actions. Le Gouvernement central refusa d'approuver ce contrat, sous prétexte que les 4,000,000 de francs ne représentaient, au prix moyen de 210,000 francs, que la valeur de 19 kilomètres, tandis qu'il y en avait, en réalité, 26 complètement terminés, et 7 dont la plate-forme était achevée.

Le gouvernement, en refusant l'approbation de ce contrat, donnait déjà les premières preuves de son mauvais vouloir. En effet, bien que les dépenses de construction aient été exagérées, les kilomètres construits se trouvaient en pays plat, et leur *valeur réelle* était bien inférieure à la valeur moyenne kilométrique de l'ensemble de la ligne.

La voie devant être prolongée à l'écartement de un mètre, il fallait, de toute nécessité, élargir la voie déjà construite à 0^m,915 (3 pieds anglais), ce qui représentait une assez grosse dépense.

M. Gaulmin ne pouvait continuer ses travaux avant la solution de cette question; en effet, si le gouvernement central refusait de traiter, il devait abandonner cette portion de ligne et changer résolument le tracé. En effet, d'après l'avis de plusieurs ingénieurs colombiens, d'après celui du premier concessionnaire, M. Cisneros lui-même, il était possible d'éviter les gorges du Dagua, entre Juntas et Bitaco, en s'élevant à partir de Aguacate sur les plateaux et en suivant les sommets jusqu'au col.

Au mois de novembre, M. Le Brun, ingénieur, fut envoyé par la Compagnie Franco-Belge avec pleins pouvoirs, et dès son arrivée à Bogota, il reprit les négociations en offrant au gouvernement de racheter la ligne Buenaventura-Cali après expertise, et d'en affecter le prix, placé en compte courant dans les caisses de la Compagnie ou d'une banque de dépôt, au paiement des termes échus de la garantie, au fur et à mesure de l'achèvement des travaux.

Le gouvernement, décidé à rompre avec la Compagnie Franco-Belge, n'accepta pas cette proposition, pourtant si avantageuse pour lui, et, malgré la protestation de M. Le Brun, déclara sans motifs, la déchéance de la concession, le 28 mars 1889, et la repassa à M. de Goussencourt, le 8 mai de la même année, sans tenir compte des mesures conservatoires prises par la Compagnie, sans attendre que les Tribunaux compétents eussent statué sur la validité du décret de déchéance, contrairement aux termes mêmes du contrat.

La Compagnie Franco-Belge *s'est mise en règle*, et entend maintenir ses droits.

§ 4

ÉTUDE DU TRACÉ

Comme il vient d'être dit, il y a plusieurs tracés pour aller de Buenaventura à Cali, et celui qui a été choisi n'est peut-être pas le meilleur ; M. Cisneros prétend qu'il lui a été imposé par la vallée du Dagua, pour que le commerce pût profiter de suite des premiers travaux, et qu'on en exigea l'exécution avant que des études comparatives eussent permis de décider la solution la plus avantageuse.

Comme il est difficile maintenant d'abandonner les travaux faits, il faut suivre le tracé commencé, aussi nous allons examiner le tracé en prolongement des travaux déjà exécutés, c'est-à-dire, celui du Dagua.

De Piedra-Piedra à Juntas, le tracé n'offre rien de particulièrement difficile ; l'étude complète en a été faite par M. Cisneros, et les plans existent dans les bureaux de la direction, à Buenaventura. Sur ce parcours, il y a plusieurs variantes étudiées, dont la principale a pour but d'éviter un petit tunnel, en traversant deux fois la rivière à une boucle prononcée.

Le matériel en magasin permettrait d'arriver à *El Palo*, au kilomètre 41. Les travaux sont insignifiants, et on ne comprend pas, comment, avec l'argent dépensé, on n'est pas arrivé à faire cet effort, qui eût déjà beaucoup amélioré la situation. En effet, la ligne eût rencontré, à Sucre, le chemin de mulets qui, de ce point, gagne Cordoba, sur la rive droite de la rivière, sans recouper la ligne.

On eût évité ainsi 20 kilomètres de transport par bêtes de somme, soit presque une journée. C'était presque sans aucun accroissement de dépenses d'exploitation, doubler les recettes, reporter la tête de ligne dans un endroit beaucoup plus sain, tout en allégeant sensiblement les charges du commerce.

A Juntas, M. Cisneros, a fait étudier une variante, en remontant le Rio Pepita, jusqu'à sa source. La vallée se présente dans de meilleures conditions que celle du Dagua ; mais la reconnaissance n'a pas été poussée jusqu'à la ligne de faîte, ni sur le versant oriental de la chaîne des Andes.

Juntas-Bitaco. — De Juntas, les études faites remontent le cours du Dagua, qui s'est frayé un chemin au fond d'une gorge étroite, très escarpée, composée de roches ébouleuses, presque verticales en certains points. Ce passage très difficile dure jusqu'au petit village du Dagua, au confluent de cette rivière avec le rio Bitaco ; sa longueur est d'environ 10 kilomètres ; on s'élève de la cote 341 à la cote 560, soit 219 mètres; la pente moyenne est d'environ 22 millimètres.

Les études ne sont pas suffisantes pour permettre de fixer le tracé qui devra être établi, partie à flanc de coteau, partie en tunnel, partie sur des murs de soutènement, peut-être même, sur des estacades en fer.

Nous ne reculerions pas devant l'exécution d'une galerie souterraine à une distance de 30 à 40 mètres de la paroi du rocher, toutes les fois que ses flancs seraient trop abrupts pour qu'on pût s'y appuyer facilement ; nous avons exécuté un travail analogue sur 10 kilomètres de longueur au cap Bernard, à l'île de la Réunion (mer

22

des Indes), au prix moyen de 450 francs le mètre. Nous ne pensons pas que les prix, en Colombie, soient de beaucoup plus élevés.

Par comparaison, nous croyons que les travaux dans l'ensemble de cette section peuvent être exécutés, *comme prix de revient*, à un chiffre inférieur à 300,000 francs le kilomètre ; nous adopterons cette estimation.

Une fois arrivés à Bitaco, deux tracés bien différents peuvent être adoptés; ils sont désignés sous les noms de Tracé de Tocota (passage de la ligne de faîte au col San Antonio (1,950 mètres), et de Tracé de San José (passage de la ligne de faîte au col de Guayabo 1,540 mètres).

Tracé de Tocota. — Le passage par San José étant de 410 mètres plus bas que le Tocota, paraît *a priori* préférable, mais la ligne atteint le rio Cauca à 25 kilomètres en aval de Cali, aussi les habitants de cette ville, craignant que le trafic de la région ne leur échappât, ont offert de payer la différence de prix entre les deux tracés, à condition qu'on adopte le tracé du Tocota. Aucun devis n'a été présenté, et, sauf vérification, il nous semble que cette charge serait peut-être au-dessus des forces de la municipalité. En effet, la descente du col de San Antonio à Cali, 950 mètres, par le rio Cali, est courte, et pour rester dans des limites de pente convenables, il serait nécessaire de chercher des développements fort difficiles dans tous les affluents, à travers des ravins escarpés au prix de travaux extrêmement coûteux.

La partie comprise entre le village de Dagua et Campo Alegre, dans la vallée haute du Dagua, n'offrirait pas, il est vrai, de grandes difficultés; elles ne commenceraient qu'au delà de ce point, pour monter au col, les derniers kilomètres de la vallée ayant une pente très supérieure à la limite tolérable pour un chemin de fer.

La longueur comparative des deux tracés peut s'établir ainsi, d'après M. Cisneros.

	AU CAUCA	A CALI
	kil.	kil.
Distance de Buenaventura, par San José	94	135
Distance de Buenaventura, par Tocota.	106	104

Mais il y a un autre argument qui doit faire rejeter cette demande. Le chemin de fer ne pourra pas s'arrêter à Cali; il devra être prolongé 2 kilomètres plus loin, jusqu'au rio Cauca, pour être en rapport avec la navigation. Une gare fluviale devra donc être établie dans tous les cas, et les marchandises venant par cette voie ne feront que transiter par la gare de Cali. Au contraire, Cali, étant tête de ligne avec le tracé de San-José, servira d'entrepôt à toutes les marchandises venant d'amont.

D'après M. Cisneros, le tracé par Tocota coûterait beaucoup plus cher que celui par San José.

En l'état de la question, et sauf études plus complètes, nous pensons donc que l'on doit choisir de préférence le tracé de San-José par le col de Guayabo.

Tracé de San José. — Nous allons décrire ce tracé d'après les indications données par M. Cisneros, par M. Gaulmin, et d'après les itinéraires des ingénieurs colombiens.

Les dépenses, d'après les devis établis par M. Cisneros, montent, à 5,774,768 piastres, soit, pour 138 kilomètres, à 42,000 piastres en chiffres ronds.

	DÉPENSES	
	TOTALES	PAR KILOMÈTRE
	$	$
Expropriation.	»	»
Ponts, ouvrages d'art, etc.	1.350.706,89	9.788 »
Bâtiments, ateliers, remises, maisons de gardes. .	264.950 »	1.930 »
Voie	2.212.123,68	16.247 »
Matériel des stations	»	»
Matériel roulant.	515.610 »	3.746 »
Outillage	426.000 »	3.087 »
Télégraphe électrique.	»	»
Essartage.	12.914,75	94 »
Administration et conduite des travaux.	481.230,78	3.497 »
Imprévu, à valoir.	481.230,73	3.497 »
Totaux	5.774.768,78	41.886 »

Le marché ayant été établi à forfait, il est naturel que M. Cisneros soit arrivé à ce chiffre, c'est, du reste, à peu près, celui auquel M. Gaulmin avait pris la concession ; il représente largement la dépense réelle, compris les frais d'émission et le bénéfice de l'entreprise.

Les dépenses de la section Buenaventura-Cali se sont montées à un chiffre de beaucoup supérieur, à près de 70,000 piastres le kilomètre, mais nous avons montré que ce chiffre ne représentait pas la dépense réelle ; il y a eu un gaspillage évident, qu'une Compagnie éviterait certainement et qui ne doit pas entrer en ligne de compte.

Nous donnons dans le chapitre suivant l'évaluation des dépenses établie par nous, par comparaison avec d'autres lignes analogues.

Le prix kilométrique ressort à 28,000 $ or ou 140,000 francs.

§ 5

ESTIMATION DU TRAFIC

Le chemin de fer construit jusqu'à Cali, et la navigation du Cauca bien établie entre Cartago et Paso de Bolsa, en amont de Cali, le trafic de toute la région comprise entre Médellin et Popayan avec l'étranger, empruntera cette voie.

Il faut compter en plus qu'avec l'amélioration du chemin de mulets du Quindio, le commerce du Tolima, du Cundinamarca, Boyaca et Santander avec les régions du Pacifique, prendra cette direction, beaucoup plus courte et beaucoup plus économique que celle de Panama. Bien que les échanges qui se font actuellement soient à peu près négligeables, il est présumable qu'ils prendront un développement appréciable avec les facilités de communication.

Actuellement, une charge de marchandises de 140 kilogrammes coûte, de Cali à Cordoba. . . . . $ 4,00
De Cordoba à Buenaventura. 0,75
Du magasin à bord 5,00

$ 9,75

Il y aurait lieu d'ajouter la plus-value d'un emballage en toile goudronnée.
La dépense d'un voyageur par personne est d'au moins . . . . . . $ 8,00
Plus, pour son bagage, une mule et un péon. 5,00
De Cordoba à Buenaventura, chemin de fer. 1,00

TOTAL. . . . . $ 14,00

Par le chemin de fer supposé terminé, les prix sont les suivants :

Le tarif, par voyageur de première classe, est de 5 piastres pour tout le parcours. (Il n'y a pas de deuxième classe.) Il est de $ 3 en troisième classe.

Le tarif des marchandises pour le parcours entier est, par tonne, de. $ 5,00
En y ajoutant les droits de quai pour l'embarquement, à $ 0,10, on a
par tonne 0,75
On a donc, pour le transport d'une tonne de Cali à bord . . . . . . $ 5,75

Soit une économie d'argent de plus de 50 0/0 ($ 4,00).

On voit combien, même avec ces tarifs élevés, le commerce aurait avantage à se servir du chemin de fer, sans compter l'économie de temps, la suppression des risques, la différence d'emballage, etc., etc.

Le relevé du trafic du chemin de fer, de 1882 à 1885, donne : voyageurs 7,000, marchandises 4,000.

Ces chiffres sont en concordance avec les relevés de la Douane :

Le trafic actuel donnera donc une recette brute de :

Voyageurs, 7,000 à $ 4 . . . . $ 28.000
Marchandises, 4,000 à $ 20.000
Bétail. 6.000
Messageries et divers. 6.000

SOIT. . . . . $ 60.000

Qu'il faut doubler en comptant le trafic passant actuellement par l'Équateur et l'augmentation provenant des facilités que donnera le chemin de fer. $ 80.000

TOTAL. . . . . $ 120.000

Il faut encore ajouter un tonnage important pour le charbon. En effet, si on peut l'offrir à bas prix sur les quais de Buenaventura, on pourra l'exporter dans les ports du Pacifique, surtout à Panama, sans compter l'approvisionnement des navires touchant à Buenaventura.

Il ne paraît pas exagéré d'estimer ce trafic à 15,000 tonnes dès le début, et à 50.000 tonnes au bout de peu d'années ; mais pour pouvoir le vendre avantageusement à Buenaventura, il faut que le prix de vente n'excède pas $ 15 à 16 au change actuel répartis de la façon suivante $ 10 au producteur et $ 5 au chemin de fer.

Soit 15,000 tonnes à $ 5 = ... $ 75.000

Report du trafic ci-dessus. 120.000

                                        TOTAL. . . . $ 195.000

                      OU EN CHIFFRES RONDS. . . . . $ 200.000

Si au lieu de 15,000 tonnes de charbon on avait à en transporter 50,000, il y aurait lieu d'ajouter aux recettes précédentes. . . . . . $ 175.000

Ce qui donnerait un total de . . . . $ 375.000

Les dépenses d'exploitation, comme nous l'avons vu en étudiant les autres lignes de Colombie, peuvent s'évaluer à $ 1,500 par kilomètre.

Soit pour 138 kilomètres $ 207,000.

C'est-à-dire que les premières années les recettes et les dépenses se balanceraient.

Il est certain que le trafic augmentera largement et paiera dans l'avenir les dépenses et le capital. Cependant, l'exemple des autres lignes de Colombie démontre que cet accroissement est lent à l'origine; cela tient au peu de population du pays, au peu de besoins de la masse qui ne consomme que les produits du sol, à la lenteur avec laquelle changent les habitudes. Pour que le tonnage s'accroisse, il faudra que la production augmente, ce qui exige un accroissement de population, soit naturelle, soit provenant de l'immigration. Le mouvement est lent à s'établir; avec plus de stabilité dans le pays, l'accélération pourrait être rapide, et la Compagnie elle-même peut la hâter dans une large mesure en exploitant les mines, commanditant les entreprises agricoles et industrielles, en encourageant le commerce, en donnant l'exemple des améliorations. Elle tirera en même temps de ces affaires accessoires d'assez larges bénéfices.

Nous avons vu, en cinq années, dans des conditions analogues, et dans un pays beaucoup moins riche, les produits monter de 3,000 à 15,000 francs par kilomètre.

La conclusion à en tirer est : 1° que ces lignes ne peuvent se faire sans garantie ; 2° qu'à l'origine, les recettes paieront les dépenses, et 3° qu'au bout d'un temps qu'on peut évaluer compris entre cinq et dix ans, elles n'auront rien à demander à l'État.

CHEMIN DE FER DU CAUCA

ATELIER

INVENTAIRE DE L'OUTILLAGE

3 Junques.
2 Forjas con todas sus herramientas.
5 Tornillos.
4 Machos.
1 Bomba de apagar incendio.
1 Tarraja de mano.
10 Pares daos de tarraja.
2 Tarrajas de tubo.
8 Daos.
122 Machos de tarraja surtidos.
9 Tarrajas de mano pequeñas.
8 Machos de tarraja surtidos.
18 Fuegos machos para hacer daos.
1 Taladro de mano.
1 Punzon.
1 Mollejon.
1 Reloj de nikel.
2 Corta tubos.
12 Palancas de macho.
2 Gatos hidraulicos.
36 Claves de varios tamaños y formas.
1 Crizol de 15 libras.
3 Tenzas de tubo.
3 Sellos con las letras F. C. C.
29 Descarriadores varios tamaños.
85 Pies correa de 10 " de ancho.
125 Pies correa varios anchos.
2 Calafeteadores de tubo.
40 Brocas varios tamaños.
1 Chicharra.
2 Linternas.
1 Alza pesos con poder de 10 toneladas.
1 Prenza hidraulica.
1 Ventilador movido por vapor.
1 Taladro movido por vapor.
1 Tarraja movida por vapor.
56 Juegos daos de tarraja de vapor.
1 Serrucho movido por vapor.
1 Martillo movido por vapor.
1 Torno movido por vapor.
1 Torno de doble acción movido por vapor.
17 Peines de torno movido por vapor.
1 Maquina de sepillar movida por vapor.
1 Motor con caldera con poder de 25 caballos.
1 Winches con caldera con poder de 15 caballos.
4 Ejes para mover las maquinas.
1 Banco grande para trabajar.
1 Winches para armar los puentes.
2 Winches para los martinetes.
2,000 Rieles.
3,000 Eclises.

CHAPITRE XXIII

DEVIS ESTIMATIF

CHEMIN DE FER DU NORD

1ʳᵉ DIVISION

DE BOGOTA A CHIQUINQUIRA (146 kilomètres)

1ʳᵉ SECTION

De Bogota à Zipaquira

(49 kilomètres.)

Sans compter la gare de Bogota, j'estime que la dépense de construction ne devra pas dépasser 90,000 francs par kilomètre, si on construit avec toute l'économie voulue. A ce chiffre, il est prudent d'ajouter 20,000 francs par kilomètre, pour tenir compte de l'imprévu, des transports, etc., soit 110,000 francs.

Il conviendrait de construire de suite cette section sur laquelle on réaliserait un gros bénéfice.

La section peut donc s'évaluer au chiffre de :

49 kilomètres × 110,000 francs. soit. . . . . 5.390.000 »

2ᵉ SECTION

De Zipaquira à Chiquinquira

(97 kilomètres.)

Il y a lieu de diviser cette section en plusieurs tronçons :

1° De Zipaquira (49 kilomètres), à Nemocon (63 kilomètres), le prix sera le même que celui de la première section,

soit 14 kilomètres à 110,000 francs . . . . 1.540.000 »

A *reporter*. . . 5.390.000 »

2° De Nemocon (63 kilomètres), à Lenguasaque
(101 kilomètres). Distance : 38 kilomètres.

Sur ce parcours, le tracé traverse un pays accidenté, avec des terrassements au rocher, sans cependant de très grosses difficultés. En évaluant à
110,000 francs le prix du travail, plus 20,000 francs
pour la plus-value des transports, on trouve 130,000
francs comme prix total,
soit 38 kilomètres × 130,000 francs . . . . 4.940.000 »

3° De Lenguasaque (101 kilomètres), à Chiquinquira (146 kilomètres). Distance : 45 kilomètres.

Parcours très facile, un petit nombre d'ouvrages
d'art peu importants ; peu de mouvements de terres,
à peu près le même que pour la 1re section, soit
45 kilomètres à 110,000 francs en chiffre ronds . . .   4.950.000 »

Report. . .   5.390.000

TOTAL DE LA 2e SECTION . . . . 11.430.000 »

Prix moyen kilométrique de la section 118,000 francs.

TOTAL POUR LA 1re DIVISION . . . . . 16 820.000 »

Prix alloué pour cette Division
Soit : 146 kilomètres à 210,000 francs . . . . 30.660.000 »

L'écart est donc de. . . . . Fr. 13.840.000 »

Soit environ 95,000 francs par kilomètre.

Il y aurait également avantage à construire cette seconde section au point de
vue du bénéfice à réaliser.

Au point de vue de l'exploitation future, l'avantage ne serait pas moindre,
comme nous le verrons au dernier chapitre.

2ᵉ DIVISION

DE CHIQUINQUIRA A SAN GIL (173 kilomètres).

3ᵉ SECTION

De Chiquinquira à Puente Barbosa

(66 kilomètres.)

La section peut se diviser en deux districts de valeur inégale.

Le premier, partant de Chiquinquira et allant jusqu'au resserrement de la vallée, n'offre pas plus de difficulté que celui de la Savane; nous l'estimerons à 110,000 francs, sa longueur est d'environ 10 kilomètres, soit 110,000 × 10. . . Fr.   1.100.000 »

Le reste, soit 56 kilomètres, devra coûter notablement plus cher, le tracé suivant une vallée étroite et tourmentée doit être estimé à environ 175,000 francs, en tenant compte de la difficulté des transports, soit 175,000 × 56 . . . .   9.800.000 »

Soit pour la 3ᵉ section . . . . Fr.   —————— 10.900.000 »

Donnant un prix kilométrique moyen de 164,000 francs.

4ᵉ SECTION

De Puente Barbosa à San Gil

(107 kilomètres.)

Cette section se compose de parties alternativement faciles et difficiles, le tracé suit une vallée où l'on rencontre des plaines séparées par des contreforts, il exigera des tranchées au rocher et probablement quelques tunnels. Il y a peu d'ouvrages d'art, sans grande importance. Il nous semble que dans ces conditions, en estimant le prix kilométrique à 160,000 francs, on tient largement compte des difficultés pour le transport du matériel, soit 160,000 × 107. .   17.120.000 »

Total pour la Division . . . . . Fr.   28.020.000 »

Prix kilométrique moyen de la 2ᵉ Division 161,500 francs.

Prix allouée pour la 2ᵉ division, 173 kil. à 210,000 fr. .   Fr.   36.330.000 »

Écart. . . . .   Fr.   8.310.000

23

3ᵉ DIVISION

DE SAN GIL A BUCARAMANGA (75 kilomètres).

5ᵉ SECTION

De San Gil à Piedecuesta

(60 kilomètres.)

Cette section est de beaucoup la plus difficile ; la dépense peut être évaluée comme suit :

De San Gil au tunnel de faîte de la Laja. — Passage dans un ravin étroit, on peut compter un peu plus cher que la vallée du Suarez, soit : 175,000 francs $\times$ 12 kilomètres . . . . Fr. 2.100.000

Tunnel de faîte de la Laja. — 2,000 mètres à 750 francs 1.500.000

De la Laja à Cepita. — Le tracé étant au flanc d'un ravin très abrupt, exigera des murs de soutènement, des galeries, un grand nombre de petits ouvrages, il faut l'estimer à un chiffre très élevé, soit 300,000 francs le kilomètre. 17 kilomètres à 300,000 francs. . . 5.100.000

De Cepita au Boqueron. — Mêmes difficultés, même prix. 17 kilomètres à 300,000 francs. 5.100.000

Tunnel du Boqueron. — 2,000 mètres à 750 francs 1.500.000

Du tunnel à Piedecuesta. — Tracé facile ; en l'évaluant à 150,000 francs, on fait une place d'autant plus large à l'imprévu que les transports seront faciles, une fois la ligne de Bucaramanga ouverte. 10 kilomètres à 150,000 francs 1.500.000

Plus-value pour le viaduc de Cepita. 500.000

TOTAL. . . . . . Fr. 17.300.000

Soit une dépense de 288.000 francs par kilomètre.

6ᵉ SECTION

De Piedecuetsa à Bucaramanga

(15 kilomètres.)

Cette section est, d'après les renseignements donnés, exceptionnellement facile, il n'y a pas à tenir compte des difficultés de transport, on peut donc l'évaluer à 100,000 francs.

15 kilomètres à 100,000 francs 1.500.000

TOTAL POUR LA 2ᵉ DIVISION. . . Fr. 18.800.000

Prix kilométrique moyen de la division : 250,000 francs.

Prix allouée pour la 3ᵉ division, 75 kil. à 210.000 fr. . . Fr. 15.750.000

Déficit. . . . . Fr. 3.050.000

4ᵉ DIVISION

DE BUCARAMANGA A PUERTO-WILCHES (114 kilomètres).

7ᵉ SECTION

Bucaramanga à Peñas-Blancas

(56 kilomètres.)

La ligne parcourt une vallée étroite avec une succession de parties plates et de pentes abruptes. Elle se trouve dans une région analogue à la vallée du Suarez, le chiffre de la dépense sera cependant plus faible, parce qu'il y a à tenir compte de ce que les transports du matériel sont faciles .

56 kilomètres à 150,000 francs . . . . Fr. 8,400.000

8ᵉ SECTION

De Peñas-Blancas à Puerto-Wilches

(58 kilomètres.)

Il y a 3,500 mètres entièrement achevés, voie posée. Les traverses devront être remplacées, les remblais rechargés. Nous estimons la dépense à 30,000 francs.

3 k^m 5 à 30,000 francs. 105.000

Sur 3 k^m 5 la plate-forme est terminée avec les ouvrages d'art, il reste à poser la voie.

Nous estimons la dépense à 50,000 francs par kilomètre. 3,5 × 50,000. . . . . 175.000

Pour les 51 kilomètres restants, M. Ramos, dans un premier travail, les estime à 100,000 francs. Dans un second mémoire, il arrive à un chiffre bien supérieur, mais comme il en demandait l'entreprise, la somme a été exagérée. Nous pensons qu'à 120,000 francs, on tient bien largement compte de l'insalubrité du climat, surtout si on marche de l'avant comme les Russes ont fait en Tartarie et comme on a poussé la ligne du Sahara, en Algérie. 51 × 120,000 . . . . 6.120.000

Total. . . . . . . Fr. 6.400.000   6.400.000

Prix kilométrique moyen de la section : 114,000 francs.

Total pour la Division. . . Fr. 14.800.000

Prix kilométrique moyen de la division : 130,000 francs.

Prix alloué : 124 kilomètres à 212,000 francs 26.040.000

Écart . . . . Fr. 11.240.000

CHEMIN DE FER DU CAUCA

DIVISION UNIQUE

DE BUENAVENTURA A CALI

(138 kilomètres.)

Pour terminer la ligne jusqu'à Cali, on peut arriver au prix de revient suivant, établi par comparaison avec des travaux analogues exécutés dans les pays tropicaux :

1° *Pont de San Joaquin*, sur le Dagua . . . . $ 25.000

2° *12 kilomètres à établir* avec les rails existant en magasin, sur une plate-forme déjà amorcée jusqu'à El-Palo, au kilomètre 42, à 5,000 piastres par kilomètre. 60.000

3° *El Palo à Juntas*, 18 kilomètres. Parcours sans difficultés sérieuses, avec quelques ouvrages d'art, trois ponts sur le Dagua. Climat chaud, mais sain. Estimés 25,000 piastres or.

Soit 18 kilomètres à $ 25,000. . . . .   450.000

4° *Juntas* (341 mètres), *au village de Dagua* (560 mètres), 10 kilomètres, du kilomètre 60 au kilomètre 70.

Cette section est la seule qui présente de sérieuses difficultés. Climat sain.

Nous l'estimons à 300,000 francs le kilomètre, soit 60,000 piastres or, 10 kilomètres à 60,000 piastres 600.000

5° *Du village de Dagua au rio Cauca*, 40 kilomètres, du kilomètre 70 au kilomètre 110.

Cette section présente quelques difficultés sur les deux versants des Andes occidentales, mais le climat est tempéré ; nous supposons que la voie arrivée à Juntas, les transports ne seront plus difficiles ; en l'évaluant à 180,000 francs le kilomètre, nous pensons être très large, soit 40,000 piastres or, 30 kilomètres à 40,000 piastres . . .   1.200.000

6° *Du rio Cauca à Cali*, 28 kilomètres, du kilomètre 110 au kilomètre 138.

Tracé en plaine, remarquablement facile, climat tempéré, très sain. En n'exécutant les travaux qu'après l'arrivée de la voie à San Marcos, le prix kilométrique sera très faible, en l'évaluant à 100,000 francs, on laisse une grande marge, 28 kilomètres à 20,000 piastres. 560.000

7° Complément des installations maritimes 75.000

TOTAL . . . . $ 2.970.000

Nous avons dit que la partie déjà construite pouvait être évaluée à 29 kilomètres terminés. La partie restant à faire aura donc une longueur de 138 — 29 = 109 kilomètres.

Le prix moyen du kilomètre ressortira donc en chiffres ronds à $ 28,000, soit 140,000 francs. C'est exactement le prix qu'a coûté le chemin de fer de l'île de la Réunion (océan Indien).

Le prix alloué est de $ 42,000; il y a donc un écart possible de $ 14,000, en exécutant très économiquement, et en réduisant les installations au minimum.

Si on veut construire un peu plus solidement, en vue de l'exploitation future, améliorer les conditions du tracé en adoucissant les pentes, en augmentant les rayons de courbure, en adoptant un rail plus fort de Juntas au Cauca, il faudrait compter une plus-value de 10,000 francs par kilomètre pour exécuter la ligne dans les meilleures conditions, soit $ 2.000. Le prix de revient ressortirait donc à $ 30,000, laissant un écart de $ 42,000 — $ 30,000, soit $ 12,000 par kilomètre.

Nous devons remarquer que cette ligne se trouve dans de meilleures conditions que les autres chemins de fer concédés, parce qu'elle aboutit à la mer, et qu'il n'y a pas à tenir compte de la lourde charge du transport du matériel à l'intérieur, et en second lieu, parce que la partie située dans les terrains les plus malsains est terminée.

ÉVALUATION DES DÉPENSES DES LIGNES

CONCÉDÉES A LA COMPAGNIE FRANCO-BELGE

TABLEAU RÉCAPITULATIF

	KIL.	DÉPENSES			PRIX KILOMÉTRIQUE		
		PAR SECTION	PAR DIVISION	PAR LIGNE	PAR SECTION	PAR DIVISION	PAR LIGNE
		Fr.	Fr.	Fr.	Fr.	Fr.	Fr.
LIGNE DU NORD							
1re DIVISION							
1re Section. — De Bogota à Cipaquira	49	5.390.000			140.000		
2e Section. — De Cipaquira à Chiquinquira.	97	11.430.000			118.000		
	146		16.820.000			115.000	
2e DIVISION							
3e Section. — De Chiquinqnira à Puente Barbosa .	66	10.900.000			164.000		
4e Section. — De Puente Barbosa à San Gil.	107	17.120.000			160.000		
	173		28.020.000			161.500	
3e DIVISION							
5e Section. — De San Gil à Piedecuesta	60	17.300.000			288.000		
6e Section. — De Piedecuesta à Bucaramanga	15	1.500.000			100.000		
	75		18.800.000			250.000	
4e DIVISION							
7e Section. — De Bucaramanga à Peñas Blancas. . . .	56	8.400.000			150.000		
8e Section. — De Peñas Blancas à Puerto-Wilches . . .	58	6.400.000			114.000		
	114		14.800.000			130.000	
TOTAL ligne du Nord.	508			78.440.000	»	»	155.000
LIGNE DU CAUCA							
De Buenaventura à Cali . .	138			19.300.000	»	»	140.000
	646			97.740.000			
Gare de Bogota, imprévu, etc				2.260.000			
TOTAUX ET MOYENNES DE L'ENSEMBLE DE LA CONCESSION. . Fr.				100.000.000	»	»	155.000

(Les chiffres de moyennes ont été arrondis.)

Les prix précédents comprennent seulement les frais généraux, les matières et la main-d'œuvre. Il faut donc les majorer comme suit :

Intérêts intercalaires, un an 8 0/0. . . . . .Fr.	8.000.000
Frais d'émission, commissions de banque, courtages, etc., 20 0/0 (1)	20.000.000
Bénéfice des entrepreneurs, 20 0/0	20.000.000
	48.000.000
Prix de revient comme ci-dessus	100.000.000
Total général . . . . .Fr.	148.000.000
Les prix alloués sont : 646 kilomètres à 210,000 francs	145.660.000
Il y aurait donc un déficit de . . . . .Fr.	2.340.000

qui sera comblé par le gain sur la prime de l'or.

Remarques :

1° Il n'y a lieu de compter les intérêts intercalaires que pendant un an, puisque le gouvernement doit la garantie au fur et à mesure de l'avancement des travaux, établi par des situations annuelles;

2° Sur le chiffre de 100,000,000 francs, il y a à réaliser un gain assez important, en effet la prime sur l'or oscille en ce moment entre 90 et 110 0/0.

Un tiers environ de la dépense devra être payé en monnaie colombienne; les fortes remises sur l'Europe ou les États-Unis que nécessitera ce travail feront nécessairement baisser beaucoup la prime de l'or, mais en tenant compte du très bas titre de l'argent, de l'exagération des émissions de papier-monnaie dont la valeur est loin d'être équilibrée par les dépôts des banques, des émissions nouvelles que les besoins du gouvernement vont exiger, émissions qui n'ont aucune garantie, il n'est pas probable que la prime descende au-dessous de 60 à 70 0/0. C'est l'avis des banquiers colombiens que j'ai consultés.

Le gain représente une prime de 60 0/0 sur 33,000,000 fr., soit 19,800,000 fr. ou en chiffres ronds 20,000,000 francs, en admettant que la question monétaire reste en l'état actuel et que le gouvernement colombien ne revienne pas à la monnaie d'or pendant le long délai qu'exigera la construction du chemin de fer. On ne peut donc compter sur la totalité de ce bénéfice.

On voit donc qu'avec l'imprévu (2), les risques, les retards possibles dans les payements, on arrive à peu près au chiffre de 210,000 francs en or demandé par le concessionnaire.

_____

(1) L'État français estime ces dépenses à 12 0/0 dans l'évaluation des subventions à accorder aux concessions des chemins de fer d'intérêt local (Compagnie des chemins de fer du Cambrésis, chemins de fer départementaux, chemins de fer économiques, etc.).

(2) Depuis l'évaluation précédente faite en Colombie, le prix des rails a monté de 99 à 200 francs la tonne, toutes les matières ont augmenté dans une proportion analogue, ce qui justifie l'écart que doivent conserver les Compagnies pour parer aux imprévus.

CHAPITRE XXIV

COMPLÉMENTS DU RÉSEAU ET CONSIDÉRATIONS FINALES

Les études précédentes doivent être complétées par celle de deux voies indispensables pour relier l'Atlantique au Pacifique, et assurer les communications des provinces de Bolivar, de la Madeleine, de Santander, de Boyaca, de Tolima, du Cauca, soit entre elles, soit avec les deux océans.

Il ne resterait, en dehors de l'action directe de ce réseau, que les deux provinces de Antioquia et de Panama.

Le chemin de fer de Medellin, relié par la Madeleine entre Puerto-Berrio et Puerto-Wilches (500 kilomètres) au chemin de fer du Nord, mettrait cette province en relation avec les autres.

Quant à la province de Panama, elle ne pourra de longtemps être reliée directement au reste de la Colombie par des routes intérieures, mais elle profitera, dans une large mesure, des facilités que donneront les lignes étudiées, puisqu'elles rapprochent la côte des différents centres de l'intérieur.

Nous n'avons pas cru devoir entrer dans l'étude des lignes secondaires, de Carthagène à Magangué, du rio Sinu, de Neiva, de Popayan, de Pasto, du raccordement du chemin de fer de Puerto-Berrio Medellin à celui du Cauca, etc., etc., il nous a semblé, en effet, que toutes les forces du pays devaient être employées d'abord et exclusivement à l'exécution de la grande artère mettant en communication toutes les provinces entre elles, et seulement après que son influence aura développé les ressources du pays, il sera temps d'aborder ces autres questions qui occuperont, sur l'immense étendue de ce territoire, l'activité de la Colombie pendant de longues années.

§ 1er

CHEMIN DE FER DE GIRARDOT A IBAGUE

Cette ligne partirait de Girardot (310), traverserait la Madeleine, en cherchant l'emplacement le plus favorable pour la construction d'un pont, passerait à Coello, et, en suivant la direction du rio Coello d'abord, du rio Combeima ensuite, arriverait à ou près de Payande (715 mètres, 2,000 habitants), puis à Ibague (1,300) l'ancienne capitale de l'État de Tolima, 13,000 habitants.

Cette ville, située au pied de la route de Quindió, est l'entrepôt du commerce du Cauca, le pays contient des mines d'argent, de soufre, elle est appelée à prendre une grande prospérité dès que les chemins de fer seront terminés.

La longueur de cette ligne serait d'environ 60 kilomètres.

Bien que la ligne monte de 1,000 mètres sur un parcours relativement très restreint, le pays n'offre pas de difficultés, il se compose de plateaux étagés reliés par des pentes assez douces; d'ailleurs on trouvera toujours près du rio Combeima, qui descend d'Ibague à Payande, un passage pour gravir la différence de niveau entre les deux plateaux.

La construction ne rencontrera donc aucune difficulté sérieuse, provenant du terrain. La tête de ligne étant sur la Madeleine, le matériel arrivera, avec facilité, sans grandes dépenses, elle sera donc relativement peu coûteuse.

Son trafic ne tardera pas à prendre une certaine importance, en effet, dès que le chemin de fer de Girardot sera terminé, les relations du Cauca avec Bogota actuellement languissantes, prendront un grand essor, et après l'achèvement de la ligne du Nord, une grande partie du trafic du Cauca, même d'Antioquia, à l'Atlantique empruntera cette voie.

Mais au point de vue politique, son importance est plus grande encore en rapprochant Bogota des provinces du Cauca et de Panama comme nous allons le voir.

On peut estimer la dépense comme suit:

60 kilomètres à 120,000 francs . . . . Fr.   7.200.000
Pont sur la Madeleine. 800.000
                                    TOTAL. . . . . . —— 8.000.000

§ 2
CHEMIN DU QUINDIO

Il y a peu d'années, le passage de la Cordillère centrale ne pouvait se faire qu'à pied ou à dos d'homme, au prix des plus grandes difficultés et de dangers sérieux; entre les parties hautes des vallées de la Madeleine et de la rivière Cauca, séparées par la chaîne centrale des Andes dont l'altitude moyenne est 4,500 mètres, il n'y a guère que deux passages praticables, le col de *Guanacos* (3,518 mètres) et le col du *Quindió* (3,485 mètres), c'est ce dernier qui est le plus fréquenté.

On a construit un chemin à mulets, assez mal tracé, fort difficile en tous temps et à peu près impraticable pendant la mauvaise saison; cependant, cette année, le gouvernement avait envoyé un assez fort détachement de troupes pour l'améliorer.

La longueur est estimée à 125 kilomètres entre Ibague et Cartago (979) sur le Cauca, on ne trouve sur le parcours qu'un village, Salento, sur le versant ouest de la montagne (1,800 mètres) avec 2,500 habitants, un certain nombre de ranchos et quelques haciendas, aussi la traversée de la montagne par suite du manque de ressources est assez pénible. Bien qu'on ait pu la franchir en deux jours, dans des conditions exceptionnelles, il faut compter trois jours au mimimum, et plus souvent quatre pour ce voyage.

24

Le tracé pourrait être sérieusement amélioré : d'Ibague, on pourrait passer facilement, par une dépression, dans la vallée du rio Coello, et la suivre ensuite jusqu'au col de faîte, en profitant de tous les contreforts pour se développer ; on éviterait ainsi la traversée des chaînes secondaires qui augmentent en pure perte le nombre des montées et des descentes et la raideur des pentes, et par suite les difficultés du voyage

Sur le revers occidental de la Cordillère, on prétend aussi que le chemin suivrait plus avantageusement la vallée du rio de la Vieja, que le tracé actuel par le rio Quindio.

Il semble que la Compagnie concessionnaire du chemin de fer pourrait demander moyennant un péage, la concession du chemin de mulets, à charge de l'améliorer et de l'entretenir. Ce genre d'opération peut être suffisamment rémunérateur, comme le montre l'entreprise du chemin de Cali à Buenaventura. En construisant sur le parcours un certain nombre d'hôtels-refuges où les voyageurs trouveraient, comme dans les Alpes, un gîte convenable et des vivres, on rendrait cette traversée au moins aussi rapide et aussi confortable que celle de Honda à Facativa, au grand bénéfice du trafic entre ces deux parties de la Colombie, en attendant que le pays soit assez riche pour tenter la construction d'un chemin de fer transandien, dont le prix et les travaux ne paraissent pas devoir dépasser les dépenses d'entreprises analogues, comme celles de Callao-Lima à Orovio et du Chemin du Chili à la République Argentine.

Le général Codazzi, après lui, M. Caïcedo, ingénieur colombien, ont indiqué le rio Coello et le rio de la Vieja comme devant se prêter, dans des conditions acceptables, à l'établissement de cette voie qui, évidemment, se construira dans un avenir plus ou moins éloigné.

§ 3.

CONSÉQUENCES ÉCONOMIQUES DE L'EXÉCUTION DES TRAVAUX PUBLICS PROPOSÉS

Il nous reste à examiner quelles seraient les conséquences économiques des propositions faites au cours de ce rapport.

Nous avons indiqué, à défaut de l'amélioration de l'embouchure de la Madeleine, Carthagène comme le port le mieux disposé pour servir au commerce extérieur de la Colombie, à condition de le relier à la Madeleine par un chemin de fer de 80 kilomètres, débouchant à Calamar ou à Barranca Vieja.

De ce point, il conviendra d'utiliser le fleuve, pendant longtemps encore, jusqu'à Puerto-Wilches, sur un parcours de 500 kilomètres, navigable en toute saison par des vapeurs d'un tonnage bien supérieur à celui des plus grands bateaux actuellement en service.

De Puerto-Wilches, le commerce prendrait le chemin de fer passant par les provinces les plus peuplées de la République, de Santander, de Boyaca, de Cundinamarca, pour arriver à la capitale, Bogota.

Avec le prolongement de cette ligne sur Girardot d'abord, et jusqu'à Ibague ensuite, on mettrait le Tolima et le Cauca en rapports immédiats avec la capitale, et par suite, avec l'Atlantique.

Les rapports avec le Pacifique seraient assurés par le Quindio amélioré, la navigation du Cauca entre Cartago et Cali, et par le chemin de fer allant de cette ville au magnifique port de Buenaventura.

Nous avons vu que, même avec des tarifs très rémunérateurs, le prix des transports baisserait au moins des deux tiers, et que, en outre de cette économie, le commerce en ferait encore de très notables sur le prix des emballages extrèmement élevé, sur les assurances, sur les intérêts, sur la réalisation plus prompte de la valeur des marchandises soit au moyen de warrants, soit par vente directe. Il échapperait à l'usure qui le ruine, et n'aurait plus à courir les risques des fluctuations du marché pendant les longs délais que la marchandise met à aller des points de production au lieu d'embarquement.

Ces économies représentent toujours une fraction très élevée du prix de revient, et souvent même une somme supérieure, le pays recevrait une impulsion représentant une valeur qui, en l'état actuel, serait bien des fois supérieure au sacrifice qu'il devrait faire pour le paiement d'une partie de la garantie d'intérêts, et à coup sûr, il en trouverait, dès la période de construction, l'équivalent dans la plus-value du produit des douanes amenée par le mouvement communiqué au pays par les travaux de construction, dans la baisse de la prime sur l'or, qui serait la conséquence à la fois de l'augmentation du mouvement commercial et des remises importantes qu'aurait à faire la Compagnie, dans la plus-value des impôts résultant de l'accroissement des transactions et des entreprises nouvelles qu'amène le chemin de fer à sa suite.

Au point de vue des relations, l'avantage serait au moins aussi grand, comme le démontre la comparaison suivante :

Durée moyenne d'un voyage de l'Atlantique au Pacifique.

Débarquement en rade de Sabanilla, arrivée à Barranquilla, visite de la Douane, embarquement sur les vapeurs fluviaux, en moyenne.	2 jours.
De Barranquilla à Honda, en bonnes eaux. . .	8 —
Séjour à Honda pour se procurer des moyens de transport (au moins).	1 —
De Honda à Bogota.	3 —
DURÉE DU VOYAGE JUSQU'A BOGOTA. . .	14 jours.
De Bogota à Girardot, y compris le chemin de fer depuis Juntas	3 jours.
De Girardot à Ibague.	2 —
D'Ibague à Cartago	3 —
De Cartago à Cali	2 —
De Cali à Buenaventura.	3 —
DURÉE DU VOYAGE DE BOGOTA AU PACIFIQUE .	13 jours.

En ne prenant que ces délais, on suppose que le voyageur trouve des mules fraîches à moitié route, car les mêmes animaux, avec la nourriture qu'on leur donne, seraient incapables de fournir cette tâche sans au moins deux jours de repos qui s'ajouteraient à la durée du voyage.

On voit que la durée du voyage de l'Atlantique au Pacifique serait, dans les conditions les plus favorables, de 14 jours plus 13, soit 27 jours, qu'il faut porter à 30 avec les arrêts, dont 13 jours de mulet.

Si, au contraire, nous supposons les propositions du rapport adoptées, le temps peut se compter comme suit :

Débarquement *à quai* au port de Carthagène, visite de la Douane dans les hangars de la Compagnie, séjour à Carthagène . . . .   1 jour.

Départ par le train du matin du chemin de fer de la Madeleine, 80 kilomètres à raison de 30 kilomètres à l'heure, embarquement sur les vapeurs fluviaux, temps perdu à l'embarquement. . . . .   6 heures.

De Barranca Vieja à Puerto-Wilches par la Madeleine (500 kilomètres à raison de 15 kilomètres à l'heure à la remonte) 33 heures, plus le temps perdu à l'arrivée .   36 . —

De PuertoW-ilches à Bogota par le chemin de fer du Nord, 508 kilomètres à raison de 25 kilomètres à l'heure en moyenne . . . .   20 —

Soir . . . .   62 heures ou   2 jours 1/2.

Durée totale de la côte a Bogota, a la remonte   3 jours 1/2.

A la descente la durée du voyage serait de moins de trois jours.

De Bogota à Ibague, 200 kilomètres à raison de 25 kilomètres à l'heure par chemin de fer   8 heures.

Séjour à Ibague, pour se procurer des mulets . . . . 16 heures.   24 heures ou   1 jour.

D'Ibague à Cartago, par le Quindio . . . . . .   3 —

De Cartago à Cali, par le vapeur . . . .   2 —

Séjour à Cali et voyage par le chemin de fer à Buenaventura, 24 heures, soit . . . .   1 —

Total de Bogota au Pacifique. .   7 jours.

De la côte de l'Atlantique à celle du Pacifique, on ne mettrait donc que dix à onze jours au lieu de trente, avec seulement trois jours de mulet au lieu de treize.

Il n'y a pas besoin d'insister sur ces chiffres qui parlent assez éloquemment par eux-mêmes.

Nous ne faisons pas entrer en ligne de compte les chômages actuels de la Madeleine, pendant lesquels les voyageurs restent quelquefois plus de vingt jours pour remonter à Yeguas, pas plus que l'avantage de réduire le séjour dans les terres chaudes, et, comme conséquence, les risques de maladies, considérations de la plus haute importance au point de vue de l'immigration européenne que la Colombie cherche à attirer.

Avantages immédiats. — Il sera possible de faire profiter le trafic général de ces avantages avant l'achèvement du réseau.

L'État, de même que la Compagnie, auraient intérêt à terminer le plus promptement possible la section de Puerto-Wilches à Bucaramanga, qui d'après les prévisions sera fructueuse et ne donnera probablement pas lieu au payement effectif de la garantie d'intérêt. En même temps la Compagnie porterait tous ses efforts à la construction de la division de Bogota à Chiquinquira qui ne présente pas de difficultés sérieuses ; en deux ans, trois au plus, ces lignes pourraient être achevées et à partir de ce moment presque tout le commerce prendrait la voie de Santander, au lieu de remonter la Madeleine jusqu'à Honda ; le temps total employé pour le voyage serait à peu près le même, le parcours à mulet de Bucaramanga à Chiquinquira serait, il est vrai, un peu plus du double que le parcours actuel de Honda à Facatativa, mais on ne risquerait plus, pendant la saison sèche, de rester échoué dans le fleuve. Voici la comparaison de la durée des deux trajets :

De la côte à Honda	8 jours.
De Honda à Bogota	3 jours.
Séjour à Honda	1 jour.
TOTAL	12 jours.

De la côte à Puerto-Wilches, de 2 à	3 jours.
De Puerto-Wilches à Bucaramanga	1 jour.
De Bucaramanga à Chiquinquira (240 kilomètres à mulet) au maximum	6 jours.
De Chiquinquira à Bogota	1 jour.
TOTAL de 10 à	11 jours.

La Compagnie pourrait subventionner des entreprises de transport pour faciliter le voyage sur cette ligne, en attendant l'achèvement du réseau, l'État de son côté pourrait améliorer les routes actuellement très mauvaises.

Enfin pour terminer nous devons, mais sans entrer dans aucun détail, signaler les avantages que le pays en retirerait au point de vue politique, les courriers qui ne partent en moyenne qu'une fois par semaine, avec une nombreuse escorte, pourraient devenir quotidiens, avec beaucoup moins de frais ; le gouvernement ferait de grandes économies sur le transport de son personnel, des valeurs, des troupes, etc., etc.

L'exploitation du télégraphe, sans frais pour le gouvernement, prendrait une plus grande extension et deviendrait beaucoup plus facile à surveiller.

Les troupes étant beaucoup plus mobilisables pourraient être réduites, au grand avantage du Trésor.

Les transactions de toutes sortes devenant beaucoup plus nombreuses, les impôts produiraient davantage.

Les importations et les exportations augmentant, le rendement des douanes s'accroîtrait dans la même proportion. L'exemple des républiques voisines, du Mexique notamment, donne la mesure de ce qu'il pourrait être.

La richesse publique suivrait une progression encore bien supérieure aux bénéfices de l'État, etc., etc.

Toutes ces considérations, qui nous paraissent élémentaires parce que nous en voyons la démonstration à chaque heure du jour, n'ont pas cependant encore assez pénétré les esprits, puisque nous avons trouvé quelques personnes, rares, il est vrai, systématiquement opposées à la construction des chemins de fer ; malheureusement un beaucoup plus grand nombre sont effrayées des conséquences que pourrait avoir pour le pays, le paiement de la garantie d'intérêt accordée par la loi IVᵉ ; c'est cette opinion qui était partagée par le gouvernement pendant mon séjour, aussi a-t-il cherché à échapper à cette exigence.

Les faits se sont chargés, plus vite que nous ne le pensions, de démontrer que si les grands marchés financiers sont disposés à fournir les fonds nécessaires à la construction de ces chemins de fer, ils demandent que le gouvernement colombien fasse, de son côté, les sacrifices nécessaires pour garantir la rémunération de ces capitaux, pendant la période de transition dont on ne peut prévoir la durée, en compensation des avantages qu'en retirera le pays tout entier, aussi bien que le Trésor lui-même.

En effet, les capitaux ne peuvent attendre que le pays se soit transformé suffisamment pour que les produits paient intégralement les dépenses, tandis que les bénéfices que retirera la République sont immédiats et bien des fois supérieurs à ce qu'on lui demande, ils commencent avec la première période de la construction ; les plus-values de toutes sortes, directes et indirectes, qu'en retireront les finances publiques atténueront singulièrement le payement des insuffisances de recettes des chemins de fer, si même la balance ne se solde, dès les premières années, en faveur de l'État.

Cette combinaison est donc équitable ; elle profite également aux deux intéressés, mais surtout au pays qui fait ainsi un placement dont les intérêts seuls représentent bien des fois le montant du capital qu'il aura à avancer sous la forme de la garantie.

SIXIÈME PARTIE

DOCUMENTS ADMINISTRATIFS

Nous reproduisons à continuation les pièces et documents administratifs constituant le dossier des rapports du concessionnaire avec le gouvernement.

I. — En premier lieu, le contrat passé le 1er juin 1886 entre le gouvernement colombien et M. Jean Gaulmin, contrat approuvé par la loi IVe de 1886, promulguée le 17 août de la même année, fixant les bases de la concession des chemins de fer que nous avons étudiés.

II. — *Pièces relatives* à l'approbation du tracé de la première section de la ligne A, entre la Madeleine et Bogota, et de la ligne B, chemin de fer du Cauca.

(Pièces cotées 1 à 8.)

III. — *Pièces relatives* à l'inauguration des travaux le 14 août 1888.

(Pièces cotées 9 à 17.)

IV. — *Pièces relatives* aux négociations entamées par le concessionnaire pour le rachat de la partie déjà construite sur la ligne du Cauca, entre Buenaventura et Cordoba.

(Pièces cotées 18 à 21.)

Pendant toute cette période, le gouvernement et le concessionnaire marchent parfaitement d'accord.

V. — *Pièces relatives* au refus du gouvernement central d'approuver le contrat de cession de la ligne de Buenaventura à Cordoba, et, comme conséquence, arrêt des travaux le 31 octobre 1888.

(Pièces cotées 22 à 25.)

Le concessionnaire, M. Gaulmin, cessa les négociations, sachant que la Compagnie Franco-Belge des chemins de fer Colombiens, à laquelle il avait cédé ses droits, venait de se transformer et envoyait un ingénieur, M. Le Brun, avec pleins pouvoirs et la mission d'organiser les travaux. Les négociations furent reprises dès son arrivée par MM. Le Brun et Gaulmin agissant d'accord, mais le gouvernement, accentuant son mauvais vouloir, déclara la déchéance.

VI. — *Pièces relatives* à la notification de reprise des travaux, à la déchéance, aux enquêtes faites par la Compagnie et aux protestations destinées à réserver tous ses droits.

(Pièces cotées 26 à 32.)

I. — LOI DE CONCESSION

REPÚBLICA DE COLOMBIA

DIARIO OFICIAL

AÑO XXII. BOGOTÁ, JUEVES 26 DE AGOSTO, N° 6,778

LEY 4.ª DE 1886
(17 DE AGOSTO)

por la cual se aprueba el contrato celebrado el día 1.° de Junio del presente año entre S.S. el Ministro de Fomento y el Sr. Dr. Luis Carlos Rico, como apoderado del Sr. Juan Gaulmin y el Conde de Goussencourt, sobre privilegio para la construcción de varias vías férreas.

El Consejo Nacional de Delegatarios,

En ejercicio de sus funciones de Cuerpo Legislativo, Visto el contrato que á la letra dice :

CONTRATO de privilegio para la construcción de varias vías férreas celebrado entre el Gobierno de Colombia y el Sr. Dr. Luis Carlos Rico, en representación de los Sres. Juan Gaulmin y el Conde de Goussencourt.

Vistas las bases acordadas el 16 de Abril del año en curso por el H. Consejo de Delegatarios, y la nota número 172, fecha 25 de Mayo último, en que el Secretario de esa H. Corporación comunica al Poder Ejecutivo que dicho Consejo es de Concepto que se apruebe el contrato preliminar para la construcción de vías férreas celebrado con el Sr. Conde de Goussencourt el 11 del mes próximo pasado, sin más variación que la de estipular claramente en él que los gastos que implique todo lo relativo á estudios preliminares y á trazados definitivos, se computan en el precio establecido de 210,000 francos por kilómetro, de manera que el Gobierno no tenga que abonar intereses aparte por lo que se relacione con dichos gastos ;

Nosotros, Julio E. Pérez, Secretario de Fomento, debidamente autorizado por el Excmo. Sr. Presidente de la República, por una parte, que en el curso del presente contrato se denominará el Gobierno ; y por otra, Luis Carlos Rico, en representación del Sr. Juan Gaulmin, cuyo poder, sustituido por el Conde de Goussencourt y otorgado en debida forma, ha presentado, que en lo sucesivo se denominará el Concesionario, hemos acordado el contrato que consta en las cláusulas siguientes :

ART. 1.° El Gobierno de la República de Colombia concede al Sr. Juan Gaulmin, quien lo acepta, privilegio exclusivo para construir y explotar los Ferrocarriles de las siguientes líneas :

A. La que partiendo de cualquier puerto del río Magdalena, de la desembocadura del *río Carare* para abajo, y pasando, si fuere posible, por Bucaramanga, Socorro, Tunja, Chiquinquirá y Zipaquirá; termine en la ciudad de Bogotá.

B. La que comunique el puerto de Buenaventura con el río Cauca.

El Concesionario tendrá derecho de prelación, en igualdad de circunstancias, en el caso de presentarse nuevas propuestas para la construcción de ferrocarriles que liguen el río Magdalena con Medellín ó Cartagena y para el que vaya de Girardot al río Cauca ó á Cali.

El Gobierno solicitará del Estado de Antioquia el que se incluya la construcción de su Ferrocarril en este contrato.

RÉPUBLIQUE DE COLOMBIE

JOURNAL OFFICIEL

XXIIᵉ ANNÉE. BOGOTA, JEUDI 26 AOUT 1886, N° 6,778

LOI IVᵉ DE 1886
(17 AOUT)

par laquelle est approuvé le contrat passé le 1ᵉʳ juin de la présente année entre S. S. le Ministre des Travaux Publics et M. Luis Carlos Rico, comme fondé de pouvoirs de M. Jean Gaulmin, et M. le comte de Goussencourt sur le privilège pour la construction de diverses voies ferrées.

Le Conseil national de délégués,

Dans l'exercice de ses fonctions de Corps législatif;

Vu le contrat qui dit à la lettre :

CONTRAT de privilège pour la construction de diverses voies ferrées, passé entre le Gouvernement de Colombie et M. Luis Carlos Rico, en représentation de MM. Jean Gaulmin et du comte de Goussencourt.

Vu les bases convenues le 16 avril de l'année courante par l'honorable Conseil de délégués et la note n° 172, à la date du 25 mai dernier, dans laquelle le Secrétaire de ladite honorable Corporation communique au Pouvoir exécutif que ledit Conseil est d'avis d'approuver le contrat préliminaire pour la construction de voies ferrées, passé avec M. le comte de Goussencourt, le 11 du mois dernier, sans autre changement que de stipuler clairement que les frais qu'implique tout ce qui est relatif aux études préliminaires et aux tracés définitifs, se calculent dans le prix établi de 210,000 francs par kilomètre, de manière à ce que le Gouvernement n'ait point à payer d'intérêt à part pour ce qui aura trait auxdits frais ;

Nous, Julio E. Perez, Secrétaire des Travaux publics, dûment autorisé par Son Excellence M. le Président de la République, d'une part, qui, dans le cours du présent contrat, se nommera « le Gouvernement », et d'autre part, M. Luis Carlos Rico, en représentation de M. Jean Gaulmin, dont procuration substituée par le comte de Goussencourt, que, passée en due forme, il a présentée, et pour à l'avenir se nommera « le Concessionnaire », nous avons accordé le contrat qui contient les clauses suivantes :

ARTICLE PREMIER. — Le Gouvernement de la République de Colombie concède à M. Jean Gaulmin, qui l'accepte, privilège exclusif pour construire et exploiter les lignes suivantes de chemins de fer :

A. — Celle qui partant d'un port quelconque du fleuve Magdalena, du confluent de la rivière Carare en aval, et passant, si cela est possible, par Bucaramanga, Socorro, Tunja, Chiquinquira et Cipaquira, se termine à la ville de Bogota.

B. — Celle qui mette en communication le port de Buenaventura avec la rivière Cauca.

Le concessionnaire aura droit de préférence, à égalité de circonstances, dans le cas où il se présenterait de nouvelles propositions pour la construction de chemins de fer reliant le fleuve Magdalena à Medellin ou Cartagena et pour celui qui irait de Girardot à la rivière Cauca ou à Cali.

Le Gouvernement sollicitera de l'État d'Antioquia que la construction de son chemin de fer soit comprise dans ce contrat.

Para los efectos de este contrato se considerará dividida la línea A en tres Secciones, que serán : la primera, del puerto que se elija en el río Magdalena al Socorro ó punto inmediato; la segunda, del Socorro á Tunja ó punto equivalente, y la tercera, de este punto á Bogotá. Estas Secciones pueden construirse sucesiva ó simultáneamente, á juicio del Gobierno.

Art. 2.º Se declara obra de utilidad pública la construcción de los ferrocarriles á que hace referencia el artículo anterior.

Art. 3.º Los estudios definitivos del proyecto se ejecutarán de manera que se dé principio á los trabajos de construcción á más tardar dos años después de que este contrato haya recibido la sanción legislativa.

Art. 4.º El Gobierno de la República de Colombia garantiza al Concesionario el interés del siete por ciento anual sobre los capitales que se inviertan en los ferrocarriles comprendidos en el presente contrato. Este interés se pagará en francos ó su equivalente en cualquiera otra especie y se computará al fin de cada año sobre el promedio de los kilómetros construidos durante él en cada Sección y bajo el avalúo fijo de cuarenta y dos mil pesos (\$ 42,000) ó francos (210,000) cada kilómetro, computados en la misma moneda.

Parágrafo. Queda claramente estipulado que los gastos que implique todo lo relativo á estudios preliminares y á trazados definitivos, se computen en el precio establecido de 210,000 francos por kilómetro, de manera que el Gobierno no tenga que abonar interés aparte por lo que se relacione con dichos gastos.

El Gobierno garantiza el pago de estos intereses con los derechos de importación que se perciban en las Aduanas de Barranquilla, Cartagena, Santa Marta y Buenaventura, y puede emitir bonos ó libranzas amortizables con dichos derechos.

Art. 5.º El Poder Ejecutivo resolverá lo más pronto que le sea posible sobre los trabajos que sean sometidos á su consideración.

En los casos en que hubiere necesidad de rehacer ó modificar algún trabajo, á consecuencia de improbación dada por el Gobierno, el tiempo que esto requiera no se computará en el plazo á que hace referencia el artículo 3.º

Art. 6.º Mientras el servicio no exija vía doble, á juicio del Gobierno, se construirán sencillas las líneas á que se refiere este contrato y para esta clase se ejecutarán los terraplenes y obras de arte, salvo hacer otra cosa en las estaciones. Pero en todo caso se dejará dondequiera la extensión suficiente de terreno para que pueda establecerse la vía doble que el Concesionario estará en la obligación de construir cuando se declare necesaria.

Es entendido que en los apartaderos y estaciones se construirá el número de vías que requieran las necesidades del servicio.

Art. 7.º Todos los materiales, útiles, herramientas, máquinas, enseres etc. que se introduzcan para la construcción de los caminos de hierro que comprende esta concesión, estarán exentos de pago de derechos de Aduana, como también de los peajes que se cobran en el río Magdalena. Se hace extensiva esta exención á los víveres y medicinas que se importen para los trabajadores; todo, previa la presentación en las Aduanas de las respectivas facturas.

Pour les effets de ce contrat, on considérera la ligne A divisée en trois sections, qui seront : la première, du port qui se choisira sur le fleuve Magdalena à Socorro ou point immédiat; la seconde, de Socorro à Tunja ou un point équivalent, et la troisième, de ce point à Bogota. Ces sections peuvent se construire successivement et simultanément, suivant l'appréciation du Gouvernement.

Art. 2. — La construction des chemins de fer auxquels se réfère l'article antérieur est déclarée travail d'utilité publique.

Art. 3. — Les études définitives du projet se feront de manière à ce que l'on commence les travaux de construction, au plus tard deux ans après que ce contrat aura reçu sa sanction législative.

Art. 4. — Le Gouvernement de la République de Colombie garantit au concessionnaire l'intérêt de sept pour cent par an sur les capitaux qui s'emploieront dans les chemins de fer compris dans le présent contrat. Cet intérêt se paiera en francs ou son équivalent en toute autre espèce, et se calculera à la fin de chaque année sur le terme moyen des kilomètres construits pendant cette période dans chaque section et à l'évaluation fixe de quarante-deux milles piastres (\$ 42,000) ou francs 210,000 chaque kilomètre calculé dans la même monnaie.

Paragraphe. — Il reste clairement stipulé que les frais qu'impliqué tout ce qui est relatif aux études préliminaires et aux tracés définitifs se calculeront dans le prix établi de 210,000 francs par kilomètre, de manière à ce que le Gouvernement n'ait pas à payer un intérêt à part pour ce qui aura trait auxdits frais.

Le Gouvernement garantit le paiement de ces intérêts avec les droits d'importation qui seront perçus dans les douanes de Barranquilla, Cartagena, Santa Marta et Buenaventura, et peut émettre des Bons ou Ordonnances amortissables avec lesdits droits.

Art. 5. — Le Pouvoir exécutif prendra ses résolutions le plus tôt qu'il lui sera possible au sujet des travaux qui seront soumis à son examen.

Dans les cas où il y aurait besoin de refaire ou modifier quelque travail par suite de non-approbation par le Gouvernement, le temps nécessaire ne se calculera pas dans l'échéance à laquelle se réfère l'article 3.

Art. 6. — Tant que le service n'exigera pas double voie, à l'appréciation du Gouvernement, les lignes auxquelles se réfère ce contrat se construiront à simple voie, et les terre-pleins et les ouvrages d'art s'exécuteront pour cette largeur, sauf à faire autre chose dans les stations. Mais, dans tous les cas, il sera laissé partout l'étendue suffisante de terrain pour qu'on puisse établir la voie double que le Concessionnaire sera tenu de construire lorsqu'elle sera déclarée nécessaire.

Il est entendu que dans les garages et stations, il sera construit le nombre de voies qu'exigeront les besoins du service.

Art. 7. — Tous les matériaux, instruments, outils, machines, meubles, etc., qui s'introduiront pour la construction des chemins de fer que comprend cette concession, seront exempts du paiement des droits de douane, comme aussi des péages qui s'exigent sur le fleuve Magdalena. Cette exemption s'étend aux vivres et médicaments qui s'importent pour les travailleurs; le tout sauf la présentation en douane des factures correspondantes.

25

Art. 8.º La duración del privilegio será de noventa y nueve años, á contar desde la fecha de su sanción legislativa; pasado este tiempo, los ferrocarriles construidos pasarán á ser de propiedad del Gobierno. Construido un ferrocarril, el Gobierno tiene derecho de comprarlo cuando á bien lo tenga, y en este caso las condiciones del precio se fijarán por árbitros escogidos por las dos partes contratantes. También podrá el Gobierno comprar antes de su conclusión alguna porción ó porciones de las líneas, y en este caso concederá en esos trayectos transporte gratuito á todos los materiales indispensables para la conclusión de toda la Empresa.

Art. 9.º Si el producto del ferrocarril fuere inferior al siete por ciento que conforme al artículo 4.º garantiza el Gobierno, éste lo completará mientras la línea no produzca ese interés, sobre el valor á que se refiere la garantía conforme al mismo artículo 4.º Las utilidades que excedan del ocho por ciento, rata hasta la cual tiene derecho el Concesionario, si las produce la Empresa, se dividirán por mitad entre éste y el Gobierno.

Art. 10. La zona que se concede por este privilegio será de cuarenta kilómetros á cada lado del ferrocarril, y dentro de esa zona no se podrá construir ningún otro que le sea paralelo. Se exceptúan de este privilegio las porciones que queden en la Sabana de Bogotá.

Art. 11. El Concesionario tendrá derecho á que le sean adjudicadas de preferencia, de acuerdo con la legislación sobre la materia, las minas que descubra en la zona privilegiada.

Art. 12. En caso de que el Gobierno quiera ceder al Concesionario tierras baldías de las que se encuentren situadas á uno y otro lado de la vía ó en sus inmediaciones, éste se encargará de beneficiarlas de acuerdo con las disposiciones legales.

Art. 13. El Concesionario depositará como garantía de los compromisos que contrae, la suma de cincuenta mil pesos ($ 50,000, ó sea francos 250,000), en francos ó su equivalente, por cada una de las Secciones cuya construcción se ordena. Para este efecto se considerarán como equivalentes á cada una de las Secciones establecidas para la línea A, en el artículo 1.º Las demás líneas que se contraten. El depósito se hará en la Tesorería nacional ó en la Casa ó Banco europeo que al efecto designe el Gobierno por conducto de su Ministro en Francia.

Art. 14. El depósito de que trata el artículo anterior se hará el 1.º de Enero de 1887 por lo correspondiente á la Sección ó Secciones que, en virtud de lo dispuesto en la parte final del artículo 1.º, se ordena hayan de construirse inmediatamente, y para las demás en la época que oportunamente fije el Gobierno nacional, cuando se ordene su construcción.

Art. 15. Las sumas depositadas por el Concesionario como garantía le serán devueltas por quintas partes á medida que se ejecute el trabajo y sea recibido por el Gobierno. Durante el tiempo que dichas sumas permanezcan en depósito, el Gobierno abonará por ellas al Concesionario el siete por ciento, siempre que se depositen en la Tesorería general y que queden á disposición del Gobierno. Si el depósito se hiciere en Casa ó Banco europeo, el Gobierno no abonará interés, pero el Concesionario podrá disponer libremente de los que pueda producir.

Art. 8. — La durée du privilège sera de quatre-vingt-dix-neuf ans, à compter de la date de sa sanction législative; passé ce temps, les chemins de fer construits deviendront la propriété du Gouvernement. Un chemin de fer une fois construit, le Gouvernement a le droit de l'acheter, si bon lui semble et, dans ce cas, les conditions du prix seront fixées par des arbitres choisis par les deux parties contractantes. Le Gouvernement pourra également acheter avant leur achèvement une ou plusieurs portions des lignes, et, dans ce cas, il accordera sur ces trajets le transport gratuit à tous les matériaux indispensables pour l'achèvement de toute l'entreprise.

Art. 9. — Si le produit du chemin de fer était inférieur au sept pour cent que, conformément à l'article 4, le Gouvernement garantit, celui-ci le complétera, tant que la ligne ne produira pas cet intérêt, sur la valeur à laquelle se réfère la garantie, conformément au même article 4. Les bénéfices qui excéderont huit pour cent, taux jusqu'auquel a droit le Concessionnaire, si l'entreprise le produit, se partageront par moitié entre celui-ci et le Gouvernement.

Art. 10. — La zone concédée par ce privilège sera de quarante kilomètres de chaque côté du chemin de fer, et dans cette zone on ne pourra en construire aucune autre qui lui soit parallèle. Font exception à ce privilège les portions qui se trouvent dans la Sabana de Bogota.

Art. 11. — Le Concessionnaire aura droit à ce que les mines qu'il découvrirait dans la zone privilégiée lui soient adjugées de préférence, d'accord avec la législation sur la matière.

Art. 12.— Dans le cas où le Gouvernement consentirait à céder au Concessionnaire des terres domaniales qui se trouveraient disponibles à l'un ou à l'autre côté de la voie ou dans son voisinage, celui-ci se chargera de les mettre en rapport, d'accord avec les dispositions légales.

Art. 13.— Le Concessionnaire déposera, comme garantie des engagements qu'il contracte, la somme de cinquante mille piastres ($ 50,000), soit 250,000 francs, en francs ou son équivalent, par chacune des sections dont la construction sera décidée. A cet effet, on considérera comme équivalentes à chacune des sections établies pour la ligne A dans l'article 1er les autres lignes qui feront l'objet de contrats. Le dépôt se fera au Trésor général ou dans la Maison ou Banque europénne que le Gouvernement désignera à cet effet par l'entremise de son Ministre en France.

Art. 14. — Le dépôt dont parle l'article antérieur se fera le 1er janvier 1887, en ce qui correspond à la section ou aux sections que, en vertu de la disposition de la partie finale de l'article 1er, il sera décidé de construire immédiatement, et pour les autres à l'époque qu'en temps opportun fixera le Gouvernement national lorsque leur construction sera décidée.

Art. 15. — Les sommes déposées par le concessionnaire, comme garantie, lui seront rendues par cinquièmes parties au fur et à mesure que le travail sera exécuté et reçu par le Gouvernement. Pendant le temps que lesdites sommes resteront en dépôt, le Gouvernement en paiera au Concessionnaire l'intérêt à sept pour cent, pourvu qu'elles soient déposées au Trésor général et qu'elles restant à la disposition du Gouvernement. Si le dépôt se faisait dans une maison de Banque européenne, le Gouvernement ne paiera pas d'intérêt, mais le Concessionnaire pourra disposer librement de ceux qu'il pourra produire.

Art. 16. El Gobierno permitirá al Concesionario tomar en los terrenos del Estado las maderas necesarias para la construcción del ferrocarril.

Art. 17. Los gastos de conservación, los de reparaciones ordinarias y extraordinarias, serán exclusivamente de cargo del Concesionario. Pero es entendido que los gastos de conservación y reparación no afectarán la garantía de siete pór ciento concedida por el Gobierno. Sin embargo, si la línea no produjere interés alguno, el Gobierno estará obligado á pagar el siete por ciento del precio kilométrico (210,000 francos), y en este caso los gastos de conservación y reparacion se harán exclusivamente por cuenta del Concesionario; pero si la Empresa produce algún interés se deducirán de éste los gastos de conservación y reparación y el Gobierno completará el siete por ciento garantizado.

Art. 18. Si existieren en las líneas que comprende este privilegio trayectos de ferrocarriles en construcción ó en explotación, ó si las líneas atravesaren zonas privilegiadas en virtud de concesiones anteriores, el Gobierno interpondrá su valimiento á fin de que se consiga un arreglo con el Concesionario, y si esto no fuere posible, promoverá la expropiación en lo que fuere preciso, de acuerdo con el Concesionario y á costa de este.

Art. 19. No se podrá emprender ningún trabajo para el establecimiento de un camino de hierro sino con autorización del Gobierno. Los proyectos de todas las obras que hayan de ejecutarse, serán formulados en duble ejemplar y sometidos á la aprobación del respectivo Secretario de Estado, el cual señalará, llegado el caso, las modificaciones que sea preciso introducir. Uno de estos ejemplares será devuelto al Concesionario con el Visto Bueno del Secretario y el otro permanecerá en poder del Gobierno. Tanto antes como durante la ejecución de las obras, el Concesionario tendrá la facultad de proponer las modificaciones que juzgue útiles á los proyectos aprobados; pero estas mismas modificaciones no podrán ser ejecutadas sino mediante la aprobación del Gobierno.

Art. 20. El Concesionario podrá tomar copia de todos los planos, nivelaciones y presupuestos que se hayan hecho anteriormente y que posea el Gobierno.

Art. 21. Se harán por el Concesionario planos y perfiles del proyecto y de las modificaciones que se introduzcan en él al tiempo de la construcción, con sujeción á las siguientes reglas generales :

1.ª Los planos de toda la línea indicarán la situación de las estaciones que se proyecten, la de los caminos y corrientes de agua que atraviese la vía y, en general, todos los detalles que sean necesarios para su perfecta inteligencia y los datos científicos que se acostumbra colocar en ellos. Se harán en una escala de un milímetro (0,001), por cinco metros para los generales y en la escala que estime conveniente el Concesionario los referentes á detalles estaciones, obras de arte etc. ;

2.ª Los perfiles tendrán escala horizontal igual á la de los planos generales y escala vertical décupla. Deberán contener todos los datos que se acostumbra colocar en ellos para que presten el servicio á que se destinan ;

3.º Se presentarán planos especiales de las obras de arte que se proyecten ó construyan en la vía, con las explicaciones necesarias para su inteligencia ;

4.ª Para todo lo concerniente á cálculos y medidas se hará uso de las unidades oficiales de la República ;

Art. 16. — Le Gouvernement permettra au Concessionnaire de prendre, dans les terrains de l'État, les bois nécessaires pour la construction du chemin de fer.

Art. 17. — Les frais d'entretien, ceux de réparations ordinaires et extraordinaires, seront exclusivement à la charge du Concessionnaire. Mais il est entendu que les frais de conservation et réparation n'affecteront pas la garantie de sept pour cent accordée par le Gouvernement. Cependant, si la ligne ne produisait aucun intérêt, le Gouvernement sera obligé de payer le sept pour cent du prix kilométrique (210,000 francs), et, dans ce cas, les frais d'entretien et réparation se feront exclusivement pour compte du Concessionnaire; mais si l'entreprise produit quelque intérêt, on en déduira les frais d'entretien et réparation, et le Gouvernement complétera le sept pour cent garanti.

Art. 18. — S'il existe sur les lignes que comprend ce privilège des trajets de chemin de fer en construction ou en exploitation, ou si les lignes traversent des zones privilégiées, en vertu de concessions antérieures, le Gouvernement interposera son influence pour obtenir un arrangement avec le Concessionnaire, et si cela n'était pas possible, il provoquera l'expropriation en ce qui serait nécessaire, d'accord avec le Concessionnaire et aux frais de celui-ci.

Art. 19. — Aucun travail ne pourra être entrepris pour l'établissement d'un chemin de fer sinon avec l'autorisation du Gouvernement. Les projets de tous les travaux à exécuter seront formulés en double exemplaire et soumis à l'approbation du Secrétaire d'État compétent, lequel signalera, le cas échéant, les modifications qu'il y aurait à introduire. Un des exemplaires sera rendu au concessionnaire avec le visa du Secrétaire, et l'autre restera au pouvoir du Gouvernement. Autant avant que pendant l'exécution des travaux, le Concessionnaire aura la faculté de proposer les modifications qu'il jugera utiles aux projets approuvés; mais lesdites modifications ne pourront être exécutées sinon moyennant l'approbation du Gouvernement.

Art. 20. — Le Concessionnaire pourra prendre copie de tous les plans, nivellements et devis qui auraient été faits antérieurement et que posséderait le Gouvernement.

Art. 21. — Il sera fait par le Concessionnaire des plans et profils du projet et des modifications qui s'y introduiraient au moment de la construction, en conformité des règles générales suivantes :

1º Les plans de toute la ligne indiqueront la situation des stations projetées, celle des chemins et cours d'eau que doit traverser la voie et en général tous les détails qui seront nécessaires pour leur parfaite compréhension, et les données scientifiques qu'il est d'usage d'y placer. Il se feront à l'échelle de un millimètre (0ᵐ,001) pour cinq mètres pour les plans généraux, et à l'échelle que le concessionnaire jugera convenable pour ceux de détails, stations, travaux d'art, etc.

2º Les profils auront une échelle horizontale égale à celle des plans généraux et une échelle verticale décuple. Ils devront contenir toutes les données qu'il est d'usage d'y placer pour qu'ils rendent le service auquel ils sont destinés ;

3º Il sera présenté des plans spéciaux des travaux d'art projetés ou en construction sur la voie, avec les explications nécessaires pour leur compréhension.

4º Pour tout ce qui concerne les calculs et mesures, il sera fait usage des mesures officielles de la République.

5.ª Todos los planos se someterán á la aprobación del Gobierno, á quien se dará de ellos una copia que quedará á su favor, sea que se lleve á efecto ó nó la construcción de las obras á que se refieran.

ART. 22. Todas las líneas tendrán la anchura uniforme de un metro entre rieles.

El Concesionario establecerá convenientemente los desagües que requieran las obras que construya, así como su aislamiento de los terrenos contiguos cuando fuere necesario.

ART. 23. El número de las líneas será aumentado en las estaciones y lugares inmediatos á ellas, si así lo determina el Gobierno, de acuerdo con el Concesionario. El número y sitio de las estaciones para viajeros y para mercancías, se fijará igualmente por el Gobierno en virtud de proposición del Concesionario, después de examen especial.

ART. 24. El Concesionario queda obligado á establecer convenientemente el servicio de los caminos públicos que atraviese la vía, de manera que no se interrumpa ó haga peligroso el tránsito por ellos. Esto mismo se establece para los caminos particulares cuando el paso se verifique á nivel.

ART. 25. Cuando se encuentren corrientes de aguas navegables, el Concesionario estará en la obligación de tomar todas las medidas conducentes á que la navegación no sufra interrupción alguna, ni durante los trabajos ni después de ellos; y cuando se encuentren caminos, las obras que se construyan para asegurar el tránsito podrán ser provisionales, á reserva de hacerlas definitivas al terminarse la vía.

ART. 26. El Concesionario no empleará en la ejecución de las obras sino materiales de buena calidad; y estará obligado á observar todas las reglas del arte de manera que se obtengan construcciones perfectamente sólidas. Todos los acueductos, alcantarillas, puentes y viaductos, serán construidos de mampostería ó de hierro, salvo los casos excepcionales en que sea admisible el empleo de maderas.

ART. 27. Respecto á la interrupción del trabajo los domingos, el Concesionario se somete á las decisiones del Gobierno.

ART. 28. Cuando se hayan terminado trayectos del camino de hierro que se puedan abrir al servicio público, se procederá á reconocerlos y, llegado el caso, á recibirlos provisionalmente. En vista de las diligencias de reconocimiento, el Gobierno autorizará ó nó la explotación de esos trayectos.

ART. 29. El informe detallado de los resultados de la explotación, comprendiendo las entradas y los gastos que afecten los productos de la Empresa, se presentará cada tres meses al Secretario de Fomento para su aprobación y para que le dé publicidad si lo estimare conveniente.

ART. 30. El camino de hierro y todas sus dependencias se conservarán constantamente en buen estado, de modo que el tránsito sea fácil y seguro. El Gobierno podrá, siempre que lo tenga á bien, nombrar á su costa comisionados que informen sobre este particular.

ART. 31. Las locomotoras serán de la mejor clase y satisfarán todas las condiciones que exija el Gobierno. Los carros de los pasajeros serán también de la mejor calidad y tendrán todas las condiciones que requieren en su clase; se colocarán sobre resortes, estarán provistos de sofás y

5º Tous les plans seront soumis à l'approbation du Gouvernement, à qui il en sera donné une copie qui lui restera, que la construction des travaux auxquels ils se réfèrent soit ou non menée à bonne fin.

ART. 22. — Toutes les lignes auront la largeur uniforme de un mètre, entre les rails.

Le Concessionnaire établira convenablement les écoulements d'eau qu'exigeront les travaux qu'il construira, ainsi que leur isolément des terrains contigus, quand cela sera nécessaire.

ART. 23. — Le nombre des voies sera augmenté dans les stations et endroits les avoisinant, si le Gouvernement le décide ainsi, d'accord avec le Concessionnaire. Le nombre et emplacement des stations pour voyageurs et marchandises sera également fixé par le Gouvernement, en vertu d'une proposition du Concessionnaire, après examen spécial.

ART. 24. — Le Concessionnaire a l'obligation de rétablir convenablement le service sur les chemins publics que traversera la voie, de manière à ce que le passage n'y soit point interrompu ni ne devienne dangereux. La même règle s'établit pour les chemins particuliers lorsque le passage aura lieu à niveau.

ART. 25. — Lorsqu'on rencontrera des cours d'eau navigables, le Concessionnaire aura l'obligation de prendre toutes les mesures nécessaires pour que la navigation ne souffre d'interruption de nulle sorte, ni pendant les travaux ni après; et lorsqu'on rencontrera des chemins, les travaux qui se construiront pour assurer le transit pourront être provisoires, sous réserve de les faire définitifs à l'achèvement de la voie.

ART. 26. — Le concessionnaire n'emploiera dans la construction des travaux que des matériaux de bonne qualité, et il sera tenu d'observer toutes les règles de l'art, de manière à obtenir des constructions parfaitement solides. Tous les aqueducs, conduites d'eau, ponts et viaducs seront construits en maçonnerie ou en fer, sauf les cas exceptionnels où serait admissible l'emploi du bois.

ART. 27. — Relativement à l'interruption des travaux les dimanches, le Concessionnaire se soumettra aux décisions du Gouvernement.

ART. 28. — Lorsque des trajets de chemin de fer pouvant être ouverts au service public seront terminés, il sera procédé à leur examen et, le cas échéant, à leur réception provisoire. D'après l'enquête d'examen, le Gouvernement autorisera ou non l'exploitation desdits trajets.

ART. 29. — Le compte rendu détaillé des résultats de l'exploitation, comprenant les recettes et les dépenses relatives aux produits de l'entreprise, sera présenté chaque trois mois au Secrétaire des Travaux publics pour son approbation et pour qu'il leur donne publicité, s'il le juge convenable.

ART. 30. — Le chemin de fer et toutes ses dépendances se conserveront constamment en bon état, de manière à ce que le transit soit facile et sûr. Le Gouvernement pourra, chaque fois que bon lui semblera, nommer à ses frais des délégués qui lui en rendent compte.

ART. 31. — Les locomotives seront de la meilleure qualité et devront satisfaire à toutes les conditions qu'exigera le Gouvernement. Les wagons de voyageurs seront aussi de la meilleure qualité et auront toutes les conditions equises pour leur classe. Ils seront à ressorts, seront pour-

habrá dos clases, salvo el caso de considerarse conveniente poner una tercera.

Los carros destinados al transporte de mercancías y animales serán de buena calidad y sólida construcción.

El Concesionario conservará constantemente en buen estado las locomotoras, *tenders*, coches y carros de toda especie que constituyan el material rodante.

En todo lo que concierne á este artículo, el Concesionario estará sometido á la fiscalización y vigilancia del Gobierno.

Art. 32. Si se llegare á interrumpir la explotación del ferrocarril en todo ó en parte, el Gobierno podrá tomar inmediatamente por cuenta y riesgo del Concesionario las medidas necesarias para restablecer provisionalmente el servicio.

Art. 33. No se declarará caducado el privilegio en caso de que el Concesionario no haya podido llenar sus obligaciones por obstáculos de fuerza mayor, debidamente comprobados.

Art. 34. Todo tren tendrá carros de todas clase y en número suficiente para las personas que se presenten en las Oficinas del ferrocarril, salvo el caso de exigencia especial de la Administración de la Empresa, aprobada por el Gobierno.

Art. 35. Todo pasajero tendrá derecho á una franquicia de cincuenta kilogramos de equipaje sin ningún suplemento. Esta franquicia no se acordará á los niños, pero los menores de seis años serán trasportados gratuitamente.

Art. 36. El cobro de los pasajes y fletes se hará indistintamente y sin acordar favores. El Concesionario estará obligado á efectuar con cuidado el transporte de los pasajeros, mercancías y efectos de cualquiera especie. Los bultos, animales y efectos de todas clases serán inscritos en la estación de donde partan y en la de su destino. En el registro de la estación de salida se indicará el precio de transporte, y á su llegada se entregarán á quien vayan destinados, previa presentación del correspondiente recibo.

Art. 37. Los animales, mercancías y efectos se enviarán y se entregarán dentro de los términos y con las condiciones que se prescriban.

Art. 38. Las tropas, empleados en servicio ó comisión y elementos militares, estarán exentos del pago de pasaje y flete, lo mismo que las balijas del correo. Los materiales de propiedad de la Nación, como son los pertenecientes á los telégrafos, útiles de enseñanza etc., sólo pagarán la mitad de la cuota del transporte, asignada en la Tarifa.

Art. 39. El Concesionario se compromete á no prestar el servicio de los caminos que construya á las personas y á los efectos cuya conducción sea prohibida por el Gobierno y á dar cumplimiento á los reglamentos de policía que se dicten.

Art. 40. Para el recibo y entrega de la carga que pase por los ferrocarriles que se construyan, el Concesionario ó quien sus derechos represente, estará sometido á las disposiciones que exijan las leyes fiscales y los reglamentos aduaneros que rijan en la materia.

Art. 41. El Gobierno suministrará gratuitamente á la Empresa la policía ó fuerza militar que sea necesaria para la protección y seguridad de las personas y bienes de los empleados, operarios, etc., durante el tiempo del privilegio.

vus de coussins et il y aura deux classes, sauf le cas où l'on considérera convenable d'en mettre une troisième.

Les wagons destinés au transport des marchandises et animaux seront de bonne qualité et construction solide.

Le Concessionnaire conservera constamment en bon état les locomotives, tenders, voitures et wagons de toute espèce qui constitueront le matériel roulant. Pour tout ce qui concerne cet article, le Concessionnaire sera soumis au contrôle et à la surveillance du Gouvernement.

Art. 32. — Si l'exploitation du chemin de fer venait à être interrompue, en tout ou en partie, le Gouvernement pourra prendre immédiatement, pour compte et aux risques du Concessionnaire, les mesures nécessaires pour rétablir provisoirement le service.

Art. 33. — La déchéance du privilège ne pourra pas être déclarée, dans le cas où le Concessionnaire n'aura pas pu remplir ses obligations par suite d'obstacles de force majeure dûment prouvés.

Art. 34. — Tout train aura des wagons de toutes classes et en nombre suffisant pour les personnes qui se présenteront dans les bureaux du chemin de fer, sauf les cas d'exigences spéciales indiquées par l'Administration de l'entreprise et approuvées par le Gouvernement.

Art. 35. — Tout passager aura droit à la franchise de cinquante kilogrammes de bagages, sans aucun supplément. Cette franchise ne s'accordera pas aux enfants, mais ceux âgés de moins de six ans seront transportés gratuitement.

Art. 36. — L'expédition des voyageurs et des marchandises se fera indistinctement sans accorder de faveurs. Le Concessionnaire sera obligé de faire avec soin le transport des voyageurs, marchandises et effets de toute espèce. Les colis, animaux et effets de toutes classes seront inscrits à la station de départ et à celle d'arrivée. Dans le registre de la station de sortie on indiquera le prix de transport, et à leur arrivée, on les délivrera aux destinataires sur la présentation du reçu correspondant.

Art. 37. — Les animaux, marchandises et effets s'enverront et se délivreront dans les délais et avec les conditions qui seront prescrites.

Art. 38. — Les troupes, employés en service ou en commission et éléments militaires seront transportés en franchise avec leurs bagages, de même que les valises de la poste. Les matériaux de propriété de la Nation, comme ceux appartenant aux Télégraphes, le matériel d'enseignement, etc., paieront seulement la moitié du coût de transport marqué dans le tarif.

Art. 39. — Le Concessionnaire prend l'engagement de ne point permettre l'usage des chemins de fer qu'il construira aux personnes et effets dont le transport serait prohibé par le Gouvernement, et de remplir les règlements de police qui seront dictés.

Art. 40. — Pour la réception et livraison du fret qui passera sur les chemins de fer qui se construiront, le Concessionnaire, ou ses ayants droit, seront soumis aux dispositions exigées par les lois du fisc et les règlements de douane en vigueur sur cette matière.

Art. 41. — Le Gouvernement fournira gratuitement à l'entrepreneur la police en force militaire qui sera nécessaire pour la protection et sécurité des personnes et biens des employés, travailleurs, etc., pendant la durée du privilège.

Art. 42. El Concesionario se reserva la facultad de ejecutar á lo largo de las ferrocarriles todas las construcciones, y de poner todos los aparatos necesarios para el establecimiento de una línea telegráfica al servicio de los caminos de hierro. Tanto el Gobierno como los particulares tendrán derecho á servirse de esta línea conforme á la tarifa que se establezca y cuando no se perjudique el servicio de la vía.

Art. 43. En el caso de que el Gobierno ordene ó autorice la construcción de caminos de hierro ó canales que atraviesen la línea que comprende la presente concesión, el Concesionario no podrá oponerse á esos trabajos; pero se tomarán todas las medidas á fin de que no resulte de ahí obstáculo alguno para la construcción y el servicio del ferrocarril, ni gasto alguno para el Concesionario.

Art. 44. El Gobierno podrá nombrar á su costa, siempre que lo estime conveniente, empleados ó comisionados especiales á fin de que examinen los trabajos y cuentas del ferrocarril ó ferrocarriles que se construyan, y en este caso el Concesionario facilitará á dichos empleados ó comisionados el cumplimiento de su encargo.

Art. 45. Las tarifas deberán fijarse liberalmente y podrán ser modificadas de conformidad con el desarrollo de la Empresa y por mutuo acuerdo entre las partes contratantes. Pero será condición esencial que en todas ellas se fijen los precios en moneda colombiana.

Art. 46. Los presupuestos de gastos de administración y explotación y reparación se someterán anualmente, con la debida anticipación, á la aprobación del Gobierno.

Las modificaciones que haya lugar á introducir en el presupuesto acordado para un año, se establecerán de común acuerdo entre las partes contratantes.

Art. 47. Los ferrocarriles que se construyan en virtud del presente contrato y cuanto les pertenezca como anexidades, estarán libres de todo derecho ó impuesto municipal, del Estado ó de la Nación, lo mismo que de empréstitos forzosos, exacciones y requisiciones de guerra.

Art. 48. Todos los reglamentos que se dicten respecto al servicio del ferrocarril deben ser aprobados por el Gobierno.

Art. 49. El Concesionario tendrá derecho á construir los puertos, muelles y atracaderos que sean necesarios para el servicio en los ríos navegables donde comiencen ó terminen las líneas que ejecute. Estas obras se considerarán como parte del respectivo ferrocarril en el cómputo de gastos y rendimientos que produzcan.

Art. 50. Desde que se dé principio á los trabajos de construcción de las líneas á que se refiere este contrato, el Concesionario deberá permanentemente en la capital de la República un Agente provisto de los poderes necesarios para que lo represente ante las autoridades del país en todos los asuntos que se relacionen con la Empresa. Del nombramiento de este representante se dará aviso oportuno al Gobierno nacional.

Art. 51. El presente privilegio no podrá ser cedido ni traspasado á ningún Gobierno ni Nación extranjera; y para que el traspaso á otro individuo, Compañía, Corporación, etc., tenga fuerza legal, deberá ser aprobado por el Gobierno de la República. Se exceptúa de esta última condición la Compañía que actualmente está formando en

Art. 42. — Le Concessionnaire se réserve la faculté d'exécuter sur le parcours de la voie toutes les constructions, et de placer tous les appareils nécessaires pour l'établissement d'une ligne télégraphique au service des chemins de fer. Autant le Gouvernement que les particuliers auront le droit de se servir de cette ligne conformément au tarif qui s'établira et quand cela ne portera pas préjudice au service de la voie.

Art. 43. — Dans le cas où le Gouvernement ordonnerait ou autoriserait la construction de chemins de fer ou canaux qui traverseraient la voie que comprend la présente concession, le Concessionnaire ne pourra pas s'opposer à ces travaux, mais toutes les mesures seront prises pour qu'il ne résulte de là aucun obstacle pour la construction et le service du chemin de fer, ni aucune dépense pour le Concessionnaire.

Art. 44. — Le Gouvernement pourra nommer, à ses frais, en tant qu'il le jugera convenable, des employés ou commissaires spéciaux, afin d'examiner les travaux et les comptes du ou des chemins de fer qui se construiront, et dans ce cas le Concessionnaire facilitera aux dits employés ou commissaires l'accomplissement de leur mission.

Art. 45. — Les tarifs devront être fixés d'une manière libérale et pourront être modifiés suivant le développement de l'entreprise, et d'un commun accord entre les parties contractantes. Mais ce sera une condition essentielle que tous les prix soient fixés en monnaie colombienne.

Art. 46. — Les budgets des frais d'administration, exploitation et réparation seront soumis annuellement, avec la due anticipation, à l'approbation du Gouvernement. Les modifications qu'il y aurait lieu d'introduire dans le budget approuvé pour une année seront établies d'un commun accord entre les parties contractantes.

Art. 47. — Les chemins de fer qui se construiront en vertu du présent contrat, et tout ce qui leur appartiendra comme annexes, seront exempts de tout droit ou impôt municipal, de l'État ou de la Nation, de même que des emprunts forcés et réquisitions de guerre.

Art. 48. — Tous les règlements qui s'établiront pour le service du chemin de fer devront être approuvés par le gouvernement.

Art. 49. — Le concessionnaire aura le droit de construire les ports, quais et atterrages qui seront nécessaires pour le service dans les rivières navigables où commenceraient et où termineraient les lignes qu'il construira. Ces travaux seront considérés comme partie du chemin de fer correspondant dans le calcul de frais et rendements qu'ils produiront.

Art. 50. — Dès que l'on commencera les travaux de construction des lignes dont parle ce contrat, le Concessionnaire devra avoir, d'une manière permanente, dans la capitale de la République, un Agent pourvu des pouvoirs nécessaires pour le représenter devant les autorités du pays dans toutes les affaires ayant trait à l'entreprise. Avis opportun sera donné au Gouvernement national de la nomination de ce représentant.

Art. 51. — Le présent privilège ne pourra être cédé ni transféré à aucun gouvernement ou nation étrangère, et, pour que le transfert à un autre individu, Compagnie, corporation, etc., ait force légale, il devra être approuvé par le Gouvernement de la République. Est exceptée de cette dernière condition la Compagnie que forme actuelle-

Paris el Concesionario, siempre que se dé al Gobierno oportuno aviso del traspaso.

Art. 52. El presente privilegio y las consiguientes obligaciones del Gobierno caducarán en cualquiera de los casos siguientes :

1.º Cuando el Concesionario deje de dar complimiento á cualquiera de los compromisos que contrae por él;

2.º Cuando suspenda los trabajos de construcción ó abandone la explotación por más de seis meses consecutivos.

En caso de caducidad del privilegio por cualquiera de las causas expresadas, todas las obras que se hayan construido pasarán á ser propiedad de la Nación, así como las sumas que en la fecha de declararse, estén depositadas como garantía por el Concesionario.

Art. 53. El Concesionario tendrá su domicilio en Paris ó en Bogotá.

Todas las diferencias que ocasione la inteligencia del presente contrato serán sometidas, conforme á la Constitución nacional y á las leyes, á la decisión de la Corte Suprema federal.

Art. 54. Este contrato requiere, para que pueda llevarse á efecto, la aprobación del Poder Ejecutivo y la del Cuerpo Legislativo de la República.

En fe de lo cual firmamos dos de un tenor en Bogotá, á primero de Junio de mil ochocientos ochenta y seis.

Julio E. Pérez—Luis Carlos Rico.

Poder Ejecutivo nacional —
Bogotá, Junio primero de mil ochocientos ochenta y seis.
Aprobado,

J. M. CAMPO SERRANO.

El Secretario de Fomento,

JULIO E. PÉREZ ; "

DECRETA :

Artículo único. Apruébase el contrato preinserto, entendiéndose que debe cambiarse (donde quiera que en él se encuentre) la palabra *Estado* por esta otra : *Departamento.*

Dada en Bogotá, á diez de Agosto de mil ochocientos ochenta y seis.

El Presidente,

JUAN DE D. ULLOA.

El Vicepresidente,

JOSÉ MARÍA RUBIO FRADE.

El Secretario,

Julio A. Corredor.

El Secretario,

Roberto de Narváez.

———

Poder Ejecutivo — Bogotá, 17 de Agosto de 1886.
Publíquese y ejecútese.

(L. S.) J. M. CAMPO SERRANO.

El Ministro de Hacienda, encargado del Despacho de Fomento,

ANTONIO ROLDÁN.

---

ment à Paris le Concessionnaire; toutefois qu'il soit donné au Gouvernement avis opportun du transfert.

Art. 52. — Le présent privilège et les obligations qui en dérivent pour le Gouvernement tomberont en déchéance dans l'un quelconque des cas suivants :

1º Lorsque le concessionnaire manquera à l'un quelconque des engagements qu'il contracte ;

2º Lorsqu'il suspendra les travaux de construction ou abandonnera l'exploitation pendant plus de six mois consécutifs.

En cas de déchéance du privilège pour l'une quelconque des causes citées, tous les travaux qui auraient été construits deviendront la propriété de la Nation, ainsi que les sommes qui, à la date où elle serait déclarée, seraient mises en dépôt comme garantie par le Concessionnaire.

Art. 53. — Le concessionnaire aura son domicile à Paris ou à Bogota. Tous les différends qu'occasionnerait l'interprétation du présent contrat seront soumis, conformément à la Constitution nationale et aux lois, à la décision de la Cour suprême fédérale.

Art. 54. — Ce contrat exige, pour pouvoir être mis à exécution, l'approbation du Pouvoir exécutif et celle du Corps législatif de la République.

En foi de quoi nous signons deux exemplaires de même teneur, à Bogota, le 1er juin 1886.

Julio E. Perez. — Luis Carlos Rico.

Pouvoir exécutif national. — Bogota, 1er Juin 1886.

Approuvé.

J. M. CAMPO SERRANO.

Le Secrétaire des Travaux publics,
JULIO E. PEREZ.

DÉCRÈTE :

ARTICLE UNIQUE. — Le Contrat ci-dessus inséré est approuvé, et il est entendu que l'on doit changer — partout où il se trouvera — le mot *État* par cet autre : *Département.*

Passé à Bogota, le dix août mil huit cent quatre-vingt-six.

Le Président,

JUAN DE D. ULLOA.

Le Vice-Président,

JOSÉ MARÍA RUBIO FRADE.

Le Secrétaire,

Julio A. Corredor.

Le Secrétaire,

Roberto de Narvaez.

Pouvoir exécutif. — Bogota, 17 août 1886.
Publiez et exécutez,

J. M. CAMPO SERRANO.

Le Ministre des Finances,
chargé du Département des Travaux publics,

ANTONIO ROLDAN.

II. — PIÈCES RELATIVES A L'APPROBATION DU TRACÉ

N° 1.

SEÑOR MINISTRO DE FOMENTO,

Tengo el honor de poner en conocimiento del Gobierno que he venido á la República con el objeto de dar cumplimiento al contrato celebrado el día 1.° de Junio de 1886 y aprobado por la ley 4.ª del mismo año, sobre privilegio para la construcción de varias vías férreas; y que, hasta este momento, es mi intención comenzar los trabajos si el Gobierno conviene en ello, para establecer la línea A, en el puerto denominado « Puerto Wilches » y siguiendo aproximadamente la línea proyectada por el antiguo Gobierno del Departamento de Santander hasta la ciudad de Bucaramanga; y para establecer la línea B, en el puerto de Buenaventura siguiendo también aproximadamente el trazo hecho para el proyecto de ferrocarril hasta la ciudad de Cali, por el empresario que construyó el trayecto que existe.

En el de Puerto-Wilches á Bucaramanga se hicieron trabajos que pueden tener algún valor, y es indudable que lo tienen los ejecutados en la vía de Buenaventura á Cali; y deseando que los Departamentos de Santander y Cauca aprovechen, en lo posible, las sumas invertidas en esas proyectadas obras, manifiesto á S. S.ª que, de acuerdo con el artículo 18 del contrato antes citado, estoy dispuesto á entrar en arreglos con el Gobierno ó con los funcionarios á quienes corresponda, para el aprovechamiento en las nuevas construcciones de las obras en referencia.

Espero que el deseo por mi parte expresado corresponda á los propósitos del Gobierno y á los intereses de los citados Departamentos; porque sería positivamente antieconómica la construcción de ferrocarril paralelo á los trabajos y á las obras ejecutadas con pérdida absoluta de todo lo que ya se ha gastado.

Con sentimientos de distinguida consideración me suscribo de S. S.ª servidor muy atento,

Bogotá, Junio 7 de 1888.

Firmado : J. GAULMIN.

N° 1.

M. LE MINISTRE DE FOMENTO,

J'ai l'honneur de porter à la connaissance du Gouvernement que je suis arrivé dans ce pays pour mettre à exécution le contrat passé le 1er juin 1886, approuvé par la loi IVe de la même année, au sujet du privilège octroyé pour la construction de diverses voies ferrées, et que dès ce moment j'ai l'intention de commencer les travaux, si le Gouvernement est d'accord, par la construction de la ligne A, au port appelé « Puerto Wilches », en suivant à peu près la ligne projetée par l'ancien Gouvernement de Santander jusqu'à la ville de Bucaramanga, et par la construction de la ligne B, du port de Buenaventura, suivant à peu près le tracé fait par le concessionnaire qui a construit la partie déjà existante pour le projet de chemin de fer jusqu'à la ville de Cali.

Sur la ligne de Puerto-Wilches à Bucaramanga, on a fait des travaux qui peuvent avoir une certaine valeur, et il est certain que ceux exécutés sur la ligne de Buenaventura à Cali en ont une assez importante, aussi désirant que les départements de Santander et du Cauca tirent parti dans la mesure du possible des dépenses déjà faites sur ces lignes projetées, je fais savoir à V. S. conformément à l'article 18 dudit contrat, que je suis disposé à entrer en arrangement avec le Gouvernement, ou avec les fonctionnaires compétents, afin de tirer parti des travaux exécutés pour les nouvelles constructions.

J'espère que le désir que je vous soumets correspond aux desseins du Gouvernement et aux intérêts desdits départements, parce qu'il serait certainement antiéconomique de construire un chemin de fer parallèle aux travaux et constructions déjà exécutés, en perdant entièrement toutes les dépenses déjà faites.

Je suis, etc.

J. GAULMIN.

Bogota, 7 juin 1888.

N° 2.

REPUBLICA DE COLOMBIA	N° 377.
PODER EJECUTIVO	Sección 1ª.
MINISTERIO DE FOMENTO	Ramo de Ingeniería.

Bogotá, 9 de Junio de 1888.

SEÑOR J. GAULMIN,

Presente.

Al memorial que V. elevó á este Despacho, con fecha 7 del mes en curso, ha recaído la siguiente

Resolución :

» Según los art.ª 185 y 188 de la Constitución Nacional, » corresponden á los Departamentos los ferrocarriles » construidos por los extinguidos Estados Soberanos, y, » por otra parte, en virtud del convenio de 9 de Diciembre » de 1885 (Diario Oficial, N.° 6,552) se cedió por el Gobierno » Nacional al del extinguido Estado del Cauca el ferrocar- » ril de este nombre. »

N° 2.

RÉPUBLIQUE DE COLOMBIE	N° 377.
POUVOIR EXÉCUTIF	1re Section.
MINISTÈRE DE FOMENTO	Direction des Travaux publics.

Bogota, 9 juin 1888.

MONSIEUR J. GAULMIN,

En réponse à la requête présentée à notre ministère le 7 courant, il a été pris la résolution suivante:

« Suivant es articles 185 et 188 de la Constitution na- » tionale, les chemins de fer construits par les anciens États » souverains appartiennent aux départements, et d'autre » part, en vertu de l'accord du 9 décembre 1885 *(Journal » officiel* n° 6552) le Gouvernement national a cédé à l'an- » cien État du Cauca le chemin de fer de ce nom. »

En tal virtud es á los Gobiernos de los Departamentos de Santander y del Cauca á quienes debe V. dirigirse directamente con el fin de verificar los arreglos á que se refiere el memorial presentado y ya citado. Por su parte el Gobierno Nacional tendrá mucho gusto en facilitar á V. en cuanto esté á su alcance la celebración de tales arreglos y cumplirá en todo lo demás estrictamente con las obligaciones que contrajo por el contrato que aprobó la Ley 4.ª de 1886.

De V. Atento S. S.

Rafael Reyes.

En conséquence, c'est aux gouvernements des départements de Santander et du Cauca que vous devez vous adresser directement pour obtenir les arrangements dont parle votre requête déjà visée. En ce qui le concerne, le Gouvernement national facilitera avec plaisir ces arrangements, et, quant au reste, remplira strictement les obligations qu'il a contractées par la loi IV de 1886.

Je suis, etc.

Rafael Reyes.

(M. Rafael Reyes était à cette date le ministre de Fomento.)

N° 3.

Señor Ministro de Fomento,

El artículo 20 de mi contrato de 1.º de Junio de 1886, aprobado por la Lei 4.ª del mismo año, sobre privilegio para la construcción de varias vías férreas me faculta para tomar copia de todos los planos, nivelaciones y presupuestos que se hayan hecho anteriormente y que posea el Gobierno. En tal virtud solicito de S. S.ª se sirva ordenar que se pogan á mi disposición con el objeto indicado los del proyectado camino de hierro del puerto de la Buenaventura á Cali, en el Departamento del Cauca, y los del ferrocarril de Puerto Wilches á Bucaramanga, en el Departamento de Santander.

Sírvase S. S.ª aceptar mis sentimientos de perfecta consideración.

Firmado : J. Gaulmin

Bogotá, Junio 8 de 1888.

N° 3.

Monsieur le Ministre de Fomento,

L'article 20 de mon contrat du 1er juin 1886 approuvé par la loi IVe de la même année, accordant privilège pour la construction de diverses voies ferrées, m'autorise à prendre copie de tous les plans, nivellements et devis faits antérieurement, et que possède le Gouvernement. En conséquence, je sollicite de V. S. qu'elle veuille bien ordonner de mettre à ma disposition, dans le but indiqué, les pièces du projet des chemins de fer du port de Buenaventura à Cali, dans le département du Cauca, et ceux du chemin de fer de Puerto-Wilches, à Bucaramanga dans le département de Santander.

Veuillez, etc.

J. Gaulmin.

Bogota, 8 juin 1888.

N° 4.

REPUBLICA DE COLOMBIA

N° 374.

PODER EJECUTIVO

Sección 1ª.

MINISTERIO DE FOMENTO

Ramo de Ingeniería.

Bogotá, 9 de Junio de 1888.

Señor Juan Gaulmin.

Presente.

En vista del memorial elevado por V. á este Despacho con fecha 8 del presente se ha dictado la siguiente resolución :

« Accédese á lo solicitado en el anterior memorial, y en tal virtud, pueden ponerse á disposición del peticionario los planos y documentos que pide, en este Despacho; pero si el señor Gaulmin necesita llevar las documentos, puede hacerlo, en calidad de devolución y previo recibo extendido en la forma correspondiente. »

La trascribo á V. para su conocimiento y demás fines.

Dios guarde á V.

Por S. S.ª EL MINISTRO,

El Subsecretario,

Ruperto Ferreira.

N° 4.

RÉPUBLIQUE DE COLOMBIE

N° 374.

POUVOIR EXÉCUTIF

1re Section.

MINISTÈRE DE FOMENTO

Direction des Travaux publics.

Bogota, 9 juin 1888.

Monsieur Jean Gaulmin,

En réponse à la requête que vous avez présentée à notre ministère en date du 8 courant, il a été pris la résolution suivante :

Est accordée la demande adressée dans la précédente requête, et en conséquence on peut mettre à la disposition du requérant les plans et documents qu'il désire dans nos bureaux, mais si M. Gaulmin a besoin d'emporter ces documents, il pourra le faire en les rendant, et moyennant reçu fait dans la forme ordinaire.

Ce que je vous communique pour votre connaissance et autres effets.

Dieu vous garde.

Pour S. S. le Ministre,

Le Sous-Secrétaire,

Ruperto Ferreira.

26

N° 5.

SEÑOR MINISTRO DE FOMENTO,

El 1.° de Junio de 1886, fecha de mi contrato de privilegio para la construcción de varias vías férreas, ya la línea B, ó sea la que comunique el Puerto de Buenaventura con el río Cauca, había sido definitivamente estudiada, los planos estaban aprobados, los trabajos de construcción se hallaban bastante adelantados y parte de lo construido abierto á la explotación. Mi propósito al contratar esa línea fué aprovechar, en lo posible, la obra ejecutada y terminada sin que el Gobierno perdiera todas las fuertes sumas empleadas en ella. Por esta razón, usando de la facultad que me concede el artículo 20 del citado documento pedí y obtuve de S. S.ª el plano de la expresada línea. En la escala estipulada lo presento á S. S.ª en doble ejemplar, junto con el perfil, como proyecto para que se adopte la línea y á reserva de presentar el plano definitivo con las modificaciones que se introduzcan al tiempo de la construcción como lo establece el artículo 21 del contrato.

Solicito respetuosamente del Gobierno que cuando esté aprobado el proyecto de trazo se me autorice para construir la línea en referencia.

El plano está firmado por el ingeniero Sr. Miguel Triana y por mí, y el perfil por el ingeniero Sr. Joaquin B. Barriga y también por mí.

Con sentimientos de consideración me suscribo de S. S.ª servidor obsecuente,

I. GAULMIN.

Bogotá, 21 de Julio de 1888.

N° 6.

REPÚBLICA DE COLOMBIA   N° 422.

PODER EJECUTIVO   Sección 1ª.

MINISTERIO DE FOMENTO   Ramo de Ingeniería.

Bogotá, 23 de Julio de 1888.

SEÑOR D. JUAN GAULMIN,

PRESENTE.

Tengo el gusto de dar respuesta al memorial presentado por V. con fecha 21 del presente transcribiéndole á continuación la resolución dictada en el asunto en esta misma fecha; dicha resolución dice así:

« Visto el memorial que con fecha 21 de los corrientes ha presentado á este Ministerio el Sr. Juan Gaulmin en su carácter de concesionario del privilegio á que hace referencia el contrato aprobado por el artículo 19 de dicho contrato,

Se resuelve:

1.° Apruébase el proyecto general que, para la construcción de la línea B de los ferrocarriles á que aquella Ley hace referencia, se indica en los planos que ha presentado el concesionario Sr. Gaulmin ;

2.° Autorízase al mismo Sr. Gaulmin para que pueda emprender la construcción de la citada línea B siguiendo el trazo general que ha elegido según los planos, siendo

N° 5.

MONSIEUR LE MINISTRE DE FOMENTO,

Le 1er juin 1886, date du contrat accordant privilège pour la construction de diverses voies ferrées, soit la ligne B, soit celle qui fait communiquer le port de Bonaventure à la rivière Cauca, on avait fait les études définitives, et les plans avaient été approuvés, les travaux de construction étaient assez avancés, et partie de ce qui avait été construit ouvert à l'exploitation. Mon but en prenant le contrat de cette ligne, était d'utiliser dans la mesure du possible le travail exécuté et terminé, afin que le Gouvernement ne perdit pas les dépenses déjà faites. Pour cette raison, usant de la faculté que m'accorde l'article 20 dudit document, j'ai demandé et obtenu de V. S. le plan de cette ligne.

Je le présente à V. S. à l'échelle exigée, en double exemplaire, en même temps que le profil, à titre de projet pour faire approuver le tracé, me réservant de présenter le plan définitif avec les modifications qui s'introduiront au moment de la construction comme l'établit l'article 21 du contrat.

Je demande respectueusement au Gouvernement de vouloir bien, après avoir approuvé le projet du tracé, m'autoriser à commencer ladite ligne.

Le plan est signé par l'ingénieur Miguel Triana et par moi, et le profil par l'ingénieur M. Joaquin B. Barriga et aussi par moi.

Je suis, etc.

J. GAULMIN.

Bogota, 2 juillet 1888.

N° 6.

RÉPUBLIQUE DE COLOMBIE   N° 422.

POUVOIR EXÉCUTIF   1re Section.

MINISTÈRE DE FOMENTO   Direction des Travaux publics.

Bogota, 23 juillet 1888.

MONSIEUR JEAN GAULMIN,

J'ai le plaisir de répondre à la requête que vous m'avez présentée le 2 courant, en vous communiquant à continuation la résolution prise aujourd'hui au sujet de cette affaire.

Cette résolution est ainsi conçue :

Vue la requête en date du 2 courant présentée à notre ministère, par M. Jean Gaulmin, comme concessionnaire du privilège énoncé dans le contrat approuvé par la loi 4e de 1886, et tenant compte de ce que dispose l'article 19 dudit contrat,

Il est résolu :

1° Est approuvé le projet général, indiqué dans les plans présentés par le concessionnaire, M. Gaulmin, pour la construction de la ligne B des chemins de fer mentionnés dans ladite loi.

2° M. Gaulmin est autorisé à commencer la construction de ladite ligne B, en suivant le tracé général qui est indiqué dans les plans, étant entendu, que con-

entendido que de conformidad con el contrato, pueden hacerse posteriormente y de acuerdo con el Gobierno las modificaciones parciales que se juzguen necesarias para el mejor resultado y la mayor economía de la obra ;

3.º Póngase copia de esta resolución en cada uno de los planos presentados por el Sr. Gaulmin á quien se devolverán con ella los duplicados.

Comuníquese y publíquese junto con el memorial que la motiva».

Dios guarde á V.

Rafael Reyes.

formément au contrat, il sera possible de faire ultérieurement et d'accord avec le Gouvernement les modifications partielles qui seront jugées nécessaires pour la meilleure construction et la plus grande économie du travail.

3º On inscrira la copie de cette résolution sur chacun des plans présentés par M. Gaulmin à qui on rendra avec cette notification les duplicata.

Communiquer et faire publier en même temps que la requête qui l'a motivée.

Dieu vous garde.

Rafael Reyes.

N° 7.

Señor Ministro de Fomento,

Presente.

Mañana para salgos el Departamento del Cauca á encargarme de la construcción de la vía férrea marcada con la letra B en mi contrato con el Gobierno. Dejo recomendado al ingeniero señor Joaquin B. Barriga para que presente á S. S.ª el proyecto de plano y el correspondiente perfil de una parte muy considerable y muy importante de la primera sección de la línea A. Para este plano he utilizado, con autorización del departamento de Santander los estudios que, por orden y á costa del antiguo Estado, se habían hecho entre puerto Wilches y Bucaramanga, que es el trayecto comprendido en el plano que presento.

La línea que he adoptado y que someto á la consideración del Gobierno está indicada por ser la más corta y más practicable del rio Magdalena á Bucaramanga y por haber hecho en ella el Gobierno de Santander fuertes gastos en los estudios y en empezar á construirla.

No presento el plano íntegro de toda la primera sección, que terminó en el Socorro ó punto inmediato porque siendo el trayecto que concluye en Bucaramanga una obra bastante extensa y que no puede estar hecha antes de dos años, no había necesidad de practicar inmediatamente el estudio del resto de la sección.

El plano á que me refiero está en la escala estipulada y lo presento á S. S.ª en doble ejemplar, lo mismo que el perfil, como proyecto para que se adopte el indicado tramo de la línea A y á reserva de presentar el plano definitivo con las modificaciones que se introduzcan al tiempo de la construcción, como lo establece el artículo 21 del contrato.

Los expresados documentos están inscritos así : el plano por el ingeniero señor Nicolás Caicedo y por mi, y el perfil por el ingeniero Sr. Joaquin B. Barriga y también por mi.

Solicito muy atentamente del Gobierno que, cuando haya sido aprobado el proyecto de trazo en referencia, se me autorice para construir la porción que él comprende de la primera sección de la línea A.

Con sentimientos de distinguida consideración de S. S.ª servidor obsecuente,

Juan Gaulmin.

N° 7.

Monsieur le Ministre de Fomento,

Demain je vais partir pour le département du Cauca, dans le but de me charger de la construction de la voie ferrée marquée B sur mon contrat passé avec le Gouvernement. Je laisse le soin à l'ingénieur M. Joaquin B. Barriga de présenter à V. S. le projet de plan avec le profil correspondant d'une partie très considérable et très importante de la première section de la ligne A. J'ai pour ce plan, utilisé, avec l'autorisation du département de Santander, les études, qui pour le compte et aux frais de cet ancien Etat, avaient été faites entre Puerto-Wilches et Bucaramanga, trajet compris dans le plan que je présente.

La ligne que j'ai adoptée et que je soumets à l'approbation du Gouvernement est indiquée, parce qu'elle est la plus courte et la plus praticable entre le fleuve de la Madeleine et Bucaramanga, et parce que l'Etat de Santander y a déjà fait de fortes dépenses, soit pour les études, soit pour un commencement de construction.

Je ne présente pas le plan intégral de toute la première section qui doit terminer à Socorro ou à un point voisin, parce que le trajet qui termine à Bucaramanga étant un travail déjà fort étendu qui ne peut être achevé avant deux ans, il n'y avait pas nécessité de faire de suite les études du reste de la section.

Le plan en question est fait à l'échelle stipulée, et je le présente à V. S. en double exemplaire, de même que le profil, à titre de projet soumis à votre approbation pour la partie indiquée de la ligne A, sous réserve de présenter le plan définitif, avec les modifications qui pourront s'introduire pendant la construction, comme l'indique l'article 21 du contrat.

Ces documents sont signés, le plan par l'ingénieur Nicolas Caicedo et par moi, le profil par l'ingénieur M. Joaquin B. Barriga et aussi par moi.

Je demande instamment au Gouvernement, qu'après avoir approuvé le projet de tracé en question, je sois autorisé à construire la partie de la section A qui y est comprise.

Je suis, etc.

Jean Gaulmin.

N° 8.

REPÚBLICA DE COLOMBIA	N° 429.
—	
PODER EJECUTIVO	Sección 1ª.
MINISTERIO DE FOMENTO	Ramo de Ingeniería.

Bogotá, 4 de Agosto de 1888.

SEÑOR D. JUAN GAULMIN,

PRESENTE.

Tengo el gusto de poner en su conocimiento que al memorial elevado por V. con fecha 25 de Julio último, ha recaído la siguiente resolución:

« Ministerio de Fomento. — Bogotá, Agosto 4 de 1888. — En vista de lo solicitado en el memorial que antecede, se resuelve:

» 1.º Apruébanse provisionalmente los planos presentados por el Sr. Gaulmin para la primera sección de la línea A de que trata el contrato aprobado por la Ley 4.ª de 1886.

» 2.º Siendo de la mayor importancia que tanto el concesionario como el Gobierno estéa plenamente convencidos de que el trazo general desde el río Magdalena hacia Bucaramanga sea elegido con toda imparcialidad y atendiendo únicamente á su bondad intrínseca en comparación con los demás que hubiere posibilidad de elegir, y no constando por otra parte en el memorial del Sr. Gaulmin que haya hecho la elección después de haber pesado las ventajas ó inconvenientes de las diferentes vías que pueden elegirse ó si es que no hay posibilidad de ningún otro trazo, pídasele que amplíe en este sentido las razones que aduce en su memorial, siendo entendido que al tenor de lo dispuesto por el artículo 5.º del contrato no se le computará el tiempo que requiera para hacer esta ampliación entre los plazos que tiene señalados para empezar los trabajos.

» 3.º En atención á lo que queda expuesto, y á que el Gobierno desea que el Sr. Gaulmin se contraiga de preferencia á la terminación definitiva del proyecto que ha presentado para comenzar los trabajos en la primera sección de la línea A para cuando presente los estudios á que se hace referencia en el inciso anterior.

» 4.º Cópiense los incisos anteriores de esta resolución en los planos y perfiles que se han presentado sin comprender los modelos de obras de arte por cuanto éstas no requieren especial aprobación sino cuando vengan señaladas para determinados puntos, sin lo cual no puede juzgarse si son aceptables ó no al tenor del contrato.

» 5.º Devuélvanse los duplicados y publíquense el memorial del Sr. Gaulmin y la presente resolución. — El Ministro, — Rafael Reyes ».

Dios guarde á V.

Por S. S.ª el Ministro:

El Subsecretario,
RUPERTO FERREIRA.

N° 8.

RÉPUBLIQUE DE COLOMBIE	N° 429.
—	
POUVOIR EXÉCUTIF	1ʳᵉ Section.
MINISTÈRE DE FOMENTO	Direction des Travaux publics.

Bogota, 4 août 1888.

MONSIEUR JEAN GAULMIN,

J'ai le plaisir de porter à votre connaissance que la résolution suivante a été prise en réponse à votre requête remise le 25 juillet dernier:

MINISTÈRE DE FOMENTO. — *Bogota, 4 août 1888.* — En vue de la demande contenue dans la requête précédente. Il est résolu:

1º Sont approuvés provisoirement, les plans présentés par M. Gaulmin pour la première section de la ligne A, dont parle le contrat approuvé par la loi IVᵉ de 1886.

2º Étant de la plus grande importance que, tant le Concessionnaire que le Gouvernement soient pleinement convaincus que le tracé général du fleuve de la Madeleine à Bucaramanga soit choisi en toute impartialité, et en vue seulement de sa valeur intrinsèque, en comparaison avec les autres tracés qu'il serait possible de choisir; et la requête de M. Gaulmin, ne faisant pas ressortir ni qu'il ait fait le choix après avoir pesé les avantages et les inconvénients des différentes voies qu'il est possible de choisir, ni qu'il n'y a pas d'autre tracé possible, — il lui est demandé qu'il développe dans le sens indiqué les raisons qu'il fait valoir dans sa requête, étant entendu que, aux termes des dispositions de l'article 5 du contrat, on ne tiendra pas compte du temps nécessaire pour faire cette recherche, dans le délai qui lui est fixé pour commencer les travaux.

3º En conséquence de ce qui précède, et de ce que le Gouvernement désire que M. Gaulmin s'applique de préférence à l'achèvement de la ligne du Cauca, est réservée s'approbation définitive du projet qu'il a présenté pour commencer les travaux dans la première section de la ligne A, pour le moment où il présentera les études dont il est fait mention au paragraphe précédent.

4º Copie des paragraphes antérieurs de cette résolution sera inscrite sur les plans et profils qui ont été présentés, mais non sur les plans des travaux d'art, parce que ceux-ci n'ont besoin d'approbation spéciale qu'au moment où ils s'appliquent à des points déterminés, alors seulement il est possible de juger s'ils sont acceptables ou non, aux termes du contrat.

5º Les duplicata seront rendus, et la requête de M. Gaulmin sera publiée avec la présente résolution.

Le Ministre,
RAFAEL REYES.

Pour S. S. le Ministre:
Le Sous-Secrétaire,
RUPERTO FERREIRA.

III. — PIÈCES RELATIVES A L'INAUGURATION DES TRAVAUX

Nº 9.

L'original du nº 9 est en français, l'espagnol n'existe pas.

Nº 9.

Cali, 11 août 1888.

CHER MONSIEUR,

Retenu au lit par une infirmité due à mon voyage de Bogota à cette ville, et assez grave pour que Monsieur Garcer, médecin, ait reconnu comme présentant des dangers, d'aller, dans l'état où je suis jusqu'à Buenaventura où je dois me trouver avant le 17 courant, afin de commencer les travaux de la ligne de chemin de fer qui m'a été concédée allant du port de Buenaventura à la rivière Cauca, je viens vous prier de bien vouloir faire en mon lieu et place, les démarches nécessaires pour que les dits travaux soient commencés avant le 15 de ce mois.

Étant donné l'échange de vue que m'ont facilité divers entretiens avec Monsieur Miguel Guerrero S. et ce qui a été convenu entre lui et vous, vous n'avez qu'à prendre les ouvriers occupés actuellement par lui et de leur ordonner de continuer les travaux pour le compte du concessionnaire Juan Gaulmin.

Mais, si cette solution devait présenter des difficultés d'une nature quelconque, parce que la question de rachat de travaux exécutés par le Gouvernement colombien n'est pas encore réglée, vous appelleriez une dizaine de travailleurs auxquel vous fourniriez les outils indispensables, et, sur un point que Monsieur Guerrero ne refusera pas d'indiquer, vous procéderiez officiellement à l'inauguration des travaux, toujours au nom et pour compte du concessionnaire Juan Gaulmin. Puis, séance tenante, et en présence des personnes qui auront bien voulu assister à cet acte, vous en ferez, en langue castillane, dresser procès-verbal conformément à la minute ci-jointe.

Merci d'avance cher Monsieur, et croyez à la profonde reconnaissance de votre ami.

Signé :

J. GAULMIN.

P.-S.

Je vous remets inclus : 1º Le nº 6778 de *Diario Oficial* qui a publié la loi Iᵛᵉ de 1886 qui approuve mon contrat.

2º L'ordre, nº 422 du *Ministerio de Fomento* de commencer les travaux.

3º La minute (en français) du procès-verbal.

Autant de documents que je vous prie de me restituer aussitôt que les formalités de l'inauguration des travaux auront été remplies.

A Monsieur Benito Chapperon.

Cali.

Nº 10.

COMPAÑIA

DE LOS

FERROCARRILES DE COLOMBIA

—

Buenaventura, 1888, Agosto 13.

SEÑOR ADMINISTRADOR DEL FERROCARRIL DEL CAUCA,

PRESENTE.

Como apoderado del Sr. Juan Gaulmin, concesionario de este ferrocarril, quien ha quedado enfermo en Cali,

Nº 10.

COMPAGNIE

DES

CHEMINS DE FER COLOMBIENS

—

Buenaventura, 13 août 1888.

MONSIEUR L'ADMINISTRATEUR DU CHEMIN DE FER DU CAUCA.

Comme représentant de M. Jean Gaulmin, concessionnaire de ce chemin de fer, actuellement malade à Cali, comme vous le savez, et dont je vous remets la lettre-

como á V. le consta, y cuya carta-poder acompaño á V. en calidad de devolución ; aviso á V. que mañana organizaré los trabajos del ferrocarril en cumplimiento del contrato que tiene celebrado el Sr. Gaulmin para su efecto.

Siendo la línea adoptada por el concesionario y adoptada por el Gobierno, la misma sobre la cual tiene V. establecidos trabajos de construcción, y estos trabajos, lo mismo que la parte de ferrocarril construida y en explotación, son objeto del contrato que el concesionario va á celebrar con el Sr. Gobernador de este Departamento ; los trabajos que el Sr. Gaulmin me ha ordenado organice y empiece, debe ser en el extremo de la línea hasta donde llegan los trabajos que V. ha estado ejecutando, y serán por ahora trabajos de desmonte y desempalice, hasta tanto que dueño el Sr. Gaulmin del ferrocarril y sus anexidades, deberá encargarse de todos los trabajos que actualmente se ejecutan en este ferrocarril.

Me permito, pues, invitar á V. como representante oficial del Gobierno, en la empresa, para que se sirva concurrir á la instalación de dichos trabajos que tendrá lugar mañana antes de medio día.

Soy de V. att. S. S.

BENITO CHAPPERON.

Nº 11.

REPÚBLICA DE COLOMBIA

FERROCARRIL DEL CAUCA

Buenaventura, Agosto 13 de 1888.

SEÑOR D. BENITO CHAPPERON,

Presente.

Me he impuesto con satisfacción de su estimable de esta fecha, en la que se sirve comunicarme que mañana antes de medio día instalará los trabajos de este ferrocarril de acuerdo con el contrato del Sr. Gaulmin. Atendido el carácter de honorabilidad del Empresario, debo confiar en que esa instalación será el principio de la realización de las esperanzas que al país ha hecho concebir la celebración del contrato aludido.

Pienso como V. que los trabajos que V. organizará serán los de desmonte y desempalice de la línea adoptada por el concesionario y aprobada por el Gobierno.

Siéndome como me es conocido el deseo sincero y patriótico del Gobierno de ejecutar esta obra, me será gustoso cumplir las promesas del Gobierno al Sr. Gaulmin de darle las facilidades posibles para el cumplimiento de este contrato, con lo que satisfaré mis propios deseos y mi anhelo de que se construya este ferrocarril. Además: el Sr. Gobernador del Departamento me ha expresado iguales deseos á este respecto. En esta virtud proporcionaré á V. las herramientas necesarias, cuyo valor se tendrá en cuenta al celebrar el contrato de traspaso del ferrocaril al Concesionario, que éste habrá de celebrar con el Sr. Gobernador del Departamento.

Asistiré con gusto á la instalación á que me invita á fin de poder comunicar de ella al Gobierno.

Soy de V. atento y S. S.

MIGUEL GUERRERO S.

---

pouvoir, en vous demandant de me la retourner, je vous fais savoir que demain j'inaugurerai les travaux du chemin de fer, conformément au contrat que possède M. Gaulmin et pour le mettre à exécution.

La ligne adoptée par le Concessionnaire et approuvée par le Gouvernement étant la même que celle sur laquelle vous avez commencé les travaux de construction, et comme ces travaux, de même que la partie du chemin de fer construite et en exploitation font partie du contrat que le Concessionnaire va à passer avec M. le Gouverneur de ce département, les travaux que M. Gaulmin m'a donné l'ordre d'organiser et de commencer doivent être à l'extrémité de la ligne où arrivent les travaux exécutés par vous, et seront pour le moment des travaux d'abatage des arbres et d'essartage, jusqu'à ce que M. Gaulmin, maître du chemin de fer et de ses annexes, puisse se charger de tous les travaux qui s'exécutent sur cette ligne.

Je me permets donc de vous inviter, comme représentant officiel du Gouvernement dans cette entreprise, pour que vous veuilliez bien assister à l'inauguration des travaux qui aura lieu demain dans la matinée.

Je suis, etc.

BENOIT CHAPPERON.

Nº 11.

RÉPUBLIQUE DE COLOMBIE

CHEMIN DE FER DU CAUCA

Buenaventura, 13 août 1888.

MONSIEUR BENOIT CHAPPERON.

J'ai lu avec satisfaction votre estimée de cette date, dans laquelle vous voulez bien me communiquer que demain, dans la matinée, vous inaugurerez les travaux de ce chemin de fer en conformité du contrat de M. Gaulmin. Attendu l'honorabilité de caractère de l'entrepreneur, je dois compter que cette inauguration sera le commencement de la réalisation des espérances que la signature du contrat indiqué a fait naître dans le pays.

Je pense comme vous que les travaux que vous commencerez demain doivent être l'abatage des arbres et l'essartage de la ligne adoptée par le Concessionnaire et approuvée par le Gouvernement.

Etant connu le désir sincère et patriotique du Gouvernement d'exécuter ce travail, il me sera agréable, en accomplissement des promesses du Gouvernement à M. Gaulmin, de lui donner toutes les facilités possibles pour l'exécution de ce contrat, ce qui remplira mes ardents désirs personnels de voir construire ce chemin de fer. De plus, M. le Gouverneur du département m'a communiqué ses propres désirs sur ce sujet. En conséquence, je vous prêterai les outils nécessaires ; leur valeur entrera en compte au moment de discuter le contrat de cession au Cessionnaire, qui devra être passé avec M. le Gouverneur du département.

J'assisterai avec plaisir à l'inauguration à laquelle vous m'invitez pour que j'en puisse donner communication au Gouvernement.

Je suis, etc.

MIGUEL GUERRERO S.

Nº 12.

Papel sellado.

En el año de mil ochocientos ochenta y ocho de Nuestro Señor Jesucristo, hoy catorce de Agosto, conforme á las disposiciones del contrato celebrado el primero de Junio de mil ochocientos ochenta y seis, con el Gobierno y el Sr. Juan Gaulmin, aprobado por la ley IV de diez y siete de Agosto del mismo año, y en virtud de la autorización de S. S.ª el Ministro de Fomento en este campamento de « San Antonio », en la línea de los trabajos del ferrocarril, y en presencia del Sr. Prefecto de la Provincia, D. Primitivo Payán, del Sr. D. Aristides Barona, secretario de la Empresa del ferrocarril y el Sr. J. A Fierro, inspector de la primera sección del mismo comisionado al efecto por el Sr. Administrador general del ferrocarril, el D.ʳ Emiliano Henao, médico de la Empresa, Alberto Giraldo, inspector de los trabajos en construcción, el Sr. Tomás Sierra, inspector del camino de herradura, y el Sr. Joaquín Guerrero G., el Sr. D. Benito Chapperon, ciudadano francés, comisionado y mandado por el Sr. Juan Gaulmin concesionario organizó é instaló los trabajos en construcción con treinta y cinco trabajadores (35) divididos en dos cuadrillas cuyo número aumentará á cincuenta (50) sobre la línea adoptada por el concesionario y aprobada por el Gobierno, la cual parte del puerto de Buenaventura hasta el río Cauca.

Los trabajos se instalaron desde el sitio denominado « Piedra Piedra » en el kilómetro treinta y uno (31) que allí termina hasta cuyo punto llegan los trabajos ejecutados por cuenta de la Nación.

Los Sres. D.ʳ Miguel Guerrero S., Administrador general del ferrocarril, el Sr. Joaquín Vejarano, Administrador de la Aduana de Buenaventura, el Sr. Leonidas Garcés, Procurador del Circuito, y los Sres. Genaro Otero, Benito López, Luis Ortigosa y B. Ramón Menchaca y Juan de D. Guerrero invitados para la instalación de los trabajos no pudieron concurrir al expresado campamento de « San Antonio » por haberse quedado muy fatigados en el campamento de Santa Rosa medio kilómetro distante del de San Antonio.

ARISTIDES BARONA.
BENITO CHAPPERON.
E. HENAO M. D.
TOMÁS SIERRA.

JOSÉ A. FIERRO.
RAMON MENCHACA.
El Prefecto PRIMITIVO PAYÁN.
ALBERTO GIRALDO.
J. J. GUERRERO G.

Santa Rosa:

MIGUEL GUERRERO J.
El fiscal LEONIDAS GARCÉS.
J. DE D. GUERRERO.

JOAQUIN VEJARANO.
BENITO LÓPEZ.
GENARO OTERO.
L. ORTIGOSA.

Nº 12.

Papier timbré.

L'an mil huit cent quatre-vingt-huit de Notre-Seigneur Jésus-Christ, aujourd'hui quatorze août, conformément aux dispositions du contrat passé le premier juin de mil huit cent quatre-vingt-six entre le Gouvernement et M. Jean Gaulmin, approuvé par la loi IVᵉ du dix-sept août de la même année, et en vertu de l'autorisation de Sa Seigneurie M. le Ministre de Fomento, au campement de San Antonio sur la ligne des travaux du chemin de fer et en présence de M. le Préfet de la province, don Primitivo Payan, de M. le docteur Aristide Barona, secrétaire de l'entreprise du chemin de fer, de M. J.-A. Fierro, inspecteur de la première section du même chemin de fer, délégué à cet effet par M. l'Administrateur général du chemin de fer, de M. Emiliano Henao, médecin de l'entreprise, Albert Giraldo, inspecteur des travaux en construction, de M. Thomas Sierra, inspecteur du chemin de mulets, de M. Joaquin Guerrero ; — M. Benoît Chapperon, citoyen français commissionné et représentant du Concessionnaire, M. J. Gaulmin, a organisé et installé de construction avec trente-cinq (35) ouvriers divisés en deux brigades, dont le nombre sera porté à cinquante (50) sur la ligne adoptée par le Concessionnaire et approuvée par le Gouvernement, laquelle part du port de Buenaventura et arrive au rio Cauca.

Les travaux ont été installés au lieudit « Piedra-Piedra » au kilomètre trente et un (31) qui termine en ce point, et où s'arrêtent les travaux exécutés pour compte de la Nation.

MM. le docteur Miguel Guerrero, administrateur général du chemin de fer ; Joaquin Vejarano, administrateur de la douane de Buenaventura ; Léonidas Garces, procureur du district ; et MM. Genaro Otero, Benito Lopez, Luis Ortigosa, B. Ramon Menchaca et Juan de Dios Guerrero, invités à l'inauguration des travaux, n'ont pu arriver audit campement de San Antonio, pour s'être trouvés très fatigués au campement de Santa Rosa, demi-kilomètre avant le campement de San Antonio.

Le Préfet,
PRIMITIVO PAYAN.

Signé :

ARISTIDES BARONA.
BENITO CHAPPERON.
E. HENAO M. D.
TOMAS SIERRA.

JOSE A. FIERRO.
RAMON MENCHACA.
ALBERTO GIRALDO.
J. GUERRERO G.

Signé à Santa Rosa :

MENUEL GUERRERO J.
El fiscal, LEONIDAS GARCES.
JUAN DE DIOS GUERRERO.

JOAQUIN VEJARANO.
BENITO LOPEZ.
GENARO OTERO.
L. ORTIGOSA.

Nº 13.

Telegramas

Córdoba, Agosto 14/88.

SR. MINISTRO DE FOMENTO, BOGOTÁ.

Tengo la honra de avisar á su excelencia señor Rafael Reyes que conforme á la autorización de U.ª en fecha veintitrés (23) de Julio las trabajos han sido empezados obra la línea B, Buenaventura al río Cauca.

Nº 13.

Télégrammes.

Cordoba, 14 août 1888.

MONSIEUR LE MINISTRE DE FOMENTO

J'ai l'honneur d'aviser à Son Excellence Rafael Reyes que, conformément à l'autorisation de Sa Seigneurie en date du vingt-trois (23) juillet, les travaux ont été commencés sur la ligne B, de Buenaventura au rio Cauca.

Córdoba, Agosto 14/88.

Sr. D. Juan de Dios Ulloa, Gobernador del Departamento, Popayán.

Hoy ha tenido lugar por mi cuenta, según la autorización de S. E. el Sr. Ministro de Fomento, la inauguración de los trabajos sobre la línea de Buenaventura al río Cauca. Es con gran placer que tengo la honra de informarlo á Usía de quien solicito el permiso de felicitarme con todos los interesados.

Cordoba, 14 août 1888.

Monsieur Juan de Dios Ulloa, Gouverneur du département Popayan.

Aujourd'hui a eu lieu pour mon compte, en vertu de l'autorisation de Son Excellence M. le Ministre de Fomento, l'inauguration des travaux de la ligne de Buenaventura au rio Cauca. C'est avec grande satisfaction que j'ai l'honneur de l'informer à Votre Seigneurie, que je sollicite l'honneur de féliciter avec tous les intéressés.

Córdoba, Agosto 14/88.

Enrique Pinzón, Bogotá.

Los trabajos han sido inaugurados hoy sobre la línea de Buenaventura á Cali. Salúdolo.

Cordoba, 14 août 1888.

Monsieur Enrique Pinzon, Bogota.

Les travaux ont été commencés aujourd'hui sur la ligne de Buenaventura à Cali. Je vous salue.

Córdoba, Agosto 14/88.

Luis Carlos Rico, Fusagasugá.

Estoy satisfecho de poder anunciarle que inauguré hoy los trabajos de esta empresa. Suyo cordialmente.

Estos telegramas llevan la firma.

JUAN GAULMIN.

Cordoba, 14 août 1888.

Monsieur Luis Carlos Rico, Fusagasuga.

J'ai la satisfaction de pouvoir vous annoncer que j'ai inauguré aujourd'hui les travaux de cette entreprise. Bien à vous.

Ces télégrammes portent la signature Gaulmin.

N° 14.

REPÚBLICA DE COLOMBIA

TELEGRAFOS NACIONALES

Bogotá, 17 de Agosto de 1888.

Señor Juan Gaulmin, Cali, Buenaventura.

El Gobierno ha recibido y estima debidamente su telegrama de catorce. Salúdado.

El Ministro,
RAFAEL REYES.

Recibido hoy 19 á Cali,
J. LOSADA.

N° 14.

RÉPUBLIQUE DE COLOMBIE

TÉLÉGRAPHE DE LA NATION

Bogota, 17 août 1888.

Monsieur Jean Gaulmin, Cali ou Buenaventura.

Le Gouvernement a reçu et apprécie vivement votre télégramme. Je vous salue.

Le Ministre,
RAFAEL REYES.

Reçu le 19 à Cali.
J. LOSADA.

Nº 15.

Nº 15.

SEÑOR MINISTRO DE FOMENTO,

Como apoderado general del Sr. J. Gaulmin, tengo el honor de pener en conocimiento de S.S.ª que según telegrama de dicho señor fechado en Córdoba el 14 de los corrientes, ese día inauguraron los trabajos del ferrocarril sobre la línea de Buenaventura á Cali.

Respetuoso servidor de S.S.ª

Firmado : ENRIQUE PINZÓN.

Bogotá, Agosto 16 de 1888.

MONSIEUR LE MINISTRE DE FOMENTO.

Comme représentant général de M. J. Gaulmin, j'ai l'honneur de porter à la connaissance de Votre Seigneurie que, selon télégramme dudit, daté de Cordoba le 14 courant, on a inauguré ce jour les travaux du chemin de fer sur la ligne de Buenaventura à Cali.

Votre respectueux serviteur,

ENRIQUE PINZON.

Bogota, 16 août 1888.

Nº 16.

Nº 16.

REPÚBLICA DE COLOMBIA	Nº 452.
PODER EJECUTIVO	Sección 1ª.
MINISTERIO DE FOMENTO	Ramo de Ingeniería.

RÉPUBLIQUE DE COLOMBIE	Nº 452.
POUVOIR EXÉCUTIF	1ʳᵉ Section.
MINISTÈRE DE FOMENTO	Direction des Travaux publics.

Bogotá, 17 de Agosto de 1888.

SEÑOR D. ENRIQUE PINZÓN,

Presente.

Acuso á V. recibo de la atenta carta oficial de V. en que, como apoderado del Sr. Juan Gaulmin, se sirve comunicárme que el 14 de los corrientes se inauguraron los trabajos del ferrocarril sobre la línea de Buenaventura á Cali.

Dios guarde á V.

RAFAEL REYES.

Bogota, 17 août 1888.

MONSIEUR LE DOCTEUR ENRIQUE PINZON.

Je vous accuse réception de votre lettre officielle, dans laquelle, comme chargé de pouvoirs de M. Jean Gaulmin, vous voulez bien me communiquer que le 14 courant on a inauguré les travaux du chemin de fer sur la ligne de Buenaventura à Cali.

Dieu vous garde.

RAFAEL REYES.

Nº 17.

Nº 17.

REPÚBLICA DE COLOMBIA

TELEGRAFOS NACIONALES

Popayán, 16 de Agosto de 1858.

SEÑOR JUAN GAULMIN,

Buenaventura.

En nombre del pueblo caucano á cuya cabeza me cabe el honor de encontrarme, doy á V. mil gracias por la feliz nueva contenida en su telegrama del 14. Ojalá que la obra emprendida en ese día, tenga pronto feliz término; y en ese caso, cuente V. siempre con el reconocimiento de un pueblo noble y generoso.

JUAN DE D. ULLOA.

S. LOSADA.

RÉPUBLIQUE DE COLOMBIE

TÉLÉGRAPHE DE LA NATION

Popayan, 16 août 1888.

MONSIEUR JEAN GAULMIN, BUENAVENTURA.

Au nom du peuple du Cauca, à la tête duquel j'ai l'honneur de me trouver, je vous envoie tous les remerciements pour l'heureuse nouvelle contenue dans votre télégramme du 14. Plaise à Dieu que l'œuvre commencée ce jour ait promptement une heureuse conclusion, et en ce cas, comptez toujours sur la reconnaissance d'un peuple noble et généreux.

JUAN DE DIOS ULLOA.

SEÑOR GOBERNADOR DEL CAUCA,

Recibí su parte á Buenaventura, mil gracias. Llegué ayer, jueves seguiré para Popayán, para saludarlo y arreglar definitivamente cuestión ferrocarril.

Firmado : JUAN GAULMIN.

MONSIEUR LE GOUVERNEUR DU CAUCA.

J'ai reçu votre télégramme à Buenaventura. Mille remerciements. Je suis arrivé hier. Jeudi, je continuerai sur Popayan pour vous saluer et régler définitivement la question du chemin de fer.

J. GAULMIN.

IV. — PIÈCES RELATIVES AU RACHAT DE LA LIGNE DU CAUCA

Nᵒ 18.

Propuesta.

Yo, abajo firmado, Juan Gaulmin, concesionario de la línea del ferrocarril de Buenaventura al río Cauca, al tenor de lo dispuesto en el artículo 18 de la ley 4.ª de 1886, por la cual la concesión me fué acordada, propongo al señor Gobernador del Departamento del Cauca por la cesión íntegra, toma de posesión y disfrutos inmediatos conforme á las disposiciones de la ley especificada;

Del ferrocarril en explotación de Buenaventura á Córdoba en el estado que se encuentra hoy, de los trabajos hechos, del material que existe, lo mismo que de todas las dependencias de la línea mas allá de Córdoba;

Del todo lo que pertenece al ferrocarril, como terrenos, muelle, estaciones, casas, mobiliario, hospital y sus anexidades, talleres con sus máquinas y útiles, carpintería, etc.;

De todo el material rodante: locomotoras, velocípedos, carros de mano, carros de pasajeros y de mercancías *trucks;*

De todos los útiles que posea la Empresa;

De todo el material de cambio y del material de construcción de la línea, rieles, maderas, etc., que posea la Empresa, en camino, en depósitos á Buenaventura ó sobre la línea;

De todo lo que existe en los almacenes y depósitos del ferrocarril;

De los instrumentos de ingeniería y otros objetos al uso de los ingenieros, de los útiles de escritorio, mobiliario, etc.;

En una palabra de todo lo que pertenece á la Empresa del ferrocarril del Cauca de cualquier naturaleza que sea;

Bajo la condición expresa que los trabajos de consolidación del puente de « El Piñal », visto su naturaleza especial, serán continuados y concluidos por cuenta del que los empezó.

Y que será permitido al concesionario ó á la Compañía por él organizada, por una ley, construir la línea hasta su término de una mancha que tiene la parte construida.

El todo libre de hipotecas, ú « onus », ó cargo de ninguna clase por la suma de *cuatro millones de francos* (4,000,000 de francos) pagaderos en títulos de la Compañía organizada por el concesionario, ganando *siete por ciento* (7 0/0) de interés al año, garantizado por el Gobierno Nacional de Colombia como lo está expresado en el artículo 4.º de la ley 4.ª de 1886.

Los intereses de esa suma empezarán á correr para el Gobierno del Departamento, cuando la línea funcione del puerto de Buenaventura al río Cauca.

El concesionario, sin indemnización, ni pago de ninguna clase, podrá utilizar donde le convenga el camino de herradura ya hecho, para establecer la línea por construir.

Las cuestiones de interés ó administrativas ó cualquiera otra que podría existir ó subjerir entre el Gobierno del Departamento y el Gobierno Nacional respecto á esta cesión, serán arregladas entre los dos Gobiernos, el concesionario no estando obligado sino al pago de la suma de cuatro millones de francos ya mencionada.

Popayán, 28 de Agosto de 1888.

J. GAULMIN.

Nᵒ 18.

Proposition :

Le soussigné Jean Gaulmin, concessionnaire de la ligne du chemin de fer de Buenaventura à la rivière Cauca, en vue de l'article 18 de la loi IVᵉ de 1886, qui m'a accordé la concession, propose à M. le Gouverneur du département du Cauca de me faire la cession intégrale, prise de possession et jouissance immédiate, conformément aux dispositions de la dite loi :

Du chemin de fer en exploitation de Buenaventura à Cordoue, en l'état où elle se trouve aujourd'hui, des travaux faits, du matériel existant, en même temps que de toutes les dépendances de la ligne, au delà de Cordoue;

De tout ce qui appartient au chemin de fer, terrains, quais, stations, maisons, mobilier, hôpital et ses annexes, ateliers avec machines et outillage, atelier de charpente, etc.

De tout le matériel roulant, locomotives, vélocipèdes, wagonnets à main, voitures à voyageurs, wagons à marchandises, *trucks.*

De tout l'outillage que possède la Compagnie.

De tout le matériel de rechange, du matériel de construction de la ligne, rails, bois, etc., que possède l'entreprise, soit expédié, soit en dépôt à Buenaventura, soit sur la ligne.

De tout ce qui existe en magasin et dans les dépôts du chemin de fer.

Des instruments et autres objets à l'usage des ingénieurs, le matériel de bureau, mobilier, etc.

En un mot de tout ce qui appartient à l'entreprise du chemin de fer du Cauca, de quelque nature que ce soit.

Sous la condition expresse que les travaux de consolidation de « El Piñal », vu leur nature spéciale, soient continués et achevés pour le compte de celui qui les a entrepris.

Et qu'il soit permis par une loi au concessionnaire ou à la Compagnie organisée par lui de construire la ligne jusqu'à son extrémité à la largeur adoptée par la partie construite.

Le tout libre d'hypothèques ou charges *(onus)*, de quelque nature que ce soit, pour la somme des quatre millions de francs (4,000,000), payables en titres de la Compagnie organisée par le Concessionnaire, produisant un intérêt de 7 0/0 sept pour cent par an, garanti par le Gouvernement national de Colombie, comme il est dit à l'article 4 de la loi IVᵉ de 1886.

Les intérêts de cette somme commenceront à courir pour le Gouvernement du département, quand la ligne sera en exploitation du port de Buenaventura au río Cauca.

Le Concessionnaire, sans indemnité ni paiement d'aucune sorte, pourra employer comme il lui conviendra, le chemin de mulets déjà construit pour la construction de la ligne.

Les questions d'intérêt, administratives, ou de quelque nature que ce soit, qui pourraient exister ou naître entre le Gouvernement du département et le Gouvernement national ayant trait à cette cession, seront ventilées entre les deux Gouvernements, le Concessionnaire n'étant obligé qu'au payement de la somme des quatre millions de francs déjà spécifiés.

Popayán, 28 août 1888.　　　J. GAULMIN.

N° 19.

SEÑOR GOBERNADOR DEL DEPARTAMENTO DEL CAUCA.

MUY ESTIMABLE SEÑOR,

Conforme al deseo que me manifestó, tengo el honor de remitir á V. incluso las condiciones, con las que podría aceptar la cesión de todo lo que pertenece á la Empresa del Ferrocarril del Cauca.

Agradecería que esas condiciones fueran acogidas favorablemente por el Gobierno del Departamento que V. representa y confío que me comunique lo más pronto posible su contestación.

Hágame, Señor, el favor de aceptar la expresión de mi alta consideración.

Popayán, Agosto 28 de 1883.

Firmado : J. GAULMIN.

N° 20.

REPÚBLICA DE COLOMBIA
—
GOBERNACION
DEL
DEPARTAMENTO DEL CAUCA
—

Popayán, 29 de Agosto de 1888.

SEÑOR JUAN GAULMIN,

PRESENTE.

Al memorial elevado á esta Gobernación, por V. de 28 del presente, ha recaído la siguiente resolución:

« Considerando que el señor Juan Gaulmin ofrece pagar la parte de ferrocarril construida en Buenaventura, con títulos de una Compañía, de cuya organización formal no tiene conocimiento el Gobierno del Departamento, se resuelve: No acceder, por ahora, á la propuesta que hace el señor Gaulmin, pero se tomará ella en consideración cuando el concesionario haya llevado el ferrocarril citado al punto denominado Juntas. »

La que tengo el honor de comunicar á V. para su conocimiento.

Dios guarde á V.

JUAN DE D. ULLOA.

N° 21.

Juan de Dios Ulloa, Gobernador del Departamento del Cauca, plenamente autorizado por S. S.ª el Ministro de Fomento en su telegrama de 11 de Junio del corriente año, y Juan Gaulmin, concesionario de la línea del ferrocarril de Buenaventura al río Cauca, al tenor de lo dispuesto en el artículo 18 de la ley 4.ª de 1886, y oídas previamente las diversas opiniones de la Junta establecida por Decreto de la Gobernación número 102 de 28 de Julio último, hemos celebrado el siguiente contrato:

El Gobierno del Departamento da en venta al señor Gaulmin las obras y efectos que pasan á expresarse:

1.º La parte de ferrocarril construida y en explotación de Buenaventura á Córdoba, en el estado en que hoy se encuentra, los trabajos ejecutados y los materiales que allí existen, lo mismo que todas las dependencias de la línea del citado ferrocarril mas allá de Córdoba;

2.º Todo lo que es de la pertenencia del expresado ferrocarril, como son terrenos, muelle, estaciones, casas, mobiliario, hospital y su anexidades, talleres con sus máquinas y útiles, carpintería, etc.;

N° 19.

Popayán, 28 août 1888.

MONSIEUR,

Conformément au désir que vous avez exprimé, j'ai l'honneur de vous remettre ci-jointes les conditions auxquelles je pourrais accepter la cession de tout ce qui appartient à la « Empresa del Ferrocarril del Cauca ».

Je serais aise que ces conditions fussent agréées par le Gouvernement du département du Cauca, et ose espérer que vous daignerez me faire connaître sans retard votre réponse.

Agréez, Monsieur, je vous prie, l'expression de ma haute considération.   J. GAULMIN.

A Monsieur J. DE D. ULLOA,
Gouverneur du département du Cauca,
Popayan.

N° 20.

RÉPUBLIQUE DE COLOMBIE
—
GOUVERNEMENT
DU
DÉPARTEMENT DU CAUCA
—

Popayán, 29 août 1888.

Monsieur Jean Gaulmin,

Il a été pris la résolution suivante à la requête présentée par vous le 28 courant :

Considérant que M. Jean Gaulmin offre de payer la partie du chemin de fer construit à Buenaventura, avec des titres d'une Compagnie, dont le Gouvernement du département ne connaît pas encore l'organisation,

Il est résolu:

De ne pas accepter, pour le moment, la proposition que fait M. Gaulmin, mais elle sera prise en considération quand le Concessionnaire aura terminé le chemin de fer susdit, jusqu'au lieu dit « Juntas ».

Ce que j'ai l'honneur de porter à votre connaissance.

Dieu vous garde,

JUAN DE D. ULLOA.

N° 21.

Juan de Dios Ulloa, gouverneur du département du Cauca, pleinement autorisé par S. S. le ministre de Fomento, en vertu de son télégramme du 11 juin de la présente année, et Jean Gaulmin, concessionnaire de la ligne du chemin de fer de Buenaventura au rio Cauca, en vertu de ce qui est spécifié à l'article 18 de la loi IVe de 1886, après avoir entendu les diverses opinions émises par la Commission établie par décret du Gouvernement, n° 102 du 28 juillet dernier, avons fait le contrat suivant :

Le Gouvernement du département vend à M. Gaulmin es travaux et effets ci-dessous indiqués :

1º La partie du chemin de fer construite, et en exploitation de Buenaventura à Cordoba, en l'état où elle se trouve, les travaux exécutés, les matériaux qui s'y trouvent, ainsi que toutes les dépendances dudit chemin de fer au delà de Cordoba.

2º Tout ce qui est la propriété dudit chemin de fer, comme terrains, quais, stations, bâtiments, mobilier, hôpital et ses annexes, ateliers avec machines et outillage, atelier de charpente, etc.

3.º Todo el material rodante, locomotoras, velocípedos, carros de mano, carros de pasajeros y de mercancías, trucks, etc.;

4.º Todo el material de cambio y de construcción de la línea, como rieles, madera, etc., que tenga la empresa en camino, en depósito en Buenaventura ó sobre la línea;

6.º Todo lo que existe en los almacenes y depósitos del ferrocarril;

7.º Los instrumentos de ingeniería y otros objetos al uso de los ingenieros, los útiles de escritorio, mobiliario, etc.;

8.º En fin, todo lo que pertenece á la empresa del ferrocarril del Cauca de cualquiera naturaleza que sea.

Todo lo que acaba de relacionarse en los puntos anteriores está libre de hipoteca y gravamen de toda especie, y lo entrega inmediata y formalmente el Gobierno del Departamento al Sr. Juan Gaulmin, para que tome posesión de ello, y entre desde luego en su goce y disfrute.

Es de advertir, que los trabajos de consolidación del puente de « El Piñal », vista su naturaleza especial, serán continuados y concluidos por cuenta del que los empezó; y que será permitido al concesionario ó á la Compañía por él organizada, si por ley especial así se dispone, construir la línea hasta su término del mismo ancho que tiene la parte construida, y si tal ley no se expide, no tendrá efecto este contrato.

El Sr. Juan Gaulmin se compromete por su parte y de una manera solemne, á pagar por todo lo que se le da en venta, según la exposición anterior, la suma de cuatro millones de francos (4,000,000) en acciones ó títulos de la Compañía organizada formal y convenientemente, y cuyos títulos serán autenticados á satisfacción por el Ministro de Colombia residente en París. De los citados cuatro millones dos empezarán á ganar el interés anual de 7 0/0 cuando el Gobierno Nacional principie á pagar al concesionario la garantía á que se refiere el artículo 4.º de la ley 4.ª de 1886, y los otros dos millones devengarán igual interés cuando el ferrocarril llegue al río Cauca.

El concesionario se compromete también :

1.º A no retirar un solo centavo de lo que produzca el ferrocarril, y á emplear esto en beneficio de la parte que se le entrega construida ó en su conservación y mejora;

2.º A ceder al Departamento la herramienta suficiente para doscientos peones, luego que el concesionario mande de Europa la necesaria para la continuación de la obra del ferrocarril;

3.º A no modificar la tarifa actual del ferrocarril que se le enajena sino de acuerdo con el Gobierno Nacional;

4.º A no dejar interrumpir el tráfico del ferrocarril ni del camino de herradura, de acuerdo con el artículo 32 de la mencionada ley 4.ª, bien entendido que el concesionario se sujetará á lo dispuesto en el citado artículo, con relación al camino de herradura, cuando la interrupción provenga por culpa del concesionario;

5.º A verificar el pago al Gobierno del Departamento de los cuatro millones de francos de su contrato, en el modo y términos que se han estipulado, dentro del plazo de ocho meses, contado desde la fecha de la aprobación de este contrato por el Supremo Gobierno; bien entendido que si en esa época el concesionario no hubiere cumplido las obligaciones que tiene contraídas por la prenotada ley 4.ª el ferrocarril que se le enajena volverá al poder del Departamento con todo lo que se le entrega, en el mismo estado en

3º Tout le matériel roulant : locomotives, vélocipèdes, wagonnets à main, voitures à voyageurs, wagons à marchandises, trucks, etc.

4º Tout le matériel de rechange et de construction de la ligne comme rails, bois etc., que l'entreprise possède, soit expédié, soit en dépôt à Buenaventura ou sur la ligne.

5º Tout ce qui existe dans les magasins et dépôts du chemin de fer.

6º Les instruments et autres objets à l'usage des Ingénieurs, le matériel de bureau, le mobilier, etc.

7º Enfin tout ce qui appartient à l'entreprise du chemin de fer du Cauca, de quelque nature que ce soit.

Tout ce dont il est question ci-dessus est libre d'hypothèques et de charges quelconques et la livraison immédiate et en due forme en sera faite par le Gouvernement du département à M. Jean Gaulmin, pour qu'il en prenne possession et entre dès à présent en jouissance.

Il y a lieu de remarquer que les travaux de consolidation du pont de « El Piñal », en vue de leur nature spéciale, seront continués et terminés pour compte de celui qui les a commencés et qu'il sera permis au Concessionnaire ou à la Compagnie qu'il organisera, si une loi spéciale l'accorde, de construire la ligne jusqu'à son extrémité à la largeur donnée à la partie déjà construite, et si cette loi n'est pas votée, ledit contrat n'aura pas d'effet.

M. Jean Gaulmin s'engage, de son côté, d'une manière solennelle, à payer pour tout ce qui fait partie de cette vente compris dans la spécification ci-dessus, la somme de quatre millions de francs (4,000,000) en actions ou titres de la Compagnie organisée en bonne et due forme, et dont les titres auront une authenticité reconnue par le ministre de Colombie, à Paris. Desdits quatre millions, deux commenceront à toucher un intérêt à 7 0/0 par an, lorsque le Gouvernement central commencera à payer au concessionnaire la garantie stipulée à l'article 4 de la loi IVe de 1886, et les deux autres millions produiront un égal intérêt quand le chemin de fer arrivera au río Cauca.

Le concessionnaire s'oblige en outre :

1º A ne pas retirer un centime de ce que produira le chemin de fer, et à l'employer au bénéfice de la partie qui lui sera livrée construite, ou à son entretien ou à amélioration.

2º A céder au département les outils nécessaires à deux cents ouvriers, dès que le Concessionnaire recevra d'Europe ceux qui lui seront nécessaires pour la continuation des travaux.

3º A ne pas changer le tarif actuel du chemin de fer qui lui est livré, sinon d'accord avec le Gouvernement national.

4º A ne pas laisser interrompre le trafic du chemin de fer, ni du chemin à mulets, conformément à l'article 32 de ladite loi IVe, étant bien entendu que le concessionnaire se soumettra à ce qui est indiqué dans cet article au sujet du chemin de mulets quand l'interruption proviendra de la faute du Concessionnaire.

5º A faire le payement au Gouvernement du département de quatre millions de francs de son contrat, de la manière et aux termes stipulés, dans les délais de huit mois, comptés depuis la date de l'approbation de ce contrat par le Gouvernement suprême, étant bien entendu que si le concessionnaire n'avait pas rempli les obligations qu'il a contractées par la loi IVe déjà citée, le chemin de fer qui lui est livré reviendra en la possession du département

que el concesionario lo recibe, y además con todo lo que el mismo concesionario haya hecho ó construído de Córdoba para Cali.

El concesionario, sin pago ni indemnización de ninguna especie, podrá utilizar, donde le convenga, el camino de herradura ya hecho para establecer la línea por construir.

Las cuestiones de interés ó administrativas ó cualquiera otras que podrían existir ó sobrevenir entre el Gobierno del Departamento y el de la Nación, respecto á la cesión de que trata este contrato, serán arregladas entre los dos aludidos Gobiernos; y el concesionario está obligado, en todo caso, solamente al pago de la suma de los enunciados cuatro millones de francos.

Este contrato no se llevará á efecto sin la aprobación del Supremo Gobierno.

Y firmamos dos de un tenor en Popayán á treinta y uno de Agosto de mil ochocientes ochenta y ocho.

JUAN DE D. ULLOA.

J. GAULMIN.

avec tout ce qui lui est livré, dans le même état que le concessionnaire le reçoit et en plus avec tout ce que le Concessionnaire aurait fait et construit de Cordoba à Cali.

Le Concessionnaire pourra utiliser comme il lui conviendra, sans redevances ni indemnité d'aucune sorte, le chemin à mulets déjà fait pour établir la ligne à construire.

Les questions d'intérêt, d'administration ou de toute autre nature qui pourraient exister ou survenir entre le Gouvernement du département et celui de la Nation, au sujet de la cession stipulée à ce contrat, seront arrangées entre les deux Gouvernements en question, et le Concessionnaire n'est obligé, en tous cas, que seulement au payement des quatre millions de francs indiqués.

Ce contrat n'aura d'effet qu'après l'approbation du Gouvernement.

Signé en double expédition à Popayan le trente et un août mil huit cent quatre-vingt-huit.

JUAN DE DIOS ULLOA.

J. GAULMIN.

V. — PIÈCES RELATIVES AU REFUS D'APPROBATION DU RACHAT

Nº 22.

REPUBLICA DE COLOMBIA   Nº 497.

PODER EJECUTIVO   Sección 1ª.

MINISTERIO DE FOMENTO   Ramo de Ingeniería.

Bogotá, 26 de Septiembre de 1888.

SEÑOR JUAN GAULMIN,   Presente.

El señor Gobernador del Departamento del Cauca ha enviado á este Ministerio con nota fecha 5 de los corrientes n.º 227 el contrato celebrado con V. sobre compra-venta del ferrocarril del Cauca, y en vista de dichos documentos se ha dictado la siguiente resolución:

Examinado el contrato de venta del ferrocarril del Cauca, celebrado entre el Gobernador de aquel Departamento y el señor Juan Gaulmin, resulta que éste da por dicho ferrocarril la suma de cuatro millones de francos en bonos del ferrocarril de la línea B de que trata el contrato aprobado por la ley 4.ª de 1886, y que por la mitad de esta suma paga el interés del 7 0/0 cuando el Gobierno Nacional comience á pagar al señor Gaulmin ó á la Compañía que organice la garantía de 7 0/0 conforme al citado contrato y por la otra mitad no comienza á pagar interés sino cuando el ferrocarril llegue al río Cauca.

Según el informe del Administrador del ferrocarril de Buenaventura, hay:

Nº 22.

RÉPUBLIQUE DE COLOMBIE   Nº 497.

POUVOIR EXÉCUTIF   1re Section.

MINISTÈRE DE FOMENTO   Direction des Travaux publics.

Bogota, 26 septembre 1888.

M. JEAN GAULMIN,   En ville.

M. le Gouverneur du département du Cauca a envoyé a mon Ministère avec une note datée du 5 courant nº 227, le contrat passé avec vous au sujet de la cession du chemin de fer du Cauca, et au sujet desdits documents, il a été pris la résolution suivante:

De l'examen du contrat de vente du chemin de fer du Cauca, passé entre le Gouverneur du département et M. Jean Gaulmin, il résulte que celui-ci donne pour ce chemin de fer la somme de quatre millions de francs en actions du chemin de fer de la ligne B dont parle le contrat approuvé par la loi IVe de 1886 et que pour la moitié de cette somme il paye l'intérêt de 7 0/0 quand le Gouvernement National commencera à payer à M. Gaulmin ou à la Compagnie qu'il organisera la garantie de 7 0/0 conformément audit contrat, et pour l'autre moitié, il ne commencera à payer intérêt qu'après que le chemin de fer sera arrivé au río Cauca.

D'après le rapport de l'administration du chemin de fer de Buenaventura il y a:

0 kilómetros de vía en explotación;

6 kilómetros en rieles, todo lo cual suma:

26 kilómetros que pueden computarse al precio estipulado en el contrato aprobado por la citada Ley 4.ª de 1886 y valen 26 × Fr. 210,000. Fr.   5.460.000

7 kilómetros de calzada que pueden computarse á Fr. 50.000 cada uno 350.000

33 kilómetros . . . . suman Fr.   5.810.000
El señor Gaulmin da por ellos. 4.000.000

Diferencia que pierde el Gobierno. . . . Fr.   1.810.000

En cuanto á intereses, el Gobierno tendrá que pagar al Sr. Gaulmin el 7 0/0 sobre Fr. 5,810,000 ó sea anualmente la suma de. . . . . Fr.   406.700
El Señor Gaulmin pagará 7 0/0 sobre Fr. 2.000.000 mientras el ferrocarril llegue al Cauca ó sean. . . . . Fr.   140.000

Pérdida anual para el Gobierno . . . . Fr.   266.700

Resulta pues, que conforme al citado contrato, el Gobierno pierde del valor del ferrocarril la suma de francos 1,810,000, ó dado el cambio del 100 0/0 en pesos 724.000. Y anualmente por intereses hasta que el ferrocarril llegue al río Cauca, época en que el Sr. Gaulmin empezará á pagar intereses sobre los francos 4,000,000 computando á la misma rata $ 106,680.

A las consideraciones expuestas hay que agregar la de que es base del citado contrato no poder llevarse á efecto mientras no se expida una ley permitiendo al concesionario Sr. Gaulmin, cambiar la vía de un metro por la de una yarda, que es la que tiene el ferrocarril de Bucaramanga, y esta ley no se ha expedido.

Por estas razones el Gobierno,

Resuelve :

No se aprueba el contrato celebrado por el Sr. Gobernador del Departamento del Cauca con el Sr. Juan Gaulmin con fecha 31 de Agosto de 1888, sobre compra-venta del ferrocarril del Cauca.

Comuníquese esta resolución á cada una de las partes contratantes y publíquese. »

La trascribo á V. para su conocimiento y demás fines.

Dios guarde á V.

RAFAEL REYES.

<hr>

Nº **23.**

SEÑOR MINISTRO DE FOMENTO,

No habiendo sido aprobado el contrato de compra-venta del ferrocarril del Cauca, que celebré con el Sr. Gobernador del Departamento, no me conviene continuar los trabajos en el extremo de ese trayecto sino en el caso de que un nuevo contrato de compra-venta se celebre conmigo; pues de lo contrario debo empezar los trabajos en el puerto de Buenaventura y seguir una línea paralela á la que existe.

Por esta razón y en la esperanza de llegar pronto á un arreglo con el Gobierno sobre el particular, propongo res-

<hr>

20 kilomètres de voie en exploitation.

6 . — de rails, ce qui ensemble donne :

26 kilomètres qui peuvent s'estimer dans le contrat approuvé par la loi IVe de 1886 et valent :
26 × 210,000 francs . . . . . . Fr.   5.460.000

7 kilomètres de chaussée qui peuvent s'évaluer à 50,000 francs chaque. . . Fr.   350.000

33 kilomètres qui donnent une somme de . Fr.   5.810.000
M. Gaulmin donne pour ce trajet. 4.000.000

Différence que perd le Gouvernement . Fr.   1.810.000

Quant aux intérêts, le Gouvernement devra payer à M. Gaulmin le 7 0/0 sur 5,810,000 francs ou soit annuellement la somme de. . . . . Fr.   406.700
M. Gaulmin payera 7 0/0 sur 2,000,000 jusqu'à ce que le chemin arrive au Cauca, soit. . . . . Fr.   140.000

Perte annuelle pour le Gouvernement. Fr.   266.700

Il résulte donc que, aux termes de ce contrat, le Gouvernement perd sur la valeur du chemin de fer la somme de 1,810,000 francs ou à la valeur du change 100 0/0, 724,000 $, et annuellement pour intérêts jusqu'à ce que le chemin de fer arrive au Cauca, époque à laquelle M. Gaulmin commencera à payer les intérêts sur les 4,000,000 de francs en faisant l'évaluation sur le même taux $ 106,680.

Aux précédentes considérations il faut ajouter que ce qui fait la base du contrat précédent, ne pourrait avoir d'effet avant la promulgation d'une loi autorisant le Concessionnaire, M. Gaulmin, à changer la voie d'un mètre pour celle d'un yard, qui est la voie du chemin de fer de Bucaramanga, et cette loi n'a pas été rendue.

Pour ces raisons, le Gouvernement

Résout :

Le contrat passé par M. le Gouverneur du département du Cauca avec M. Jean Gaulmin en date du 31 août 1888 au sujet de la cession du chemin de fer du Cauca n'est pas approuvé.

Cette résolution sera communiquée à chacun des intéressés et publiée.

Ce que je vous fais savoir pour votre gouverne et autres fins.

Dieu vous garde.

RAFAEL REYER.

<hr>

Nº **23.**

MONSIEUR LE MINISTRE DE FOMENTO,

Le contrat de rachat du trajet construit du chemin de fer du Cauca que j'ai passé avec M. le Gouverneur de ce département n'ayant pas été approuvé, je ne puis continuer les travaux en prolongement de ce trajet, à moins qu'un autre contrat de cession n'ait été fait par moi; en effet, à son défaut, il me faudra commencer les travaux au port de Buenaventura et suivre une ligne parallèle à celle déjà construite.

Par cette raison, et dans l'espérance d'arriver promptement à un accord avec le Gouvernement sur cette question,

petuosamente que se me autorice para suspender los trabajos mientras tienen solución las negociaciones pendientes con relación al trayecto ya construido.

Con toda consideración me suscribo de S. S.ᵃ servidor obsecuente,

Firmado : J. G.

Bogotá, Octubre 11 de 1888.

je demande respectueusement l'autorisation de suspendre les travaux jusqu'à ce que les négociations entamées au sujet du trajet déjà construit aient reçu une solution.

Je suis, etc.

JEAN GAULMIN.

Bogota, 11 octobre 1888.

N° 24.

REPÚBLICA DE COLOMBIA	N° 520.
PODER EJECUTIVO	Sección 1ª.
MINISTERIO DE FOMENTO	Ramo de Ingeniería.

Bogotá, 17 de Octubre de 1888.

Sr. D. JUAN GAULMIN, PRESENTE,

Se ha recibido en este Despacho la solicitud elevada por V. con fecha 11 de los corrientes, sobre suspensión de los trabajos de la obra del ferrocarril del Cauca; y en respuesta manifiesto á V. que no estando autorizado el Gobierno para modificar en ningún sentido el contrato aprobado por la Ley 4.ª de 1886 como resultaría al conceder la suspensión solicitada, se abstiene de considerar el asunto, pudiendo V. hacer uso de las autorizaciones que á este respecto el mismo contrato le concede.

Dios guarde á V.

RAFAEL REYES.

N° 24.

RÉPUBLIQUE DE COLOMBIE	N° 520.
POUVOIR EXÉCUTIF	1ʳᵉ Section.
MINISTÈRE DE FOMENTO	Direction des Travaux publics.

Bogota, 17 octobre 1888.

MONSIEUR JEAN GAULMIN,

On a reçu dans nos bureaux la demande adressée par vous le 11 courant pour la suspension des travaux du chemin de fer du Cauca, et en réponse je vous déclare que le Gouvernement, n'étant pas autorisé à modifier en aucune manière le contrat approuvé par la loi IVᵉ de 1886, ce qui serait la conséquence de la suspension que vous sollicitez, s'abstient de prendre une décision dans cette affaire. Vous pouvez faire usage des facilités que le contrat lui-même vous donne à cet effet.

Dieu vous garde.

RAFAEL REYES.

N° 25.

SEÑOR MINISTRO DE FOMENTO,

Me he impuesto de la comunicación de S. S.ᵃ número 520 de la Sección 1.ª fecha 17 de los corrientes, en la cual me manifiesta en respuesta á mi memorial del 11 anterior, que el Gobierno no se cree autorizado para permitirme suspender temporalmente los trabajos de construcción del ferrocarril del Cauca.

Mi privilegio no caduca, según el artículo 52 del contrato sino en dos casos de los cuales el 2.° es el abandono de la construcción ó de la explotación por más de seis meses consecutivos. Fundado en esta estipulación y para esperar un arreglo con el Gobierno relativamente á la propiedad del trayecto de línea férrea que existe entre Buenaventura y Córdoba, he determinado telegrafiar el Sr. Benito Chapperon, mi representante, para suspender por algunos días los trabajos establecidos por mí, y que llegarían á ser completamente inútiles si no sobreviniera un acuerdo con el Gobierno sobre la propiedad en referencia ó sobre la anchura de la vía.

Con sentimientos de consideración distinguida me suscribo de S. S.ᵃ servidor obsecuente.

J. GAULMIN.

Bogotá, 19 de Octubre de 1888.

N° 25.

MONSIEUR LE MINISTRE DE FOMENTO,

J'ai pris connaissance de la communication de V. S. n° 520 1ʳᵉ section, en date du 17 courant, par laquelle vous me faites savoir, en réponse à mon mémoire du 11 antérieur, que le Gouvernement ne se croit pas autorisé à me permettre de suspendre les travaux de construction du chemin de fer du Cauca, mais que je puis faire usage des facilités que ce même contrat m'accorde à cet effet.

Mon privilège ne tombe pas, d'après l'article 52 du contrat, sinon en deux cas dont le second est l'abandon de la construction ou de l'exploitation pendant plus de six mois consécutifs. En m'appuyant sur cette stipulation et pour me permettre d'attendre un arrangement avec le Gouvernement, relatif à la propriété du trajet de voie ferrée qui existe entre Buenaventura et Cordoba, j'ai résolu de télégraphier à M. Benoît Chapperon, mon représentant, pour suspendre pendant quelques jours les travaux commencés par moi qui deviendraient complètement inutiles s'il ne survenait pas un accord avec le Gouvernement, au sujet de la propriété indiquée ou sur la largeur de la voie.

Je suis, etc.

JEAN GAULMIN.

Bogota, 19 octobre 1888.

VI. — PIÈCES RELATIVES A LA REPRISE DES TRAVAUX, A LA DÉCHÉANCE, ET PROTESTATIONS

Nº 26.

REPUBLICA DE COLOMBIA

DIARIO OFFICIAL

AÑO XXV. BOGOTÁ, SÁBADO 6 DE ABRIL. Nº 7758

MEMORIAL DEL SR. JUAN GAULMIN RELATIVO AL CONTRATO DE 1º DE JUNIO DE 1886, SOBRE CONSTRUCCIÓN DE VARIAS VÍAS FÉRREAS, Y RESOLUCIÓN.

Sr. Ministro de Fomento :

En memorial de 11 de Octubre de 1888 manifesté á S. S.ª lo siguiente :

« No habiendo sido aprobado el contrato de compraventa del trayecto construido del Ferrocarril del Cauca, que celebré con el Sr. Gobernador de ese Departamento no me conviene continuar los trabajos en el extremo de ese trayecto, sino en el caso de que un nuevo contrato de compra-venta se celebre conmigo ; pues de lo contrario debo empezar los trabajos en el puerto de Buenaventura y seguir una línea paralela á la que existe.

« Por esta razón y en la esperanza de llegar pronto á un arreglo con el Gobierno sobre el particular, propongo respetuosamente que se me autorice para suspender los trabajos mientras tienen solución las negociaciones pendientes con relación al trayecto ya construido. »

S. S.ª tuvo á bien contestarme en un oficio de 17 de Octubre, marcado con el número 520, de la Sección 1ª., lo que paso á copiar :

« Se ha recibido en este Despacho la solicitud elevada por V. con fecha 11 de los corrientes, sobre suspensión de los trabajos de la obra del Ferrocarril del Cauca ; y en respuesta manifiesto á V. que no estando autorizado el Gobierno para modificar en ningún sentido el contrato aprobado por la ley 4.ª de 1886, como resultaría al conceder la suspensión solicitada, se abstiene de considerar el asunto, pudiendo V. hacer uso de las autorizaciones que á este respecto el mismo contrato le concede. »

En vista de la insinuación de S. S.ª para que hiciera uso de las autorizaciones que para la suspensión de los trabajos acuerda el contrato, le envié el 19 de Octubre subsiguiente un memorial en estos términos :

« Me he impuesto en la comunicación de S. S.ª número 52 de la Sección 1.ª, fecha 17 de los corrientes, en la cual me manifiesta, en respuesta á mi memorial del 11 anterior, que el Gobierno no se cree autorizado para permitirme suspender los trabajos de construcción del Ferrocarril del Cauca ; pero que puedo hacer uso de las facultades que á ese respecto me concede el mismo contrato.

« Mi privilegio no caduca, según el artículo 52 de contrato, sino en dos casos, de los cuales el 2.º es el abandono de la construcción ó de la explotación por más de seis meses consecutivos. Fundado en esta estipulación y para esperar un arreglo con el Gobierno relativamente á la propiedad del trayecto de la línea férrea que existe entre Buenaventura y Córdoba, he determinado telegrafiar al Sr. Benito Chapperón, mi represen-

Nº 26.

RÉPUBLIQUE DE COLOMBIE

JOURNAL OFFICIEL

XXVe ANNÉE. BOGOTA 6 AVRIL 1889. Nº 7758

MÉMOIRE DE M. JEAN GAULMIN RELATIF AU CONTRAT DU 1er JUIN 1886 POUR LA CONSTRUCTION DE DIVERSES VOIES FERRÉES ET RÉSOLUTIONS.

Monsieur le Ministre des Travaux publics,

Dans ma communication du 11 octobre 1888, j'ai eu l'honneur de vous exposer ce qui suit :

« Le contrat de rachat du trajet construit du chemin » de fer du Cauca, que j'ai passé avec M. le Gouverneur » de ce département, n'ayant pas été approuvé, je ne » puis continuer les travaux en prolongement de ce » trajet, à moins qu'un autre contrat de cession n'ait » été fait avec moi ; en effet, à son défaut, il me faudrait » commencer les travaux au port de Buenaventura et » suivre une ligne parallèle à celle déjà construite.

» Par cette raison, et dans l'espérance d'arriver » promptement à un accord avec le gouvernement sur » cette question, je demande respectueusement l'auto- » risation de suspendre les travaux jusqu'à ce que les » négociations entamées au sujet du trajet déjà cons- » truit aient reçu une solution. »

Votre Seigneurie a bien voulu me répondre dans une dépêche du 17 octobre portant le nº 520, section 1re, ce qui suit :

« On a reçu dans nos bureaux la demande adressée » par vous le 11 courant pour la suspension des tra- » vaux du chemin de fer du Cauca, et en réponse je » vous déclare que le gouvernement n'étant pas auto- » risé à modifier en aucune manière le contrat approuvé » par la loi 4e de 1886, ce qui serait la conséquence de » la suspension que vous sollicitez, s'abstient de prendre » une décision dans cette affaire. Vous pouvez faire » usage des facilités que le contrat lui-même vous » donne à cet effet. »

En vertu de cette indication de Votre Seigneurie pour faire usage des autorisations que le contrat accorde pour la suspension des travaux, je vous ai adressé, à la date du 19 octobre suivant, un mémoire ainsi conçu :

« J'ai pris connaissance de la communication de Votre » Seigneurie, nº 52, 1re section, en date du 17 courant, dans » laquelle vous me faites savoir, en réponse à mon » mémoire du 11 antérieur, que le gouvernement ne » se croit pas autorisé à me permettre de suspendre » les travaux de construction du chemin de fer du » Cauca, mais que je puis faire usage des facilités que » le même contrat m'accorde à cet effet.

» Mon privilège ne tombe pas, d'après l'article 52 du » contrat, sinon en deux cas, dont le second est l'aban- » don de la construction ou de l'exploitation pendant » plus de six mois consécutifs. En m'appuyant sur » cette stipulation et pour me permettre d'attendre un » arrangement avec le gouvernement relatif à la pro- » priété du trajet de voie ferré qui existe entre Buena- » ventura et Cordoba, j'ai résolu de télégraphier à

tante, para suspender por algunos días los trabajos establecidos por mí, y que llegarían á ser completamente inútiles si no sobreviniere un acuerdo con el Gobierno sobre la propiedad en referencia ó sobre la anchura de la vía. »

S. S.ª no hizo ninguna objeción á los trabajos ni al procedimiento notificado de la suspensión, por lo cual consintió en dichos actos, tal como fueron ejecutados. En tal virtud manifiesto al Gobierno que :

Como Concesionario para construir y explotar las siguientes líneas :

A. La que partiendo de cualquier puerto del río Magdalena, de la desembocadura del río Carare para abajo, y pasando, si fuere posible, por Bucaramanga, Socorro, Tunja, Chiquinquirá y Zipaquirá, termina en la ciudad de Bogotá.

B. La que comunique el puerto de Buenaventura con el río Cauca.

Y mientras me llegan los comprobantes de la trasmisión de mi contrato, ya hecha, al Banco denominado « Crédit Mobilier », de París, comprobantes que deben llegarme por uno de los próximos correos de Europa, para notificar al Gobierno el traspaso, tengo el honor de informar á S. S.ª para conocimiento del Poder Ejecutivo, que voy á continuar los trabajos de construcción en la línea B; porque han trascurrido más de cien días sin que el Gobierno me haya manifestado sobre qué bases aceptaría un arreglo respecto del trayecto que hay construido en la línea del Cauca, una vez que improbó el que celebré con el Sr. Gobernador de aquel Departamento; y porque el « Crédit Mobilier » envió el 22 de los corrientes un parte telegráfico, que llegó anteayer, dando la orden de continuar immediatamente los trabajos en el Cauca, orden que tengo que trasmitir hoy mismo por el telégrafo á mi representante en Cali, Sr. Benito Chapperón, para que la ejecute sin demora.

Con toda consideración me suscribo de S. S.ª servidor muy atento.

J. GAULMÍN.

Bogotá, 25 de Febrero de 1889.

El infrascrito representante del « Credit Mobilier » certifica que la orden telegráfica de que se hace mención en el anterior memorial fué enviada por el citado Banco.

Fecha ut supra.　　　　　　　R. LE BRUN.

Nº 27.

Ministerio de Fomento.

—

Bogotá, 28 de Marzo de 1889.

Vistos : el memorial anterior, la Ley 4.ª de 1886 y todos los documentos que existen en este Ministerio, relacionados con el contrato celebrado con el apoderado del Sr. Juan Gaulmín para la construcción de varias vías férreas, y debiendo dictarse la resolución que el Gobierno estime en justicia, se considera :

» M. Benoît Chapperon, mon représentant, pour suspendre pendant quelques jours les travaux commencés par moi qui deviendraient complètement inutiles » s'il ne survenait pas un accord avec le gouvernement au sujet de la propriété indiquée ou sur la largeur de la voie. »

Votre Seigneurie n'a fait aucune objection ni aux travaux, ni au fait que je lui ai notifié de leur suspension, et par conséquent elle a donné son assentiment à ces actes tels qu'ils ont été exécutés. En conséquence je fais savoir au gouvernement que :

Comme concessionnaire de la construction et de l'exploitation des lignes suivantes :

A. Celle qui partant d'un port quelconque du río Magdalena, en aval de l'embouchure du río Carare et passant, s'il est possible, par Bucaramanga, Socorro, Tunja, Chiquinquira et Zipaquira, termine à la ville de Bogota;

B. Celle qui fait communiquer le port de Buenaventura avec le río Cauca.

En attendant qu'arrivent les pièces justificatives de la cession de mon contrat, déjà faite, à l'établissement de banque appelé « Crédit Mobilier » de Paris, pièces justificatives qui doivent m'arriver par un des prochains courriers d'Europe pour notifier la cession au gouvernement, j'ai l'honneur d'informer Votre Seigneurie, pour le porter à la connaissance du pouvoir exécutif, que je vais continuer les travaux de construction sur la ligne B; parce qu'il s'est écoulé plus de cent jours sans que le gouvernement m'ait indiqué sur quelles bases il consentirait à traiter au sujet du trajet déjà construit sur la ligne du Cauca, après avoir refusé son approbation à celui que j'ai fait avec M. le Gouverneur de ce département ; et parce que le « Crédit Mobilier » envoya le 22 courant une dépêche télégraphique, arrivée avant-hier, donnant l'ordre de continuer de suite les travaux du Cauca, ordre que je vais transmettre aujourd'hui même par le télégraphe à mon représentant à Cali, M. Benoît Chapperon, pour qu'il l'exécute sans retard.

Je présente à Votre Seigneurie toute la considération de votre attentionné serviteur.

J. GAULMIN.

Bogota, 25 février 1889.

Le soussigné, représentant du « Crédit Mobilier », certifie que l'ordre télégraphique mentionné dans le mémoire précédent a été envoyé par cet établissement. Date comme dessus.

R. LE BRUN.

Nº 27.

Ministére de Fomento.

—

Bogota. 28 mars 1889.

Vus : le mémoire précédent, la loi 4e de 1886 et tous les documents qui existent dans ce ministère, ayant rapport au contrat passé avec le représentant de M. Jean Gaulmin pour la construction de diverses voies ferrées, et devant prendre la résolution que le Gouvernement estime juste considérant :

1.º Que no se ha comprobado en debida forma que el Concesionario diera principio á los trabajos de construcción dentro del término de dos años fijados por el artículo 3.º de la Ley 4.ª de 1886, por la cual se aprobó el contrato de que se trata; y que por el contrario el Gobierno tiene conocimiento exacto de que los expresados trabajos no principiaron el día 14 de Agosto de 1888, como lo aseguró el apoderado del Sr. Gaulmin en nota dirigida á este Ministerio el día 16 del citado mes de Agosto;

2.º Que con arreglo á lo dispuesto en el artículo 32 de la expresada Ley, el privilegio que por ella se concedió y las consiguientes obligaciones, caducan totalmen e en el caso de que el Concesionario deje de dar cumplimiento á cualquiera de los compromisos que contrajo; y

3.º Que, en consecuencia, y no habiendo cumplido el Concesionario con la condición de dar principio á los trabajos dentro del plazo fijado, es fuera de toda duda que el privilegio y todas sus condiciones han perdido su fuerza obligatoria.

Por tales consideraciones, y. de orden expresa del Excmo. Sr. Presidente de la República,

SE RESUELVE:

Declárase definitivamente caducado el contrato que se celebró el 1.º de Junio de 1886 entre el Ministro de Fomento y el Sr. Dr. Luis Carlos Rico, en representación del Sr. Juan Gaulmin, para la construcción y explotación de varias vías férreas.

Comuníquese al interesado y publíquese.

El Ministro,

LEONARDO CANAL.

1º Qu'il n'a pas été établi en due forme que le Concessionnaire ait commencé les travaux de construction dans le délai de deux ans fixé par l'article 3 de la loi 4e de 1886, par laquelle a été approuvé le contrat en question; que, au contraire, le Gouvernement sait d'une façon certaine que les susdits travaux n'ont pas été Commencés le 14 août 1888, comme l'a assuré le représentant de M. Gaulmin dans une note adressée, à ce ministère le 16 dudit mois d'août;

2º Que selon ce qui est stipulé à l'article 32 de la loi indiquée, le privilège qu'elle concède et les obligations correspondantes périment totalement dans le cas où el Concessionnaire cesse de remplir une quelconque des obligations qu'il a contractées;

Et 3º Que, en conséquence, le Concessionnaire n'ayant pas accompli la condition de commencer les travaux dans le délai fixé, il est hors de doute que le privilège et toutes ses conditions ont perdu leur force obligatoire.

En conséquence et d'ordre exprès de S. E. le Président de la République,

IL EST RÉSOLU:

Est déclaré définitivement déchu le contrat intervenu le 1er juin 1886 entre le ministre de Fomento et M. le Dr Luis Carlos Rico, en représentation de M. Jean Gaulmin, pour la construction et l'exploitation de diverses voies ferrées.

A communiquer à l'intéressé et à publier.

Le Ministre,

LEONARDO CANAL.

Le 5 avril suivant, M. Le Brun protesta contre la décision précédente par le document suivant:

Nº 28.

SEÑOR MINISTRO DE FOMENTO:

El señor Juan Gualmin recibió ayer el oficio de S.S. fechado el 3 de los corrientes y marcado con el número 694 de la sección 1.ª Ramo de Ingeniería.

En nombre del señor Gaulmin, cuyo poder acompaño en tres fojas útiles; de la *Compagnie Franco-Belge des chemins de fer colombiens,* cesionaria del señor Gaulmin, domiciliada en París, 15, place Vendôme, local del *Crédit Mobilier,* la cual avisó al Exmo Señor Núñez, Presidente de la Republica, en comunicación del 9 de Enero último, que soy su apoderado; y de *la Société de Crédit Mobilier* de París, en virtud de la presentación que el señor Encargado de Negocios de la República Francesa hizo ante el señor Ministro de Relaciones Exteriores de Colombia, contesto la referida comunicación de S.S. en los siguientes términos.

Los trabajos de construcción fueron comenzados en la línea B (Buenaventura al río Cauca) el 13 de Agosto de 1888, exactamente como lo informó á ese Ministerio el apoderado del señor Juan Gualmin, doctor Enrique Pinzón R. el 16 del mismo mes de Agosto.

Esos trabajos fueron suspendidos el 30 de Octubre

Nº 28.

Monsieur le Ministre du Fomento,

M. Jean Gaulmin a reçu hier la décision de Votre Seigneurie en date du 3 courant, nº 694, section 1re, direction des travaux publics.

Au nom de M. Jean Gaulmin, en vertu de son pouvoir annexé en trois feuilles, — de la Compagnie franco-belge des chemins de fer colombiens, cessionnaire de M. Gaulmin, domiciliée à Paris, 15, place Vendôme, hôtel du Crédit Mobilier qui a donné avis à S. E. M. R. Nunez, président de la République, par sa communication du 9 janvier dernier, que j'étais son représentant; — de la *Société du Crédit Mobilier* de Paris, en vertu de la présentation faite par M. le chargé d'affaires de la République française à M. le Ministre des relations extérieures de Colombie, — je réponds à votre communication dans les termes suivants:

Les travaux de construction ont été commencés sur la ligne B (Buenaventura au rio Cauca) le 14 août 1888, précisément comme l'a fait savoir le docteur Enrique Pinzon R., représentant de M. Jean Gaulmin, le 16 de ce même mois d'août.

Ces travaux ont été suspendus le 30 octobre sui-

siguiente previo aviso al Gobierno, por motivos imputables al mismo Gobierno y en virtud de la facultad que otorga al consesionario el articulo 52 del contrato.

Como la declaración de caducidad impide al concesionario continuar los trabajos en la linea B y cumplir las demás obligaciones por él contraidas, sin ponerse en desobediencia abierta de la resolucion ejecutiva, quedan *ipso facto* interrumpidos los términos cuyo vencimiento pudiera aparejar realmente la caducidad del contrato.

La resolución del Gobierno no es definitiva, aun cuando asi la califica él mismo y me reservo todos los medios que el contrato mismo y la jurisprudencia ponen á mi disposicion para hacer valer los derechos de mis poderdantes y de las demás Sociedades y personas interesadas en este asunto, como tambien reclamar la correspondiente indemnización por la demora que en sus operaciones les causen los procedimientos que ocasione la resolucion administrativa de caducidad.

Pero empezaré por reunir todos los documentos auténticos para comprobar que el concesionario ha cumplido fiel y debidamente sus obligaciones, y los presentaré oportunamente al Gobierno con mi respetuosa solicitud de que reconsidere y revoque su decision en referencia.

Por hoy y para poner en salvo los interéses que represento, protesto solemnemente contra la resolucion que recayó en el memorial de 23 de Febrero próximo anterior, presentado á ese Ministerio por el señor Gaulmin para avisar que iba á continuar los trabajos en el Cauca, resolucion que dice:

« Declárase definitivamente caducado el contrato que » se celebró el 1.° de Junio de 1886, entre el Ministro de » Fomento y el señor doctor Luis Carlos Rico, en repre- » sentación del señor Juan Gaulmin, para la construc- » ción y explotacion de varias vias férreas. Comuniquese » al interesado y publiquese. »

Protesto tambien porque la anterior resolucion ha sido dictada sin haber oido al concesionario, y porque el Gobierno ha omitido el cumplimiento de algunas de las clausulas importantes del contrato como lo demostraré oportunamente.

Suplico á S. S. que se sirva disponer la publicacion de esta protesta en el *Diario Oficial*, á fin de que conste que el concesionario ha estado y está en posesion de los medios necesarios para cumplir el citado contrato, y que si no se construyen los ferrocarriles, es únicamente porque el Gobierno se lo impide.

Ruego á S. S. que se digne acusarme recibo de este escrito.

Con sentimientos de distinguida consideración, me suscribo de S. S. servidor muy atento,

Firmado : R. Le Brun.

---

vant, après avis au Gouvernement, pour des motifs imputables au Gouvernement lui-même, et en vertu de la faculté que l'article 52 du contrat accorde au Concessionnaire.

Comme la déclaration de déchéance empêche le Concessionnaire de continuer les travaux sur la ligne B, et de remplir les autres obligations souscrites par lui, sans se mettre en révolte ouverte avec la décision du pouvoir exécutif, *ipso facto* cessent de courir les délais dont l'échéance eût pu réellement entraîner la déchéance du contrat.

La décision du Gouvernement n'est pas définitive, bien que lui-même la qualifie ainsi, et je me réserve tous les moyens que le contrat lui-même et la jurisprudence mettent à ma disposition pour faire valoir les droits des personnes que je représente, ainsi que des Sociétés et autres personnes intéressées dans cette affaire, aussi bien que pour réclamer l'indemnité du préjudice causé par les retards auxquels peut donner lieu la procédure occasionnée par cette déclaration administrative de déchéance,

Je vais commencer par réunir tous les documents authentiques, pour prouver que le Concessionnaire a rempli fidèlement et en due forme ses obligations, et les présenterai en temps opportun au gouvernement, avec une demande respectueuse pour le prier de revoir et de révoquer sa décision.

Aujourd'hui, et pour sauvegarder les intérêts que je représente, je proteste solennellement contre la décision prise à la suite de la requête du 23 février dernier, présentée à votre ministère par M. Gaulmin, ayant eu but de lui faire savoir que l'on allait continuer les travaux du Cauca, décision ainsi formulée :

« Est déclaré définitivement déchu le contrat inter- » venu le 1er juin 1886 entre le Ministre de Fomento » et M. le docteur Luis Carlos Rico en représentation » de M. Jean Gaulmin pour la construction et l'exploi- » tation de diverses voies ferrées. »

Je proteste encore parce que la décision antérieure a été prise sans que le Concessionnaire ait été entendu, et parce que le Gouvernement a omis de remplir plusieurs des formalités importantes du contrat, comme il sera démontré en temps utile.

Je prie Votre Seigneurie de vouloir bien ordonner la publication de cette protestation dans le *Journal officiel*, afin qu'il soit constaté que le Concessionnaire a été et est en possession des moyens nécessaires pour remplir ledit contrat, et que si les chemins de fer ne se construisent pas, c'est uniquement parce que le Gouvernement s'y oppose.

Je prie Votre Seigneurie de vouloir bien m'accuser réception de ce document.

Avec les sentiments de ma considération la plus distinguée, je me déclare de Votre Seigneurie le très attentionné serviteur,

R. Le Brun.

N° 29.

REPUBLICA DE COLOMBIA
—
PODER EJECUTIVO NACIONAL
—
MINISTERIO DE FOMENTO

N° 710
Section 1ª.
—
RAMO
DE INGENIERIA

Bogota, 5 de Abril de 1889.

SEÑOR RAIMUNDO LE BRUN,
Presente.

Ha venido á este despacho, el memorial de V. de fecha del 5 del corriente y con él la primera copia del instrumento otorgado bajo el n.° 226, el 4 de Marzo último, ante el notario 3.° del circuito de Bogotá y por el cual el señor Juan Gaulmin constituye un poder á favor de V.

Oportunamente pondré estos documentos en conocimiento del Ex.mo Señor Presidente de la República.
Quedo de V. muy atento servidor,

Firmado: LEONARDO CANAL.

N° 29.

RÉPUBLIQUE DE COLOMBIE
—
POUVOIR EXÉCUTIF NATIONAL
—
MINISTRE DE FOMENTO

N° 710
1re Section.
—
DIRECTION
DES TRAVAUX PUBLICS

Bogota, 11 avril 1889.

MONSIEUR RAYMOND LE BRUN,
En ville.

Ont été reçus dans les bureaux du ministère votre communication en date du 5 courant, en même temps que la première copie de l'acte passé sous le n° 226, le 4 mars dernier, devant le notaire 3e de la circonscription de Bogota, par lequel M. Jean Gaulmin constitue pouvoir en votre faveur.

En temps utile, je mettrai ces documents sous les yeux de S. E. le Président de la République.
Je suis votre attentionné serviteur,

LEONARDO CANAL.

A la suite de ces communications, j'ai commencé les démarches nécessaires pour établir que les motifs allégués dans la décision du gouvernement n'étaient pas fondés, et que le concessionnaire était parfaitement en règle.

J'ai fait plusieurs démarches au ministère pour aviser le Gouvernement que j'emploierais, avant de commencer les formalités judiciaires, la faculté que donne la législation colombienne de demander respectueusement la *revocatoria*, c'est-à-dire l'annulation de sa décision, dès que j'aurais réuni les documents.

De son côté, le Gouvernement ordonna le 12 avril 1888 une enquête judiciaire au Cauca, terminée fin avril, arrivée huit jours après à Bogota, pour établir les preuves des motifs allégués par lui. Informé de ce fait, j'ai fait faire une contre-enquête par notre représentant à Cali, M. Benito Chapperon, enquête terminée le 8 mai 1889, qui confirme sur tous les points les affirmations de la Compagnie.

N° 30.

SEÑOR JUEZ DEL CIRCUITO EN LO CIVIL.

Benito Chapperon, para efectos que le convienen, pide muy respetuosamente al Señor Juez, que se sirva hacer comparecer á su despacho á los Señores Juan de Dios Guerrero, Tomás Sierra y Pascual Zorrilla, para que bajo la gravedad del juramento, absuelvan las preguntas al tenor del interrogatorio siguiente:
1.° Su edad y generales.
2.° Digan si saben y les consta que desde el catorce de Agosto del año de 1885 se empezaron, por cuenta del Señor Gaulmin los trabajos del ferrocarril de Buenaventura á Cali.
3.° Si saben igualmente, que tales trabajos duraron hasta el dia treinta y uno de Octubre del citado año, poco más ó menos.
4.° Si saben y les consta que el ingeniero Señor Julián Uribe, estuvo, como tal ingeniero, encargado de la dirección de los trabajos en el tiempo indicado.

N° 30.

Monsieur le Juge civil du district,

Benoît Chapperon, pour tel effet qui lui soit utile, demande très respectueusement à M. le Juge de vouloir bien faire appeler dans son cabinet MM. Juan de Dios Guerrero, Tomas Sierra et Pascal Zorrilla pour que, sous la foi du serment, ils répondent aux demandes contenues dans l'interrogatoire suivant:
1° Leur âge et autres questions d'usage;
2° S'ils savent, et s'ils ont la preuve, que depuis le 14 août 1888 les travaux du chemin de fer de Buenaventura à Cali ont été commencés pour compte de M. Jean Gaulmin;
3° S'ils savent également que ces travaux ont duré jusqu'au 31 octobre 1888 environ;
4° S'ils savent et s'ils ont la preuve, que l'ingénieur, M. Julien Uribe, a été, en sa qualité d'ingénieur, chargé de la direction des travaux pendant le temps indiqué;

5.º Digan, si en concepto de los exponentes, el número de cincuenta peones, poco más ó menos, que hubo ocupados en los trabajos en ese tiempo, era suficiente, toda vez que se esperaba hacer un arreglo definitivo con el Jefe del Departamento, sobre el trayecto construído de Buenaventura á Córdova y que no se podía por el momento emprender en gran escala hasta no saber con precisión el arreglo con el Jefe del Departamento.

Practicadas que sean las expresadas diligencias, pido el solicitante se le devuelvan para hacerlas valer ante quien corresponda.

Cali, 26 de Abril de 1889.

BENITO CHAPPERON.

Presentado y puesto al despacho del Señor Juez.

Cali, Abril 27 de 1889.

LENIS.

Jugado del circuito en lo civil.

Cali, Abril 27 de 1889.

Recíbanse las declaraciones que se solicitan. Practicadas que sean, entréguense al peticionario.

MERCADO. — LENIS.

En veinte y siete de Abril de mil ochocientos ochenta y nueve compareció el señor Tomás Sierra, y el Señor Juez, por ante el infrascrito Secretario, le recibió juramento que hizo por Dios nuestro Señor y una señal de cruz, bajo el cual prometió decir verdad en lo que supiere y se le preguntare; impuesto que fué de los artículos correspondientes del Código Penal que hablan sobre testigos falsos y perjuros y siéndolo conforme á las preguntas del interrogatorio que precede:

A la 1.ª dijo : que es mayor de cincuenta años y sin generales.

A la 2.ª dijo : que le consta al declarante, porque fué testigo presencial, que desde el día catorce de Agosto de mil ochocientos ochenta y ocho, se empezaron los trabajos del ferrocarril de Buenaventura á Cali, por cuenta de Mr. Gaulmin.

A la 3.ª dijo : que es cierto que los trabajos duraron hasta el día treinta y uno de Octubre del citado año, poco más ó ménos bajo la dirección del Señor Alberto Giraldo, Inspector nombrado por el señor Gaulmin.

A la 4.º dijo : que la consta que el señor Julián Uribe estuvo, como ingeniero, dirigiendo los trabajos del ferrocarril, en el tiempo indicado.

A la 5.º dijo : que le consta, porque lo vió, que el número de peones que trabajaban en el ferrocarril de Buenaventura á Cali, durante el tiempo á que se ha referido, era de cincuenta peones, poco más ó menos.

Que lo dicho es la verdad en fuerza del juramento prestado; leída que le fué esta su declaración en ella se afirma y ratifica, y firma con el señor Juez quien certifica : que el testigo es idóneo y que ha recibido su declaración personalmente, por ante el infrascrito Secret.

ANTONIO MERCADO.
TOMAS SIERRA.

MANUEL DE J. LENIS, Secretario.

3º Qu'ils disent si, suivant ce qu'ils savent, le nombre de 50 ouvriers environ qui ont été employés sur les travaux pendant ce temps était suffisant, en tenant compte que l'on espérait arriver à un arrangement définitif avec le chef du département au sujet du trajet construit de Buenaventura à Cordoba et que l'on ne pouvait en ce moment entreprendre les travaux sur une grande échelle jusqu'à ce qu'on sût avec précision l'accord avec le chef du département.

Cette enquête faite, le demandeur prie qu'elle lui soit communiquée pour la faire valoir devant qui de droit.

Cali, 26 avril 1889.

BENOIT CHAPPERON.

Présenté et remis au cabinet de M. le Juge.

Cali, 27 avril 1889.

LENIS.

Tribunal civil du district

Cali, 27 avril 1889.

Soient reçues les déclarations demandées, et, entendues, qu'elles soient communiquées au demandeur.

MERCADO. — J. DE LENIS.

Le 27 avril 1889, a comparu M. Tomas Sierra et M. le Juge, devant le secrétaire soussigné, qui reçut le serment qu'il fit par Dieu Notre Seigneur, avec un signe de croix, par lequel il promit de dire la vérité en ce qu'il saurait et lui serait demandé. Mis au courant des articles du Code pénal qui se rapportent aux faux témoins et parjures, et des demandes contenues au questionnaire précédent :

A la première, il répondit : Qu'il a plus de cinquante ans, sans particularités ;

A la deuxième : Que le déclarant sait, pour en avoir été témoin oculaire, que depuis le 14 août 1888 on commença les travaux du chemin de fer de Buenaventura à Cali pour compte de M. Gaulmin ;

A la troisième, il dit : Qu'il est certain que les travaux ont été continués jusqu'au 31 octobre de la même année, sous la direction de M. Albert Giraldo, inspecteur nommé par M. Gaulmin ;

A la quatrième, il dit : Qu'il sait que M. Julian Uribe a, comme ingénieur, dirigé les travaux du chemin de fer pendant le temps indiqué ;

A la cinquième, il dit : Qu'il sait, parce qu'il l'a vu, que le nombre d'ouvriers qui ont travaillé au chemin de fer de Buenaventura à Cali pendant le temps indiqué était de 50 environ.

Que sa déposition est vraie, sous la foi du serment prêté. Cette déclaration lui ayant été lue, il l'affirme, la ratifie et la signe avec le Juge, qui certifie que le témoin est apte, et qu'il a reçu personnellement sa déclaration par devant le secrétaire.

ANTONIO MERCADO.
TOMAS SIERRA.

MANUEL DE J. LENIS, *secrétaire.*

En veinte y nueve de Abril de mil ochocientos ochenta y nueve, compareció el señor Pascual Zorrilla Moncayo, y el señor Juez, por ante el infrascrito Secretario, etc., etc.

A la 1.ª pregunta dijo : que es mayor de edad y sin generales.

A la 2.ª dijo : que cuando el declarante llegó á Buenaventura el día trece de Setiembre de 1888 á encargarse del destino de guarda-almacén de útiles y herramientas del ferrocarril de Buenaventura á Cali, tuvo conocimiento de que el día catorce de Agosto de mil ochocientos ochenta y ocho, se principiaron los trabajos de dicha Empresa por cuenta del contratista Mr. Gaulmin.

A la 3.ª dijo : que sabe igualmente, que dichos trabajos duraron hasta el día treinta y uno de Octubre del citado año, poco más ó menos.

A la 4.ª dijo : que tuvo conocimiento, como tal empleado, de que el ingeniero Sr. Julián Uribe estuvo encargado de la dirección de los trabajos en el tiempo indicado, por cuenta del señor Gaulmin, siendo también empleado del Gobierno.

A la 5.ª dijo : que en concepto del exponente, el número de cincuenta peones, poco más ó ménos, era suficiente, para dar principio á los trabajos de desmonte en ese tiempo, supuesto que se esperaba hacer un arreglo con el Jefe del Departamento.

. . . .

Que lo dicho, etc.

ANTONIO MERCADO.
PASCUAL ZORRILLA M.

MANUEL DE J. LENIS.

En ocho de Mayo de mil ochocientos ochenta y nueve, en que compareció el señor Juan de Dios Guerrero, el señor Juez, por ante el infrascrito Secretario, etc.

A la 1.ª pregunta dijo : que es mayor de edad y sin generales.

A la 2.ª dijo : que sabe y le consta que desde el mes de Agosto del año de mil ochocientos ochenta y ocho, sin recordar con precisión la fecha, se empezaron, por cuenta del señor Gaulmin, los trabajos del ferrocarril de Buenaventura á Cali.

A la 3ª dijo : que sabe y le consta igualmente que tales trabajos duraron hasta el mes de Octubre del citado año.

A la 4ª dijo : que le consta que el ingeniero señor Julián Uribe, estuvo encargado de los trabajos del ferrocarril en el tiempo indicado, ya como empleado por el Gobierno ya también como recomendado por el señor Gaulmin.

A la 5.ª dijo : que en concepto del exponente, el número de cincuenta peones, poco más ó menos, que estuvieron ocupados en los trabajos del ferrocarril, en ese tiempo, era suficiente para los trabajos de desmonte con que se principió, mientras que el Jefe del Departamento resolvía cierto arreglo sobre el trayecto construído de Buenaventura á Córdova, puesto que no se podía emprender dichos trabajos, en grande escala,

Le 29 avril 1889, a comparu M. Pascal Zorrilla Momayo et M. le Juge, devant le secrétaire, etc., etc.

A la première demande, il répondit: Qu'il était majeur, sans particularités ;

A la deuxième, il dit : Que lorsque le déclarant fut à Buenaventura le 13 septembre 1888 pour prendre l'emploi de garde-magasin des outils et des approvisionnements du chemin de fer de Buenaventura à Cali, il eut connaissance que le 14 août 1888 on commença les travaux de cette entreprise pour le compte de l'entrepreneur, M. Gaulmin ;

A la troisième, il dit : Qu'il sait également que les travaux ont duré jusqu'au 31 octobre de cette année, environ ;

A la quatrième, il dit : Qu'il eut connaissance, comme employé, que l'ingénieur Julian Uribe avait été chargé de la section des travaux pendant le temps indiqué, pour compte de M. Gaulmin, étant aussi employé du gouvernement ;

A la cinquième, il dit : Que, à son avis, le nombre de 50 ouvriers était suffisant pour commencer les travaux de déboisement pendant ce temps, puisqu'on espérait arriver à un arrangement avec le chef du département au sujet du trajet déjà construit entre Buenaventura et Cordoba, et parce qu'on ne pouvait en ce moment commencer sur une plus grande échelle jusqu'à savoir avec précision l'arrangement avec le chef du département.

Que ce qui a été dit est la vérité, etc.

Le 8 mai 1888, ont comparu M. Juan de Dios Guerrero, M. le Juge, devant le secrétaire ; il le fit prêter serment, etc.

A la première demande, il dit : qu'il était majeur, sans particularités ;

A la deuxième, il dit : Qu'il sait et est sûr que depuis le mois d'août 1888, sans se rappeler la date précise, on commença pour compte de M. Gaulmin les travaux du chemin de fer de Buenaventura à Cali ;

A la troisième, il dit : Qu'il sait et est sûr également que ces travaux ont duré jusqu'au mois d'octobre de la dite année ;

A la quatrième, il dit : Qu'il est certain que l'ingénieur, M. Julian Uribe, a été chargé des travaux du chemin de fer pendant le temps indiqué, soit comme employé par le gouvernement, soit comme commissionné par M. Gaulmin ;

A la cinquième, il dit : Que, à son avis, le nombre de 50 ouvriers environ, qui furent occupés sur les travaux du chemin de fer pendant cette période, était suffisant pour faire les travaux de déboisement par lesquels on commença, pendant que le chef du département préparait l'arrangement au sujet du trajet construit de Buenaventura à Cordoba, puisqu'on ne pouvait entreprendre ce travail sur une grande échelle

hasta saberse con precisión lo resuelto por el Gobierno del Departamento del Cauca.
Que lo dicho es la verdad, etc.

ANTONIO MERCADO.
J. DE D. GUERRERO.
MANUEL DE J. LENIS, Secretario.

Devuelvo estas diligencias al interesado.

Cali, Mayo 8 de 1888.
J. LENIS.

tant qu'on ne savait pas sûrement la décision prise par le gouvernement du département.
Que ce qui précède est la vérité, etc., etc.

ANTONIO MERCADO.
J. DE DIOS GUERRERO.
MANUEL de J. LENIS, *secrétaire.*

Transmis cette enquête à l'intéressé.

Cali, 8 mai 1889.
J. LENIS.

La déposition de M. Guerrero présente une importance exceptionnelle : il est en effet le directeur nommé par le Gouvernement du chemin de fer de Buenaventura à Cali ; c'est avec lui que le Concessionnaire s'est entendu pour tout ce qui a eu rapport à ces travaux ; c'est lui qui a fourni, moyennant un prix de location stipulé, les outils nécessaires aux travaux ; c'est dans l'hôpital du chemin de fer qu'ont été traités les ouvriers malades ; c'est lui qui a signé et touché les factures ; c'est lui enfin qui a autorisé M. Julian Uribe à accepter les propositions de M. Gaulmin.

Cette enquête a été faite presque en même temps que celle qui avait été ordonnée par le Gouvernement, enquête qui, si nous sommes bien informés, ne doit pas beaucoup différer de celle faite par la Compagnie.

Avant que les résultats n'en fussent arrivés à Bogota, le Président de la République *(désigné)* M. Carlos Holguin, malgré la protestation de M. Le Brun qui réservait tous les droits de la Compagnie Franco-Belge, négociait avec M. de Goussencourt la concession du chemin de fer de Buenaventura à Cali et à Manizales, dont la première section était la propriété de la Compagnie Franco-Belge.

Le 8 mai 1889, il signait le décret de concession.

Dès que ce document fut devenu public, sur l'ordre de la Compagnie, j'ai adressé au Gouvernement la seconde protestation dont suit la teneur :

Nº 31.

SEÑOR MINISTRO DE FOMENTO :

El contrato aprobado por la ley IV de 1886 otorgó al señor Juan Gaulmin la concesión de los ferrocarriles siguientes :

Línea A — del río Magdalena á Bogotá.

Línea B — de Buenaventura á Cali.

Además el artículo 1.º del contrato establece que el Gobierno dará preferencia en igualdad de circunstancias al concesionario — que lo es actualmente la *Compagnie Franco-Belge des chemins de fer Colombiens* — para la construcción del ferrocarril del río Magdalena á Medellín.

El Gobierno, una de las partes contratantes, no ha cumplido algunas de las estipulaciones del contrato, y sin haber oído á la otra parte, y por diferentes hechos lo ha anulado sin observar las formalidades legales que para ello se habían estipulado.

Nº 31.

MONSIEUR LE MINISTRE DE FOMENTO,

Le contrat approuvé par la loi IV de 1886 accordait à M. Jean Gaulmin la concession des chemins de fer suivants :

Ligne A : Du rio Magdalena á Bogota;

Ligne B : De Buenaventura à Cali.

De plus, l'article premier du contrat établit que le gouvernement donnera la préférence à égalité de condition au concessionnaire — qui est actuellement la *Compagnie Franco-Belge des chemins de fer colombiens* — pour la construction du chemin de fer du rio Magdalena à Medellin.

Le Gouvernement, une des parties contractantes, n'a pas rempli toutes les stipulations du contrat, et, sans avoir entendu l'autre partie, sous différents prétextes, l'a annulé sans observer les formalités légales qui y avaient été stipulées.

El gobierno del departamento de Antioquia contrató con el señor Brown la construcción del ferrocarril del río Magdalena á Medellín, y el Gobierno nacional sin haber informado á la compañía Franco-Belga, y por consiguiente sin haberle dado ocasión de hacer oferta, lo aprobó y se comprometió á darle un auxilio en dinero.

El artículo 18 dispone que el Gobierno facilite al concesionario la adquisición de los trayectos construidos que existan en las líneas contratadas, y en vez de facilitar la adquisición del que existe en el Cauca, improbó el contrato celebrado entre el gobernador de ese departamento y el señor Gaulmin, sin indicar las condiciones que exigía para dar su consentimento.

El Gobierno otorgó al señor Juan M. Fonnegra, el 26 de Febrero último, privilegio exclusivo para construir un ferrocarril de Bogotá á Zipaquirá, estando la compañi Franco-Belga en posesión del derecho de construir esa línea.

El 29 de Marzo de 1889, sin tener datos precisos, y sin haber oído á la compañía concesionaria, el Gobierno declaró caducado el contrato aprobado por la ley IV de 1886, sosteniendo que los trabajos no habían sido comenzados en tiempo hábil. No fué sino hasta el mes siguiente que comisionó al señor Rebolledo para hacer tomar ante el juez competente del Cauca, declaraciones sobre tal asunto, y esto á pesar de que debía saber que los trabajos habían sido solemnemente establecidos en presencia del prefecto de Cali y de otras personas notables de aquel lugar, de lo que se extendió diligencia auténtica.

Procediendo sí el Gobierno ha faltado terminantemente al artículo 53 del contrato, que contiene una de sus condiciones fundamentales, por la cual se convino que todas las diferencias que ocasionara la inteligencia de él serían sometidas á la decisión de la Corte Suprema.

En mi protesta de 5 de Abril último, manifesté al Gobierno que la Compañía no aceptaba la decisión de caducidad, y que para combatirla empezaría por presentarle las pruebas de que su aserción relativa al principio de los trabajos no es exacta, y pedirle que revocara su decisión.

El Gobierno sin tener en cuenta que su decisión no era, ni podía ser definitiva según los términos del contrato, olvidando las estipulaciones formales de éste y la solicitud que la Compañía había hecho para que fuese oída, sin esperar las pruebas que él mismo había mandado crear, y las que estaba practicando la Compañía para demostrar en qué fecha se habían comenzado los trabajos, dió al señor de Goussencourt la concesión del ferrocarril de Buenaventura á Cali y á Manizales, concesión que hasta la primera de estas ciudades pertenecía á la compañía Franco-Belga mientras no fuera definitivamente desposeída de ella.

El Gobierno, ó sea una de las partes contratantes, no ha cumplido el convenio, y en consecuencia, haciendo imposible á la otra parte la ejecución de él, la ha puesto en la necesidad de protestarly de pedir indemnización de perjuicios.

Le gouvernement du département d'Antioquia a fait un contrat avec M. Brown, pour la construction d'un chemin de fer du río Magdalena à Medellin, et le Gouvernement national, sans en avoir informé la Compagnie Franco-Belge, et par conséquent sans lui avoir donné l'occasion de faire une offre, approuva le contrat et donna une subvention en argent.

L'article 18 dispose que le Gouvernement facilitera au concessionnaire l'acquisition des tronçons déjà construits qui existent sur le trajet des chemins de fer concédés, et, au lieu de faciliter l'acquisition du chemin existant au Cauca, il refusa d'approuver le contrat déjà passé entre le gouverneur de ce département et M. Gaulmin, sans indiquer les conditions qu'il entendait imposer pour accorder son consentement.

Le gouvernement accorda à M. Juan M. Fonnegra, le 26 février dernier, privilège exclusif pour construire un chemin de fer de Bogota à Zipaquira, la Compagnie Franco-Belge étant en possession du droit de construire sur cette ligne.

Le 29 mars 1889, sans avoir de renseignements précis, sans avoir entendu la Compagnie concessionnaire, le Gouvernement déclara la déchéance du contrat approuvé par la loi IV de 1886, soutenant que les travaux n'avaient pas été commencés en temps voulu. Ce ne fut que le mois suivant qu'il donna commission à M. Rebolledo pour faire faire devant le juge compétent du Cauca une enquête sur ce fait, bien qu'il dût savoir que les travaux avaient été solennellement inaugurés devant le préfet de Cali, et autres personnes notables du pays, suivant procès-verbal authentique.

En agissant ainsi, le gouvernement a manqué à l'article 53 du contrat, qui contient une clause fondamentale, par laquelle il a été convenu que tous les différends qui pourraient survenir sur son interprétation devaient être soumis à la décision de la Cour suprême.

Dans ma protestation du 5 avril dernier, je faisais savoir au Gouvernement que je n'acceptais pas le décret de déchéance, et que, pour le combattre, je commencerais par lui fournir les preuves que son assertion relative au commencement des travaux n'était pas exacte, et que je lui demanderais de révoquer sa décision.

Le Gouvernement, sans tenir compte que sa décision n'était pas et ne pouvait être définitive, aux termes mêmes du contrat; sans tenir compte de ses stipulations formelles, pas plus que de la demande faite par la Compagnie pour être entendue; sans attendre les preuves que lui-même avait fait rechercher, pas plus que celles que la Compagnie réunissait pour établir la date de l'inauguration des travaux, donna à M. de Goussencourt la concession du chemin de fer de Buenaventura à Cali et à Manizales, concession qui, jusqu'à la première de ces villes, était la propriété de la Compagnie Franco-Belge, tant qu'elle n'en avait pas été définitivement dépossédée.

Le Gouvernement, une des parties contractantes, n'a pas rempli ses conventions, et en conséquence, rendant impossible à l'autre partie son exécution, l'a mise dans l'obligation de protester et de demander réparation du dommage causé.

Así pues, señor Ministro, muy á pesar mío, protesto solemnemente contra los contratos celebrados contra los senores Brown, Fonnegra y Goussencourt por ser violatorios de los derechos adquiridos por la compañía *Franco-Belge des chemins de fer Colombiens*, y además anuncio á Su Señoría que la expresada compañía se reserva el derecho de demandar en tiempo oportuno y ante quien haya lugar la reparación de los perjuicios (daño emergente y lucro cesante) que le han causado los diferentes actos del Gobierno de que queda hecha mención.

Suplico al señor Ministro se sirva acusarme recibo de esta protesta.

Con toda consideración, me suscribo del Señor Ministro, Muy atento seguro servidor,

Firmado: R. Le Brun.

Bogotá, 22 de Mayo de 1889.

Aussi, monsieur le Ministre, à mon grand regret, je proteste solennellement contre les contrats passés avec MM. Brown, Fonnegra et de Goussencourt, pour être contraires aux droits acquis par la Compagnie Franco-Belge des chemins de fer colombiens, et déclare à Votre Seigneurie que ladite Compagnie se réserve le droit de demander en temps opportun, et devant qui de droit, la réparation des préjudices (dommages-intérêts) qui lui ont été causés par les actes mentionnés.

Je vous prie, Monsieur le Ministre, de vouloir bien m'accuser réception de cette protestation.

Je suis, Monsieur le Ministre, avec toute ma considération, votre très attentionné serviteur.

R. Le Brun.

Bogota, 22 mai 1889.

De son côté, la Compagnie Franco-Belge a fait la protestation suivante, qu'elle a adressée aux intéressés, en même temps qu'à la légation de Colombie.

La *Compagnie Franco-Belge des chemins de fer colombiens*, en vertu de la loi IVᵒ du 17 août 1886, promulguée régulièrement le même jour, a la concession des lignes suivantes :

A. De Bogota au fleuve Magdalena en un point à déterminer en aval du confluent de la rivière Carare. Longueur environ 150 kilomètres.

B. De Buenaventura à Cali. Longueur environ 550 kilomètres;

Les principales conditions du contrat peuvent se résumer ainsi :

Largeur de la voie : un mètre à l'intérieur des rails.

Le tracé, laissé à l'initiative du Concessionnaire, doit, avant exécution, être approuvé par le Gouvernement.

Le concessionnaire fournit un cautionnement pour chacune des sections.

Sous peine de déchéance, les travaux devaient être commencés deux ans après la promulgation de la loi, c'est-à-dire le 17 août 1888.

L'État s'engageait à faciliter au Concessionnaire l'acquisition des chemins de fer exécutés, faisant partie du réseau, et lui accordait le droit de préemption pour d'autres lignes à construire dans le bassin de la Madeleine, à égalité de conditions.

Enfin l'État garantit un revenu net de 7 0/0 annuel sur un capital fixé à 210,000 francs par kilomètre. Au service de cette garantie, l'État a affecté, par privilège, une hypothèque sur le produit des douanes dans les termes suivants :

« *Le Gouvernement garantit le payement de ces intérêts avec les droits d'importation qui seront perçus dans les* » *douanes de Barranquilla, Carthagène, Sainte-Marthe et Buenaventura, et il peut émettre des bons ou des obligations* » *amortissables avec le produit de ces droits.* »

La Compagnie pour sa part a exécuté fidèlement toutes les clauses du contrat et notamment :

Elle a déposé le cautionnement stipulé de 500,000 francs.

Elle a fait approuver le projet des deux premières sections et commencé les travaux le 14 août 1888, c'est-à-dire dans les délais fixés.

Pour s'assurer les ressources nécessaires à l'exécution de ses engagements, la Compagnie s'est entendue avec un groupe d'établissements de crédit et de financiers parmi lesquels se trouvent : le Crédit Mobilier de Paris ; le Banco Général de Madrid ; plusieurs maisons d'Anvers, etc.

Elle a ensuite envoyé des ingénieurs avec les pouvoirs nécessaires pour l'étude et la solution de toutes les questions pendantes et l'organisation définitive des travaux. Si les ingénieurs sont revenus sans avoir pu accomplir leur mission, la faute en est au Gouvernement qui s'est opposé à l'exécution du contrat.

En effet, la concession du chemin de fer du fleuve Magdalena à Medellin a été donnée à M. Brown, sans que le Gouvernement central ait fait auprès de l'État d'Antioquia les démarches stipulées à l'article 1ᵉʳ, pour faire comprendre cette ligne dans le réseau concédé à la Compagnie.

29

Loin de faciliter le rachat des lignes déjà construites, le Gouvernement a refusé d'approuver le contrat passé entre le concessionnaire et le gouvernement de Cauca, pour la cession de la ligne de Buenaventura à Cali, malgré le prix très avantageux 175,000 francs par kilomètre, offert pour une ligne à voie de 0ᵐ,905, tracée en pays plat, fort mal entretenue, nécessitant de nombreuses réfections et la transformation de la largeur de voie.

Le 26 février 1889, le Gouvernement a donné à M. Juan M. Fonnegra la concession avec privilège exclusif du chemin de fer de Bogota à Zipaquira, pendant que la Compagnie Franco-Belge était en droit de construire cette ligne.

Le 28 mars 1889, le Gouvernement, de sa propre autorité, a prononcé la déchéance de la concession, sous prétexte que les travaux n'avaient pas été commencés en temps utile, quand il était en possession des documents établissant le contraire et cela en infraction de l'une des conditions les plus essentielles du contrat (art. 53), stipulant que toutes les difficultés, *conformément à la Constitution nationale et aux lois, devaient être soumises à la Cour suprême.*

Le 8 mai 1889, malgré la protestation de la Compagnie, en date du 5 avril, demandant à faire la preuve que les travaux avaient été commencés en temps utile et à faire annuler, comme conséquence, la déclaration de déchéance, le Gouvernement a disposé de la propriété de la Compagnie en donnant à M. de Gonssencourt la concession du chemin de fer de Buenaventura à Cali.

Une seconde protestation a été faite, le 22 mai, contre ces actes du Gouvernement colombien, pris arbitrairement en violation de tous les droits du concessionnaire, selon les termes mêmes du contrat, contrairement à la Constitution et aux lois du pays.

La Compagnie s'en réfère à ces deux protestations qu'elle réitère expressément, en formulant les déclarations suivantes:

Elle refuse de reconnaître la validité de la déclaration de déchéance.

Elle s'oppose par toutes les voies de droit à l'exécution des lignes concédées à MM. Brown, Fonnegra et de Goussencourt.

Elle réclame des dommages-intérêts pour le préjudice que les mesures prises par le Gouvernement lui ont occasionné, soit directement, soit à raison des engagements qu'elle avait contractés vis-à-vis des sociétés financières.

Elle revendique les fonds provenant des douanes de Baranquilla, Carthagène, Sainte-Marthe et Buenaventura, affectés à la garantie de ses intérêts, tant pour couvrir l'exécution du contrat si les lignes étaient ultérieurement construites par elle, que pour garantir le recouvrement des dommages-intérêts ci-dessus réclamés et la restitution du cautionnement, si le Gouvernement persévère dans ses mesures arbitraires. En conséquence, elle s'oppose à toute délégation que le Gouvernement colombien pourrait accorder sur le produit des douanes.

TABLE DES MATIÈRES

PREMIÈRE PARTIE

DEUXIÈME PARTIE

ÉTUDE DES COTES DE COLOMBIE

TROISIÈME PARTIE

LA MADELEINE, SES AFFLUENTS ET LE CHEMIN DE FER
DE LA DORADA

QUATRIÈME PARTIE

BOGOTA, LA SAVANE ET LES VOIES DE COMMUNICATION
QUI Y ABOUTISSENT

CINQUIÈME PARTIE

ÉTUDE DES LIGNES FORMANT LA CONCESSION DE LA COMPAGNIE FRANCO-BELGE

CHAPITRE XVIII. — CHEMIN DE FER DU NORD.

Recherche du tracé à adopter.

CHAPITRE XIX. — CHEMIN DE FER DU NORD.

Description du tracé.

SIXIÈME PARTIE

DOCUMENTS ADMINISTRATIFS

IMPRIMERIE CENTRALE DES CHEMINS DE FER. — IMPRIMERIE CHAIX. — 20, RUE BERGÈRE, PARIS. — 24792-10-9.

www.ingramcontent.com/pod-product-compliance
Lightning Source LLC
Chambersburg PA
CBHW071651200326
41519CB00012BA/2476